平凡社新書
1079

町の本屋はいかにしてつぶれてきたか

知られざる戦後書店抗争史

飯田一史
IIDA ICHISHI

HEIBONSHA

町の本屋はいかにしてつぶれてきたか●目次

用語集……9
まえがき……11
第一章　日本の新刊書店のビジネスモデル……21
売上＝客数×客単価×頻度だが、書店は自分で単価設定ができない／仕入れの主導権は取次が握り、書店にはなかった／費用は物価高騰に合わせて増え、本の値段はそれよりも上がらない／書店が複合店化せざるをえない理由
第一章まとめ……34
コラム1　本屋の動向と読書の動向は必ずしも一致しない……36
第二章　日本の出版流通の特徴……39
①委託販売（と呼んでいる返品条件付販売）／②定価販売／③雑誌と書籍が一体型の流通・小売であること／④出版社─取次─小売書店の本の流れが「通常ルート」と呼ばれて大半を占めてきたこと／⑤書店が頼んでもいない本を取次が送る「見計らい配本」が当たり前なこと
第二章まとめ……62
コラム2　書店の注文・取引方法あれこれ……64
第三章　闘争する「町の本屋」──運賃負担・正味・新規参入者との戦い……67

小売全連（日書連）の歴史は取次・出版社への条件改善の申し入れの歴史／①出版社と取次に対する書店の運賃・荷造費負担撤廃運動／②出版社と取次に対する正味引き下げ（書店の取り分アップ）、本の定価の値上げ要請／③外資や異業種からの参入者への抗議・圧力／書店組合は消費者利益を第一にはしなかった

第三章まとめ……94

コラム3 見計らいの重視、予約と客注の軽視……96

第四章 本の定価販売をめぐる公正取引委員会との攻防……99

いわゆる「著作物再販制」が認められた理由はあいまい／再販契約ではどんな行動が許され、どんな行動は許されないのか／全集外売の過大報奨と医学書高騰への公取介入が与えた負の影響／公取によるオイルショック後の本の定価への介入は悪手だった／1970年代後半の再販見直し――部分再販、時限再販の導入／呉越同舟の再販制擁護論／1990年代の再販見直し論者は出版流通の課題を的確に指摘した／公取は「はじめから再販はなくすべきだと思っている」

第四章まとめ……131

コラム4 返品条件付販売への切り替えはいつ起こり、いつ委託ではないと認識されたのか……134

第五章 外商（外売）……137

1950年代の書店経営誌では「セールスマンシップ」が説かれた／ひとりで月に延べ600世帯回

ってても配達員としての評価は「劣」／外売の終わりはいつだったのか？
第五章まとめ……145
コラム5 取次からの請求への書店の入金率の変化と返品入帳問題……147

第六章 兼業書店……151
郊外型複合書店の台頭／複合化による経営革命と「町の本屋」との意識のズレ／郊外型複合書店からモール内大型書店へ／1990年代以降の複合化商材のうつりかわり／「郊外型」複合書店の時代の終わりと「独立系」兼業書店への注目
第六章まとめ……175
コラム6 信認金制度……177

第七章 スタンドと鉄道会社系書店……179
駅の売店と雑誌・書籍が蜜月だったころ／駅の売店、スタンドと雑誌の「早売り」問題／鉄道会社傘下書店VS町の本屋
第七章まとめ……190
コラム7 出版物のPOSの精度を高めるのはなぜむずかしいのか……191

第八章　コンビニエンス・ストア……197
町の本屋をつぶしたコンビニが「街の本屋」を猛アピール／中小零細小売事業主としてのコンビニオーナー
第八章まとめ……208
コラム8　書籍の客注と新刊予約注文の歴史……210

第九章　書店の多店舗化・大型化……213
大店法改正とメガ書店の台頭
第九章まとめ……229
コラム9　共同倉庫構想の挫折史……230

第十章　図書館、TRC（図書館流通センター）……233
装備費負担問題と図書館流通センターの誕生／TRC　MARC／書店くじ対策で作られた公正競争規約が装備・MARC問題に応用される／図書館無料貸本屋論争と指定管理者制度／図書館の「貸出」は市場での「売上」にどれくらい影響があるのか／書店と学校図書館・子どもの本／書店と図書館、TRCの「対立」という偽の問題
第十章まとめ……275

コラム10 「送料無料」と景表法規制……277

第十一章 ネット書店……279
書誌データベースと在庫情報の一体化につまずく国内ネット書店／上陸前の業界の見通しは「Amazonは日本ではうまくいかない」／Amazonの日本進出から3年で勝負は決した／Amazonは何を達成したのか／ポイント割引をめぐる攻防／書店が望み、試みてきた姿を推し進めた事業体としてのAmazon

第十一章まとめ……308

コラム11 2020年代の「指定配本」の増加……310

終章……311
書店業の構造を決める4つのファクター／1．出版業界の垂直的な取引関係／2．兼業商品・外商／3．小売間競争／4．法規制／時代によるうつりかわり／不易と流行

あとがき……338

参考文献……341

図版作成　丸山図芸社

用語集

＊本書に頻出する用語や団体名を、ジャンルごとに五十音順に記載した。
＊略称で頻出するものは主に使用している略称にて立項し、正式名称を項目内に記載した。

出版流通に関する用語

客注　客による、書店を通じての本の注文。

指定配本　出版社が書店からの注文にもとづき、冊数を指定して新刊を送品すること。第二章参照。

正味　本を卸す際のマージン（取り分、粗利率）。定価に占める割合を「掛」で表す。「正味78掛」なら、書店は定価の78％で取次から書籍を仕入れており、利益は定価の22％となる。第一章参照。

著作物再販制　出版物は出版社、取次、小売店（書店）の三者間で結ぶ「再販売価格維持契約（再販契約）」にもとづき、出版社が決定した定価での販売を拘束できる（著作物6品目以外は現在ではメーカーによる価格拘束は違法）。第一章、第四章参照。

取次　本の仲介卸売業者。出版流通の流れについては23頁図参照。

見計らい配本　それぞれの書店の過去の販売実績にもとづき、取次が部数を決めて新刊を送品すること。第二章参照。

出版における法規制に関する用語

公正取引委員会　通称、公取（委）。独占禁止法および下請法の運用を行う行政機関。

独占禁止法　私的独占の禁止及び公正取引の確保に関する法律。独禁法。１９４７年に制定され、公正かつ自由な競争を促進し、事業者が自主的な判断で自由に活動することを目的として制定された。

出版に関する団体および組織

雑協　日本雑誌協会。１９２４年設立。前身は東京雑誌組合（１９１４年設立。雑誌発行者と取次による業界団体）、その後、東京雑誌協会（１９１８年改称）。

出版協　日本出版者協議会。２０１２年設立。人文・芸術系を中心とした出版社の業界団体。前身は流対協（出版流通対策協議会。１９７９年設立）。

書協　日本書籍出版協会。１９５７年設立。出版社の業界団体。前身は出団連（出版団体連合会。１９５２年設立）。

ＴＲＣ　株式会社図書館流通センター。１９７９年設立。図書館への本の納入、図書館運営などを行う企業。日本図書館協会の事業部門からスピンアウトした。第十章（図書館への本の流れは２４６頁図）参照。

鉄道弘済会　１９３２年設立。国鉄共済組合が、鉄道事故により負傷した職員や、殉職者の遺族救済を目的として設立し、駅構内の売店（のちのKiosk）を運営した。第七章参照。

取協　日本出版取次協会。１９５６年設立。取次の業界団体。前身は出版取次懇話会（１９５０年設立）。

日書連　日本書店商業組合連合会。書店による業界団体。前身は小売全連（日本出版物小売統制組合全国連合会、全連とも。１９４５年設立）、日本出版物小売協同組合連合会（１９４７年改称）、日本出版物小売業組合全国連合会（１９４８年改称）、日本書店組合連合会（１９７２年改称）。１９８８年、商業組合として改組。第三章参照。

日配　日本出版配給株式会社。１９４１年設立。設立当時、国内にあった数百の取次をすべて集約し、出版取次を一手に担った国策会社。１９４９年にＧＨＱの解散命令を受けて活動を停止し、後継企業として東販（現トーハン）、日販、大阪屋、中央社、日教販などの取次会社が生まれた。第二章参照。

編集部作成

まえがき

いまの10代には、かつて駅前の一等地に書店が必ず存在していたことも、駅の売店に雑誌だけでなく、文庫や、文庫よりも一回り大きい新書サイズの小説（ノベルス）やコミックスが並べられていたことも、多くの中高生がマンガ雑誌やファッション誌を書店やコンビニで買って読んでいたことも、想像が付かないだろう。

かつて書店は市街地や商店街、学校近くやオフィス街のあちこちにある「ふらっと寄る」「雑誌の発売日に必ず行く」場所だった。１９８５年に大阪の書店組合が採ったアンケートでは、20代の４人に１人以上が「毎日」行くと答えていた（「本屋に来ている人に聞いている」点は割り引く必要はあるものの）。いまでは「本好きが、わざわざ行く」場所になっている。

戦後の新刊書店のうつりかわりをまとめた新書は、どうも存在しないようだ。書店の危機が叫ばれ、数が減りつづけているのに、どんな道をたどってきたのか、手軽に知る手段がない。

いわゆる「本好き」「本屋好き」的な視点からの語りや取材をした書籍、個性的な書店を取り上げた雑誌の特集やムックはたくさんある。けれども本書で掘《ほ》り下げたいのは「普通の書店」の商売はどのように成立し、変わり、また、どんな背景から競争に敗れ消えてきたのか、

書店訪問頻度　大阪府書店商業組合加入書店の利用客へのアンケート（1985年）

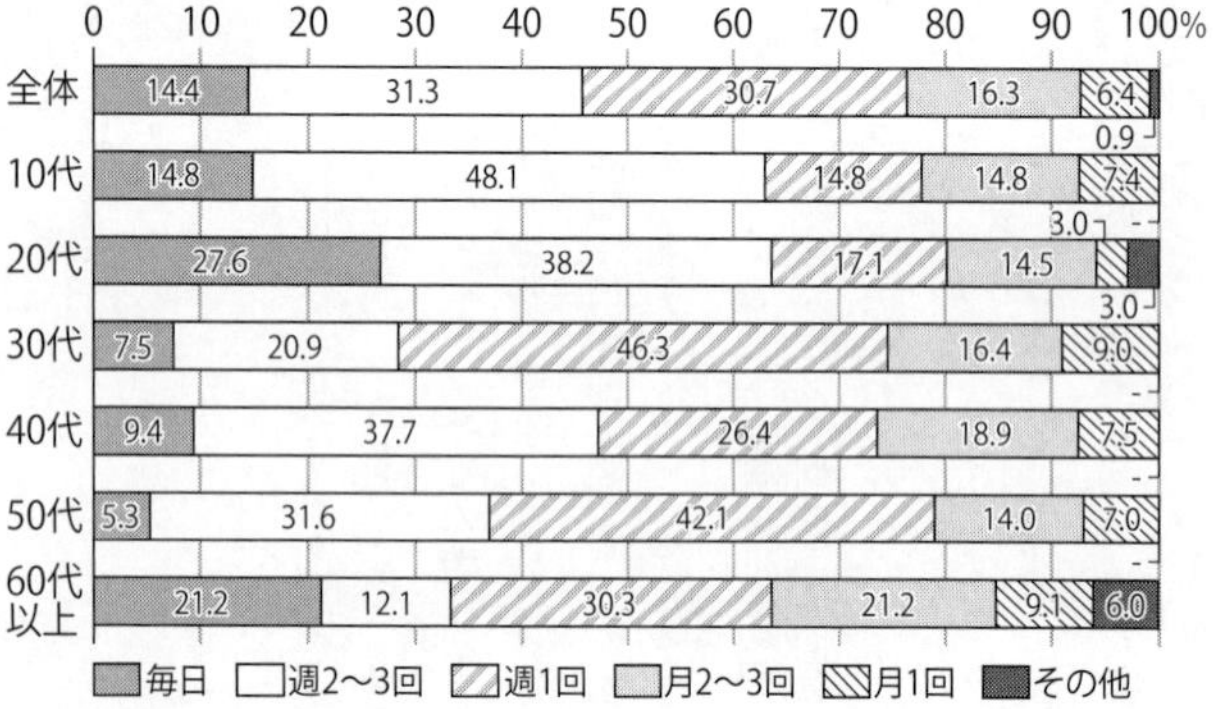

大阪府書店商業組合活路開拓調査指導事業委員会編『岐路にたつ書店の近代化のために 書籍・雑誌小売業活路開拓調査指導事業報告書』大阪府書店商業組合、1986年より作成

である。

新品の書籍・雑誌を扱う新刊書店と、中古本を取り扱う古本屋では事情が異なるから、前者にしぼる。日本語では本来「新刊」の対義語は「既刊」、「古本」の対義語は「新本」だが、出版業界では一般的に、発売まもない新刊であれ、ずっと前に出た既刊であれ、中古品の古本ではなく新品の本を扱う書店のことを「新刊書店」と呼ぶ。本書でもこの言い方を用いる。

本書では「町の本屋」と書くときには中小規模の、多くは大規模チェーン展開をしていない、地元資本の書店を指す。

また、おもしろエピソードや特徴的な個別の書店に注目し始めるとキリがないので「書店経営」視点からに限定し、書店ビジネスの構造や時代ごとの変化を大づかみに描いていきたい。なお、理解しやすくするために、時系列順（編年体）での

出版物の推定販売金額

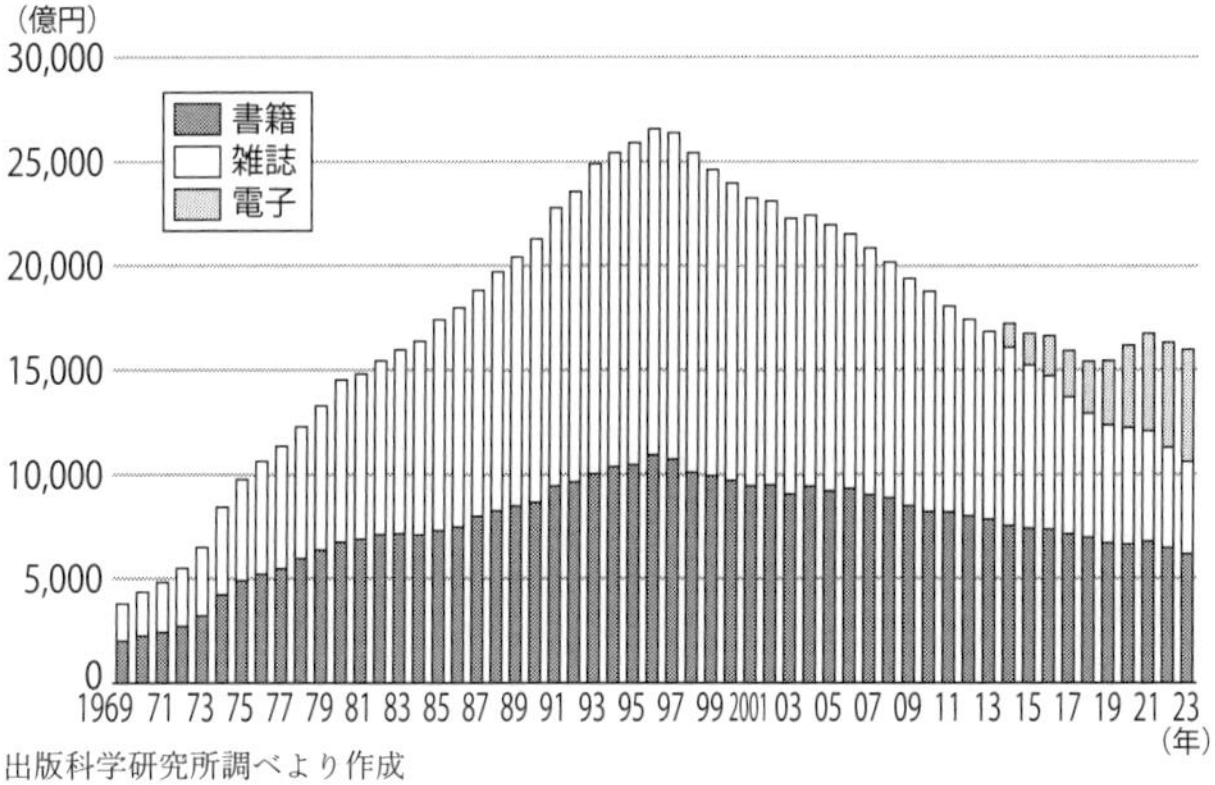

出版科学研究所調べより作成

記述ではなく、テーマ別に「町の本屋」とそれ以外のさまざまな勢力との攻防を軸に各章を分けた。

　出版業界をめぐるクリシェ（決まり文句）には、誤りや疑問符が付くものが多い。

　日本の紙の出版市場のピークは１９９０年代半ばで、その後は減少傾向がつづく。本が売れない理由として、１９９０年代から２０００年代にはマンガ喫茶《きっさ》、ブックオフをはじめとする新古書店、公共図書館の増加などが語られ、２０００年代以降はインターネットの影響、２０１０年代以降はスマートフォンの登場が「犯人捜《さが》し」の標的になってきた（いまやマンガ喫茶は激減、ブックオフは本よりもトレーディングカードゲームなどを主たる収益源にしているが）。

　しかし出版市場が最盛期に向かおうとしていた１９８０年代後半から、すでに町の本屋は年間千店単位でつぶれはじめている。1990年代後半以降に「紙の本の売上が減ってきた」のはまちがいないが、町の本屋の退場は、それだけでは説明がつかない。

「本が売れなくなったから専業書店ではむずかしくなり、文具や雑貨などとの兼業の重要度合いが増している」とも言われるが、1950年代の東京都の書店組合の調査では兼業書店が半数弱。書店団体である日書連（日本書店商業組合連合会）の調査では、1980年代前半を除けば1960年代から2010年代後半までほぼずっと兼業書店の割合が多い。

それもそのはずで「むかしは何もしなくても本が売れ、本屋が儲《もう》かった」と言われるが、実際には平均的な中小書店は1960年代後半の調査ですでに赤字だった。本屋は小売業ワーストクラスの利益率のうえ本の値段が安く、まともな商売として成り立っていなかった（「小売業」とは商品を仕入れて消費者に売る事業者のこと。どれだけ規模が大きくても「小売」と呼ぶ）。

近年、地域に書店がひとつもない「無書店自治体」の存在がよく報じられている。出版文化産業振興財団（JPIC）発表では2024年11月時点では全自治体の28・2%。だが同じJPICの1996年調査では、全国の町村のうち書店、図書館が両方ある町村25%、書店はあるが図書館はない町村39%、図書館はあるが書店はない町村5%、書店も図書館もない町村31%。これが出版業界最盛期の読書環境の実態だ。ひとつめの調査の対象は「市区町村」、ふたつめの調査は「町村」だから単純に比べられないが、地方・田舎の書店環境はむかしからひどかった。最近マスメディアやソーシャルメディア、政界でさわがれているのは、都市部の大型書店も減少したことで、長年、地方の書店事情など気に留めなかった人たちもやっと「リアルで本を買える場所が減ってきている」と危機感を抱きはじめたからにすぎない。

ネットやスマホの台頭はどの国でも変わらないが、書籍市場、書店業が比較的安定している国もある。2024年1月には、アメリカの出版情報メディア「パブリッシャーズ・ウィークリー」では、北米最大の書店チェーンであるバーンズ&ノーブルのCEOが『大幅な』成長期に入りつつある」と語り、同時期にオーストラリア発のメディア「The Conversation」では「雑誌はデジタル時代に死ぬはずだった。なぜそうならなかったのか?」と、紙の雑誌の需要《じゅよう》の底堅さが報じられた。欧州先進国の書籍市場の統計を見てもおおむね安定している。

ネットやスマホの登場以前から日本では町の本屋はつぶれ始めており、登場以後も米濠仏伊独西などの国では紙の本の市場はくずれていない。なんでも「ネットやスマホのせい」で済ますのはバカのひとつおぼえだ。

できている国があるのだから、日本も安定した書籍市場に変えていけるかもしれない。だが、そのためには「なぜそうならなかったのか」、言いかえればそもそも日本の書店産業が歴史的にどのような経営環境にあったのかを知る必要がある。具体的には雑誌や書籍の流通構造、本の売上に対する書店の取り分の割合といったビジネスモデル、商慣習、法規制などだ。

書店を取り巻く競争環境を簡単に整理すればこうだ。

まず、出版社―取次―書店の「垂直的な取引関係」がある。書店は「取次」(本の仲介卸売業

書店を取り巻く競争環境

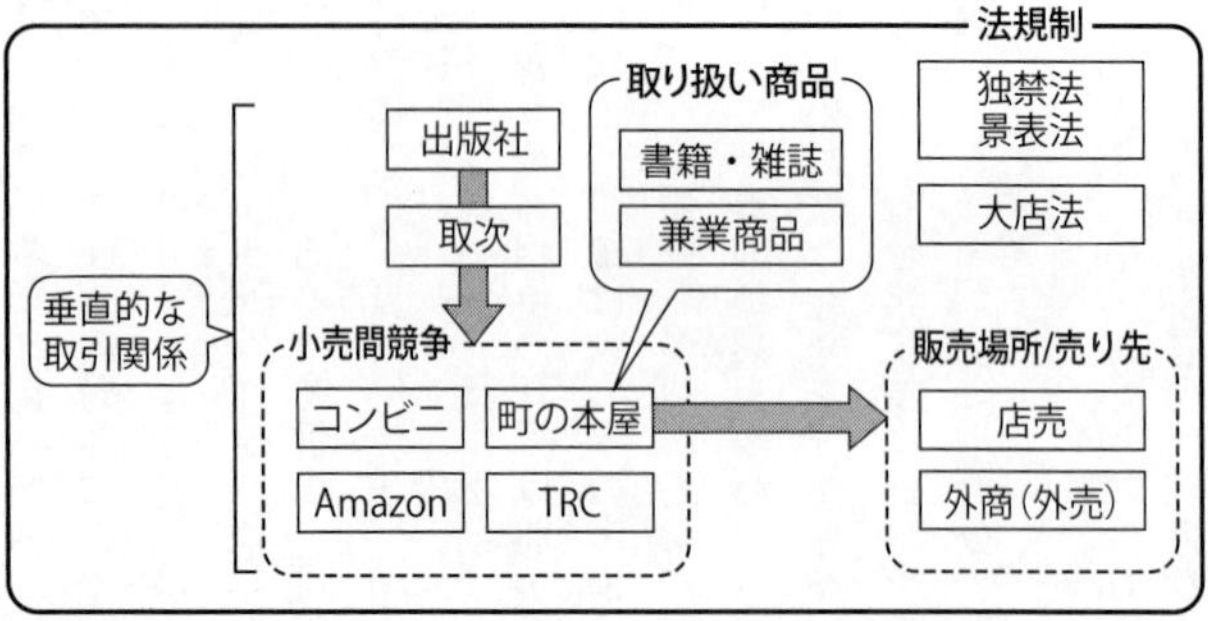

者）、「出版社」との関係で、取引の条件、つまり日々の商いの基盤《きばん》となる部分が規定されてきた。どんな本をいつ何冊仕入れられるか、また書店の決済（入金や出金）の方法や時期はどのようなものなのか、マージン（粗利《あらり》率、本が売れたときに得られる取り分の割合）はいくらで、本の売値はいくらなのか、といったことは取次と出版社との関係で決まってきた。

　しかし「垂直的な取引関係」によって決まる、書店業のマージンやキャッシュフロー（資金繰り）は町の本屋にとってはきびしい条件だ。そのため、経営を成り立たせ、相乗効果を上げるためには、書籍や雑誌以外の「兼業商品」をあつかうか、あるいは客の来店を待つだけではなく書店側から客先へと営業・配達に出かける「外商」（外売）の必要が生じてきた。だから「兼業商品・外商」の動向も、書店の盛衰《せいすい》を左右してきた。雑誌と書籍だけを扱い、店舗《てんぽ》での販売のみを行う「専業書店」が「正統」な本屋というわけではない。

次に、本を売る店どうしの「小売間競争」もある。書店と客をうばいあう小売として、雑誌を扱うスタンド（たばこ屋や雑貨店などの軒先《のきさき》に雑誌や新聞を置くマガジンラックを設置した業態）、駅や病院などの売店、全集や事典を企業や家庭などに営業に出向いてセット売りする外商（外売）専門会社といった今は存在感を失った相手もいれば、コンビニ、チェーン書店、ネット書店、図書館流通センター（ＴＲＣ）といった今も争っている相手もいる。町の本屋は自店と近い場所にある競合に勝つか、あるいは勝てないまでもライバルを妨害《ぼうがい》する必要もあった。

「垂直的な取引関係」「小売間競争」いずれにおいても弱者である町の本屋が負けて消えるのは当たり前だろう、と思うかもしれないが、ではなぜ１９８０年代なかばまでは生きのこれたのか？　かつては町の本屋や書店団体が出版社や取次、あるいは小売業のライバルに対し取り得た交渉や妨害の手段があったからだ。

ところが書店経営の競争のルールを大枠として規定する「法規制」が変わった。「法規制」は法律の条文と、実際に法律を運用する機関である公正取引委員会（公取）、そしてそれらの大元になる方向性を決める国の競争政策によって決まる。具体的に言えば、独占禁止法、大型店舗の規制をあつかう百貨店法・大店法・まちづくり三法などがある。

ここで少し本書のタイトルについて説明したい。

このタイトルは、書店団体・小売全連（現・日書連）が出版社に取引条件改善を求めた「最高正味7・5掛獲得運動」のさなか、仙台金港堂店主・藤原佐一郎が組合加盟書店への調査をもとに悲惨《ひさん》な経営実態について解き明かした論考「書店の労働生産性向上のために　このままでは書店はツブれる」（1971年）を踏まえたものだ。何十年も前から町の本屋は「こんな契約、条件では店がつぶれる！」と出版社や取次に対して、時にリアルな懐《ふところ》事情を開示しながら切々と訴《うった》え、戦ってきた。だが根本的な解決からはほど遠く、実際に次々につぶれてきてしまった（金港堂も支店3店と外商部門は続いているが、本店が2024年に閉店した）。本書はそのことを検証した、不本意な「答え合わせ」とも言える。

「つぶれる」という言葉は強い。当の書店から反発が起こり、売りづらくなるのではとの懸念《けねん》から「消える」「なくなる」のような比較的穏当《おんとう》な言い方に変えられないかと何度も平凡社の編集、営業の方々から提案された。しかし私は本屋がまるで自然現象のように「消えた」とか、いつのまにか「なくなった」かのような言い方はしたくない。一店一店が、その店主、従業員ひとりひとりが忸怩《じくじ》たる思いを抱えながらも耐えきれなくなり「つぶれて」きたのである。「つぶれる」という言葉から、閉店、廃業《はいぎょう》を選ばざるをえなかった重みを想像してもらいたいと考え、あえて付けた。

（私の父方の祖父は食品を扱う個人商店、母方の祖父は畳《たたみ》屋を営んでいたが、どちらも今はない。人生をかけて取り組んできた個人事業、中小・零細《れいさい》企業が閉業したときのいわく言いがたい感覚、寂《さび》しさは、多少理解しているつもりだ）

中小書店は客単価（顧客《こきゃく》ひとりあたりの売上）の安さ、利益率の低さ、返品率の高さがもたらす返送運賃の負担、ベストセラーの入荷しづらさ、注文品の入荷の遅《おそ》さ、取次が決めた本を書店に送りつける配本システムによって似たような品揃えの書店（いわゆる「金太郎飴書店」）になりやすい……といった問題に直面してきた。そしてこれらの多くは東販（現トーハン）・日販など主要取次が生まれた１９４９年頃からずっと課題だと言われ続けている。

青森県むつ市の駅前市街地にあった「かねさん」（金三書店）跡地。2024年８月、筆者撮影。

「垂直的な取引関係」によって構成される書店業界の課題の根幹は、長年ほとんど変わっていない。しかし「兼業商品・外商」「小売間競争」「法規制」といった周辺の動きは、時代によってどんどんうつりかわっている。書店業にはこの二面性がある。いまや書店業をめぐる諸問題の根源を先送りしてきたツケを払わねばならない。と同時に、昨今語られる書店像は歴史的に見ればほんの一面にすぎず、失われ、忘れられてきた本屋の姿、クリシェによって見えなくされてきた側面がある。本書では「根幹」と「うつろい」の両面を描いていきたい。

まずは書店経営の基本構造を決定づけた、日本の出版流通の特徴がいかにして成立していったのかについてから話を始めよう。

※本書の第一章と第二章にまとめたことは、書店業の「基本構造」を理解する上では重要だが、ややこしい（とくに第二章）。しんどいと感じたら「戦後書店経営史」の本編である第三章から、あるいは比較的時代が近い第六章の郊外型複合書店や第十一章のネット書店の話から、または興味のある話題から読んでもらいたい。出版業界の制度や法律、公取の言い回しは複雑だから、「よくわからない」「つまらない」と思う部分はどんどん読み飛ばしてもらってかまわない。ただ各章末尾には「まとめ」を置いているから、そこは読んでほしい。先に各章まとめと、「終章」を読んでもらえれば全体の見通しがよくなるかもしれない。

第一章　日本の新刊書店のビジネスモデル

まずは書店業の基本構造を理解しておきたい。

売上－費用＝利益。

あらゆる商売で、売上から費用を引いたものが利益だ。利益が出ず現金が尽きればつぶれる。

本屋の売上や費用は何によって決まるのか。

売上＝客数×客単価×頻度《ひんど》だが、書店は自分で単価設定ができない

売上＝客数×客単価×頻度である。

新刊書店は、小売側に価格決定権がほぼない。これがきつい。

出版社と取次（本の卸売・流通業者）、書店間で大抵「再販売価格維持契約」が結ばれ、出版社が本を値付けし、本屋は最終顧客《こきゃく》である読者に定価で売ることを守らされている。

「商品を作る『メーカー』が決めた価格での定価販売を、商品を売る『小売店』に守らせる「再販契約」が、法的に許容されている」のが、いわゆる再販制だ。メーカー（出版社）から

小売店（書店）に商品（本）を販売し、小売店（書店）がその本を読者に販売するから「再販売」（Resale）と呼んでいる。

再販契約を交わすと、出版社が「この本、２０００円（＋消費税）ね」と決めたら、基本的に書店は割引や割増なしで２０００円＋税で売らないといけない。約束を守らなかった場合、出版社がたとえば取引を打ち切っても独占禁止法（私的独占の禁止及び公正取引の確保に関する法律）上は問題がない。独占禁止法は、市場経済下で健全で公正な競争状態を保つために、独占や協調（価格や取引条件を同業者間でそろえる談合など）、不公正な取引を防ぐことを目的とする法律だ。ただし再販契約は民間同士の契約（「民民契約」）にすぎない。窃盗《せっとう》や殺人のような刑法上の犯罪とは異なり、契約違反をして割引や割増販売が行われても警察に捕まるわけではない（詐欺《さぎ》などが行われた場合は別）。契約の当事者間または民事裁判で争われる。

かつては出版物以外にもメーカーが決めた定価販売を小売に守らせる契約が法的に許されている品目が、化粧品や医薬品をはじめ、数多く存在した。だが今日では小売店に自由に価格を決めさせない契約はほとんどが違法だ。

再販契約は出版業界では各出版社と各取次、各出版社と各書店、各取次（卸売業者、流通業者）と各書店がそれぞれ交わす。また、出版社と書店が直接取引するのではなく、両者の売買を仲介し、配送する取次を使う流通形態を「通常ルート」（かつては「正常ルート」）と呼んでいる。もっとも割合の多い取引のしかただ。

書店はよく売れるが品薄の本を高く売ることも、売れない在庫の安売りもできない。

スーパーでは、日照りが続き農作物が不作になれば、野菜や果物の値段は上がる。余るほど豊作なら価格は下がる。「需要《じゅよう》と供給のバランスで価格が決まる」。これが書店では通用しない。

本を1冊売ったときに価格の何%が書店に入ってくるのかというマージン（取り分。粗利《あらり》率。出版業界での言い方は「正味」）もおおむね定価の22%前後と一応決まっている。

「正味」とは商品を卸《おろ》す（渡す）側から見たマージンの比率のことだ。「取次出し正味が78掛《がけ》」と言ったら、取次が書店に「出す」値段が定価の78%であり、その本が売れたら定価の22%分が書店に入る。取次が出版社から仕入れる場合「入り正味」（仕入正味）と言う。取次から書店に販売する場合「出し正味」（販売正味、出し値、卸値）と言う。たとえば定価１０００円の本を出版社から取次に68掛で卸し、その商品を取次が78掛で書店に卸したとすると、書店は取次から７８０円で仕入れ、書店では定価１０００円でお客さんに売り、売れたら２２０円が書店に入る。残りの７８０円のうち取次には１００円入り、出版社に６８０円入る。

本が書店に届くまで

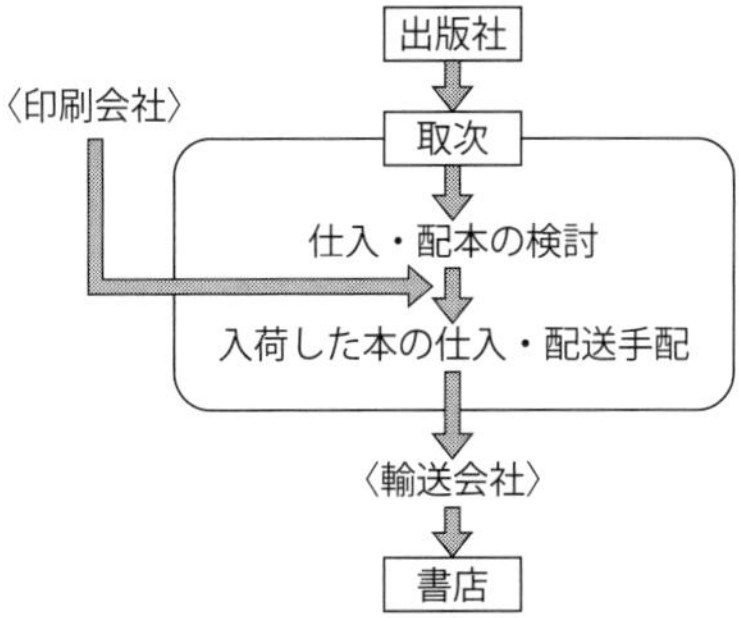

『よくわかる出版流通のしくみ2023-24年度版』（メディアパル、2023年）より作成

実際には「たくさん売ってくれた」または「仕入れ代金の請求に対する入金率が高い」書店には、出版社や取次が後から一定の割合の金額を支払う（払い戻す）「報奨《ほうしょう》金制度」がある場合や、価格の高い人文書や医学書は書店マージンが低い場合などがある。また、大書店は取引条件が小書店より良いし、書店の取り分が相対的に多い本や取引方法もある。正味／取り分は固定ではない。とはいえ書店が定価の50％、60％もらえるようには普通はならない。

書店の取り分は日本では2割強、アメリカでは30〜50％。フランスでは書店と流通業者で51％。仕入から一定期間内なら無制限に返品可であるなど日本と近い商習慣のスペインのような国と比べても、日本は圧倒的に書店の利幅が小さい。これが苦境の根本原因のひとつだ。

再販契約がないアメリカでは本の割引も珍しくないから、実際には定価の30〜50％も利益が出ないことも多い。とはいえ割り引いても経営が成り立つよう、需給に合わせて売値を書店が自ら決めている。売れない本や客寄せしたい本は、安売りで顧客を引きつけられる。

松田哲夫『これを読まずして、編集を語ることなかれ。』（径書房、1995年）では、出版社は本の原価率35〜38％を目安に定価を設定していると書かれている。一方アメリカでは書籍の原価率は定価の20％台だと言われる（第7回海外出版販売専門視察団編『出版流通問題の国際比較』日本出版販売、1972年）。本の制作費（原価）が40万円だとしたら、日本ではその本が全部売れたら売上が約100万円、アメリカでは約200万円になるよう値付けしている。もちろん、日本ではふつう実売率100％ではなく、返品率30〜40％（実売60〜70％）で採算が

書店の客単価

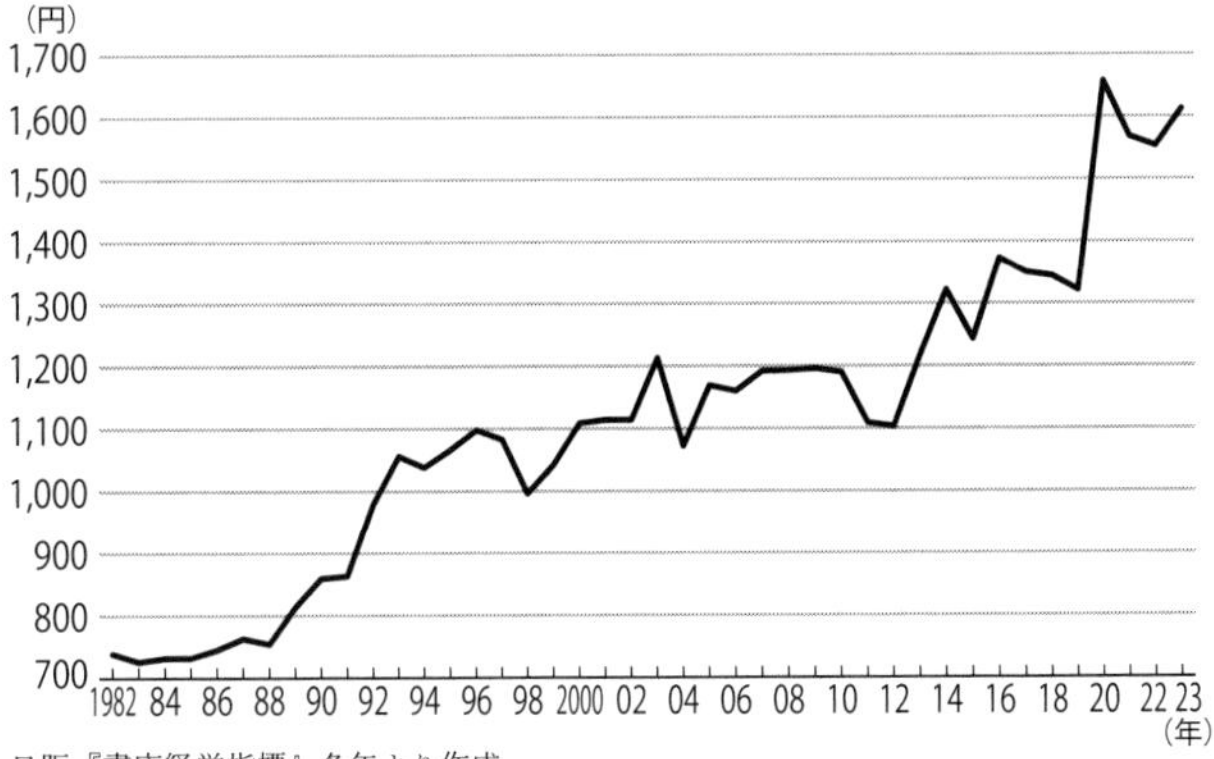

日販『書店経営指標』各年より作成

書店の営業利益率

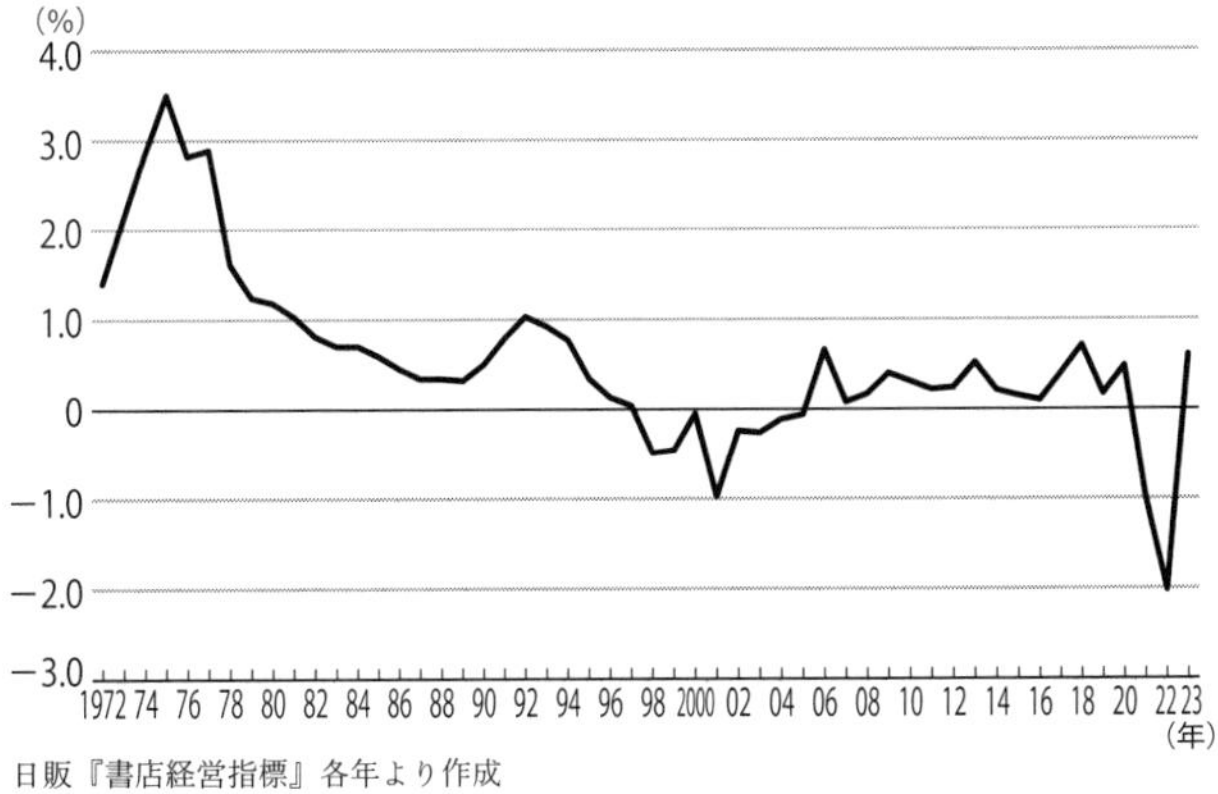

日販『書店経営指標』各年より作成

取れるよう値付けする。だがいずれにしても日本の出版社は初版（最初に刷《す》った）分がすべて売れても利益の金額が小さい、安価な定価設定をしてきた。出版物は欧米と比べて安く、客単価（顧客が1回の買い物で支払う金額）は1990年代まで1人1回1000円以下だった。

日本の書店は、本が安価な上に取り分が少ない。当然、利益率は低い。構造的に苦しい。日販「書店経営指標」では、書店本業の「営業利益率」（営業利益は、売上高から売上原価や販売費、一般管理費などの営業に関連する費用を差し引いた金額）は最高で1975年の3・5％程度。1980年代以降はほぼ1％を切り、近年ではマイナスの年もある。出版市場最盛期のはずの1990年代後半の利益率はほぼゼロかマイナス、つまり儲《もう》けなしだ。

仕入れの主導《しゅどう》権は取次が握り、書店にはなかった

くわえて、どんな本を何冊仕入れるのかを書店側がコントロールすることもむずかしかった。

・取次や出版社に注文を出しても、売れている本ほど満数出荷されない（「10冊ください」と本屋が言っても取次が1冊しか送ってこない、といったことがざら）

・客注（お客さんからの注文）で書籍を頼んでも書店に届くのは早くて2〜3週間後

・書店が頼んでもいないものを取次が送りつける「見計らい配本」を前提とした契約を取次が書店に求める（その代わり、一定期間内であれば返品可）

という出版流通上の課題や商慣習がある、ないしは「あった」からだ（くわしくは第二章で

後述)。最近はお金を追加で払えば少部数でも客注に迅速対応できるサービスも充実するなど変化もあるが、戦後60年以上、大きくは変わらなかった。書店側が望んでも、新刊やベストセラーに関しては思ったとおりの仕入がとくにむずかしかった。

商品(本)を出版社に決められた値段で売るしかなく、何を売るかの裁量《さいりょう》も限られている。となると、売上＝客数×客単価×頻度に関わるもののうち、書店側が本業で努力できる領域は「客数と購買頻度を増やす」くらいしかない。客数競争とは、販売部数競争だ。

だから部数が多く、商品回転率(売り物を店に仕入れてからそれが売れるまでの速さを示す指標)が良い出版物への経営上の依存度が高まる。「よく売れるもの、入荷したら早く売れる本をもっと売ろう」という方向に力が働く。にもかかわらず、すぐ売れそうなベストセラーの「書籍」は注文しても希望通り入ってこず、届くまで時間がかかる。ゆえに書店にとって、たいていの書籍よりも部数が多く、中小書店にもそれなりの数が配本される「雑誌」が、経営上ありがたかった。書籍と雑誌の売上が逆転し、「雑高書低」時代に入ったのは1972年だ。

書籍は入荷してもいつ売れるのか読みづらいが、週刊誌ならほぼ一週間以内に決まり、売れないものは返品すればよい。また、基本的に単発商品であるか、シリーズものでも毎週・毎月は出ない書籍と違って、雑誌は継続的に毎週・毎月、人々を書店に足を運ばせる来店動機を作る装置としても機能した。定期刊行物は顧客の来店頻度を増やし、店に来る回数が増えれば自然と買う回数(購買頻度)も増える。雑誌を見に来た顧客は、ついでに書籍コーナーもまわり、

商品回転率と客単価

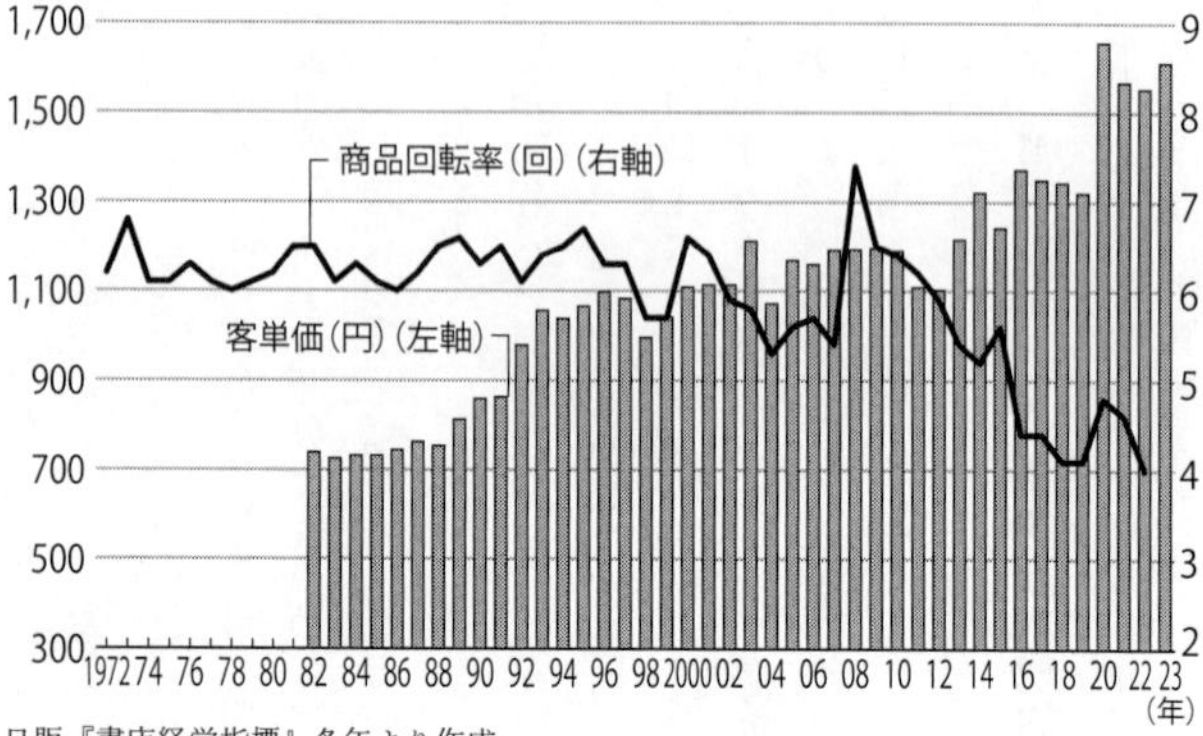

日販『書店経営指標』各年より作成

買い物をした。「雑誌と書籍の一体型流通」という日本特有のビジネスモデル（これも第二章で後述）ならではのメリットがあった。

　ところが１９９０年代後半から雑誌は落ち込み、中小書店はますますきびしくなっていく。

　清水英夫・金平聖之助・小林一博『書店』（教育社、１９７７年）では、商品回転率は年最低６回、できれば８回転以上を実現したい、とある。実際には日販「書店経営指標」を見ても１９７０〜１９９０年代ですら書店の回転率は６回転台で、１９９８年に５・７と初めて５回転台になり、２０１６年には４・４と４回転台に突入（日販は２０２３年度分を調査した２０２４年版からそれまで「企業編」で公表していた数値の公表をやめたため、２０２２年の４・０以降の状況は不明）。一般的に書店の規模が小さいほど雑誌の比率が高くなって高回転率になり、規模が大きくなるほど書籍の比率が高くなって低回転率になる。

この間に雑誌市場の縮小《しゅくしょう》と書店の大型化――小書店の衰退――が同時に進行した（書店の大型化の詳細は第九章）。

費用は物価高騰に合わせて増え、本の値段はそれよりも上がらない

自分たちで商品の売値を決められないと何がきついのか。もう少し掘《ほ》り下げてみよう。

普通は店舗《てんぽ》運営にかかる経費（家賃や人件費など）を支払ったうえで利益が出るように値段を付ける。小売業以外では、たとえば飲食店では平均的な原価率は3割程度だと言われる。商品提供のための直接的な費用（原価。たとえば材料費など）が300円なら、そのほかの家賃等々も考慮《こうりょ》して売値を900円にして店を回せる利益が確保できる。

食料品店では野菜や果物、肉、魚などが不作で入荷しづらくなれば売値を上げ、人件費や水道光熱費その他の経費が上がればその分を売値に転嫁《てんか》（上乗せ）して利益を確保する。

だが新刊書店は、これができない。

再販売価格維持契約委員会『出版物再販制度の必要性』（1989年／1990年改訂）では、1937年と1990年の物価を比べると、ハガキやコーヒーの価格は2000倍。対して「中央公論」は680倍、『コンサイス英和辞典』は835倍と安く抑えられている。これは再販商品だからこそだ、などと、ある出版社の人間が主張している。

本の値段とほかのものの値段の上昇幅が1：3ならば、書店は売上を構成する商品の価格と、費用を構成する家賃や人件費、水道光熱費等の上昇の幅が1：3のなか商売してきたのに等しい。「1000円の本を1冊売って書店に入るのは220円。インフレを受けて出版社が定価を10％値上げしたので、書店には242円入るようになりました。でも費用は、のきなみ30％増えています」――これでは商売が成り立たない。常識的に考えて、費用が30％増えたら、売値も少なくとも30％上げなければ採算は取れない。

インフレによって紙の値段が上がるなどコストが増えたときに出版社が考えるのはまず、安い紙にするなど工夫して定価を上げないこと、上げ幅を最小限にすることだが、これをやられると本屋は困る。本屋の運営コストも上がっているのに、定価が上がらないと売上が増えず、利益が減るだけだからだ。

だが人件費その他のコスト上昇に苦しんできた書店業も、ある時期までは回せてしまった。どうやって？「販売数」（部数）を増やし、本以外の商材も取り扱うことによって、である。

東京出版販売株式会社『東販創立五年誌』（東京出版販売、1954年）には、1934年～36年頃を基準に1953年と比較すると一般的な物価指数は350倍、書籍・雑誌は200～230倍程度で、「当時と同率の生活を営むためには、30％乃至《ないし》40％の販売を拡張しなければならない」つまり「インフレに勝つためには本の販売数を増やせ」とある。インフレに合わせて読書量や買いたい本の数が変わるわけでもないのに、無茶な話だ。だが人口増と国民の所得増の追い風が、その無茶が成り立つかのような錯覚《さっかく》をもたらしてしまった。もちろんそんなものは成り立たない。

日本では、出版社は景気の良い時ですら本の値上げをおさえ、景気が悪くなると文庫や新書などの単価が安い商材に力を入れ、たくさん「部数」を売って稼《かせ》ごうとしてきた。たとえば『出版年鑑《ねんかん》』では、実質成長率10％強という高度経済成長期の真っ只中でインフレ傾向にあった1966年を回顧《かいこ》して「出版物の定価は大幅な値上げとはならず、むしろ販売拡張による大量販売によって利潤の追求に動いた」とまとめている。本屋からするとうれしくない戦略だ。

村上信明は『出版流通とシステム』（新文化通信社、1984年）のなかで、出版社側は本の定価を下げる代わりに発行部数と刊行タイトル数を増やし、価格×部数のトータルが伸びれば採算が取れる構造になっていたが、文庫や新書のような低定価の出版物の増大が取次と書店の間に引き起こす流通上の問題についてはあまり考慮してこなかった、と指摘している。

取次の三大経費はスペース（施設）、人件費、運賃だ。出版社が低定価で部数が多い商品を増やすと、スペース、人件費、運賃はすべて増える。しかも一冊一冊は安いわりに手間はかかる（＝そのぶんお金がかかる）から、仮に売上の金額は同じだとしても、高い本が少しある場合と比べて費用がかさみ、取次は収益率が低下する。運賃が上がり続けても当時の出版社はコスト意識が低く、本の定価を上げなかった。

値上げによる客離れはどの程度起こるか「不確実」だが、一方、本の印刷コストは1万部でも2万部でも大きくは変わらず、たくさん刷れば1冊あたりの制作コストは「確実」に薄まる。

雑誌なら発行部数に応じて広告媒体としての価値が高まり、広告料の実入りが増える。これが、出版社が「たくさん刷って撒《ま》く」に傾《かたむ》きがちだった一因だろう（売れ残ればそのぶん倉庫や断裁の費用も増えるが、いくら売れないかも「不確実」だ）。

しかしそうして書店への本の送品の総量が増えても、読者の需要が劇的に増えるわけではない。書店のスペースは有限だ。だから置ききれない本の量が増え、書店からの返品は激増する。すると取次は物流経費を軽減するために、ベストセラーも少部数の書籍も「売れる店」（中型・大型店）に集中配本するようになる。なぜか。これにはいくつか理由が考えられる。

書籍は少量多品種生産品だ。サイズもまちまちな商品を段ボールに箱詰めするだけで一苦労、つまり作業コスト＝人件費がかかる。同じ本はあちこちに分散させるより、なるべく同じ箱にまとめて送る方が費用を抑えられる。また、見計らい配本が届いてから返品するまでの期間がより短いのは、普通は置き場に余裕がない小さい店だろう。売場が広い本屋のほうが相対的に送品量を吸収できる。だから「書店の規模の大小にかかわらず、まんべんなく本を撒く」のではなく「大きい店、売った実績のある店」に偏った配本をする。

出版社の低定価・多部数志向は、売れ筋の書籍はもちろん、少部数の専門書などの傾斜《けいしゃ》配本（店の販売力に合わせて配本数に差を付けること）も促進し、町の本屋に入荷しづらい状態を作り出す。中小書店は、それでも入ってくるくらい部数が多い雑誌、文庫、新書、コミック、つまり回転率が良いが単価が安く、定期刊行の出版物を中心に経営せざるをえなくなる。

本が安いことに苦しんできたのは取次もだ。1990年には取次の団体である取協（日本出版取次協会）が「書籍の適正流通を目指して」をまとめ、書籍の取りあつかいは取次7社で年間数百億円規模の赤字、他の物価上昇と比べて書籍の定価は低く、それを数量でカバーしてきたこと、人手不足による大幅な運賃値上げで出版物の安定供給、配送が困難だとして、出版社に適正定価、適正マージンを訴《うった》え、運賃協力金を要請した（近年も同じことが言われている）。ところが出版社団体である流対協（出版流通対策協議会。現・日本出版者協議会。出版協）は反発、加盟出版社の「平均定価調査報告書」をまとめ、基本的に定価アップに応じなかった。

問題は、本の販売数の増加が見込めなくなった1990年代後半以降も、多くの取次や出版社は①本の価格を上げる②書店の取り分を増やす、に及び腰《ごし》なまま、返品率をおさえる施策に注力してきた点にある。もちろん「返品率1％減で5・3億円コストダウンできる」と日販の鶴田尚正社長（当時）が言ったほどインパクトは大きく、やるのは当然だった（能勢仁・八木壮一『昭和の出版が歩んだ道』出版メディアパル、2013年）。また、日販は2000年代中盤から「返品率が書籍20％、雑誌15％になれば書店粗利35％を確保できる」と言い始め、2010年代以降は低返品率を達成した書店がマージン30％になる施策を推進しており、書店本業の利益率改善の動きもないわけではない（もっと早く、大規模に手が付けられたらよかったが）。

だが出版社は長年「インフレに負けず、本の定価の値上げ幅をおさえてきた」と誇ってきた。これはその分の負担を書店や取次などに押しつけ中小書店をつぶし、結果、自分たちの首を絞めてきたと自慢しているのに等しい。

書店が複合店化せざるをえない理由

本は安すぎて、書店はコストをまかないきれない。だから兼業を模索《もさく》してきた。

本以外の大半の商品・サービスは、店側で自由に値付けができる。利益率が良い、または客単価が高い業態と組み合わせれば、専業書店のデメリットをやわらげられる。

「本は儲《もう》からないが、ほかの業態と組み合わせると効果的」という意味では、コンビニが雑誌を中心にした出版物を扱った理由や、鉄道会社が系列の売店を駅構内に構え、駅前一等地に書店をむかしは持っていた理由もそこにあった。かつては「客寄せパンダ」として本（とくに雑誌）が機能し、他の業種・業態からもそれを求められていた。

本「も」扱う兼業書店は不純でも邪道でもない。ただし兼業商品・サービスのトレンドはうつりかわり続けてきた。「兼業史」は第六章で掘り下げることにして、次章では日本の出版流通の構造がいかにして成立してきたのかを整理しておこう。

第一章まとめ

◆日本の書店業が長く構造的にきびしい状態にある一因は、本の価格が安く、マージンが低いという二重苦を強いられていることにある（出版社の取り分が多いから、出版社は本が低価格でも採算が取りやすい。結果、安く値付けしがちになる。マージンと定価は深く関係している）。再販売価格維持契約では出版社が商品（本）の価格決定権をもつが、出版社は読者がはなれることをおそれて本の値段をなかなか上げない。そのため、出版物は世のインフレ率よりはるかに低い価格上昇しか起きなかった。すると、書店は店舗運営の経費の上昇を販売価格に上乗せしてカバーすることができない。

◆書店がいつどんな本を何冊仕入れられるのかは、取次に主導権があった。書店は売るものを自ら選ぶ自主性が制限され、売り物の値段も自ら決められない異様な業態だ。

◆だから中小書店は、出版社が決めた定価、取次が決める送品内容を受け入れて薄利多売に走るか、自らの意思で別の商品・サービスと兼業するか以外に選択肢が少なかった。しかし販売数量の追求には限界がある。また、兼業商品の流行の影響を受け、兼業商品がダメになると本業（書店業）が成り立たなくなるリスクを負うことになった。

コラム1

本屋の動向と読書の動向は必ずしも一致しない

本書は本屋の商売を語るもので、読書の歴史の本ではない。

よく「人々が本を読まなくなったせいで本屋がつぶれている」と言われるが、これはよくて半分も当たっていない。雑誌についてはそのとおりだが、書籍はちがう。

毎日新聞社「読書世論調査」では16歳以上の日本人全体の読書冊数を訊きはじめたのが1981年で2019年に調査自体が終了したが、その間の数値と、人口ひとりあたり推計販売金額（市場規模を人口で割った数値）とを比較してみよう。

雑誌は1990年代後半以降、販売金額（買った量）と読書冊数がパラレルだと言えそうだが、書籍はあまり関係があるようには見えない。それもそのはず、16歳以上の書籍の読書量は調査以来ほぼ月1冊台で、多少の上下はあれど長期で見ればほとんど変わっていないからだ（不読率も同様に5割前後で一定）。

つまり雑誌は購買・読書ともに衰退傾向だが、書籍については購買量は減ったものの、読書量は減っても増えてもいない（なお人口は1981年から2008年までに1000万人以上増え、そこから2019年までに1500万人以上減った）。

書籍は読書量と購買量の傾向が一致しない。「そんなのおかしい」と思うかもしれな

紙の雑誌の人口ひとりあたり推定販売金額（年間）と平均読書冊数

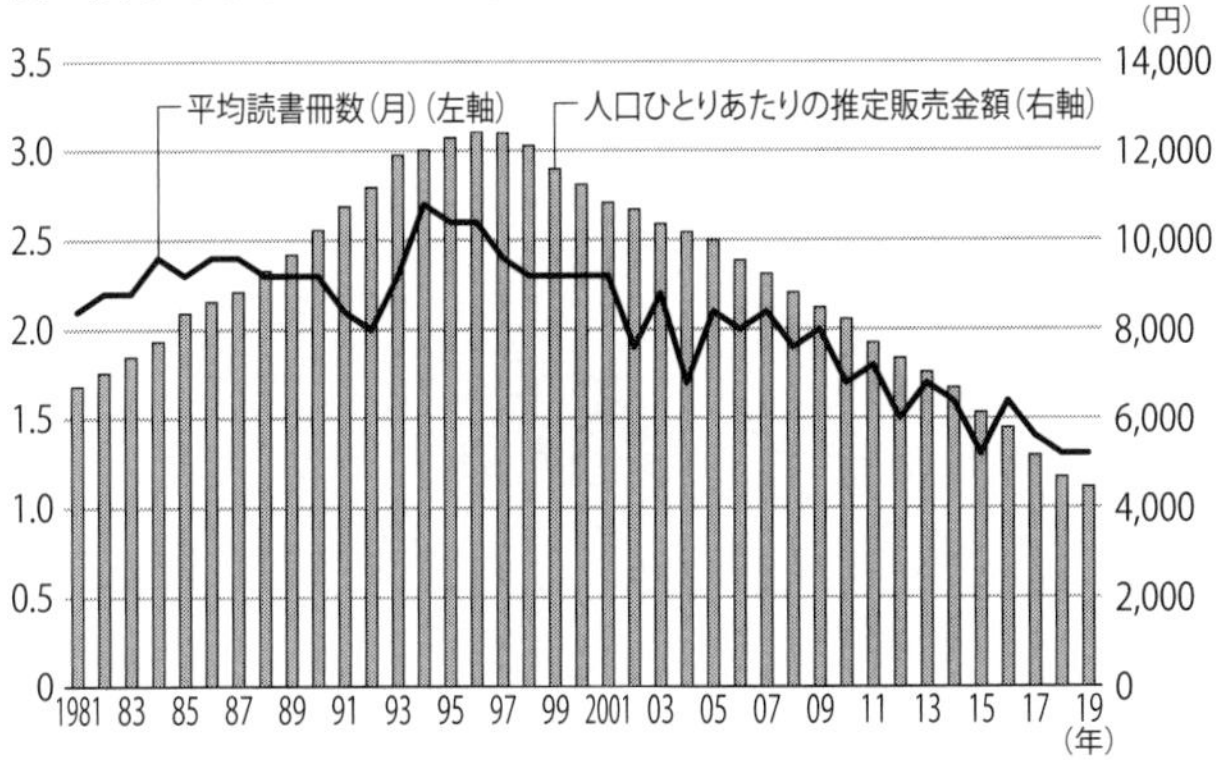

出版科学研究所調べ、総務省統計局人口推計、毎日新聞社「読書世論調査」各年より作成

紙の書籍の人口ひとりあたり推定販売金額（年間）と平均読書冊数

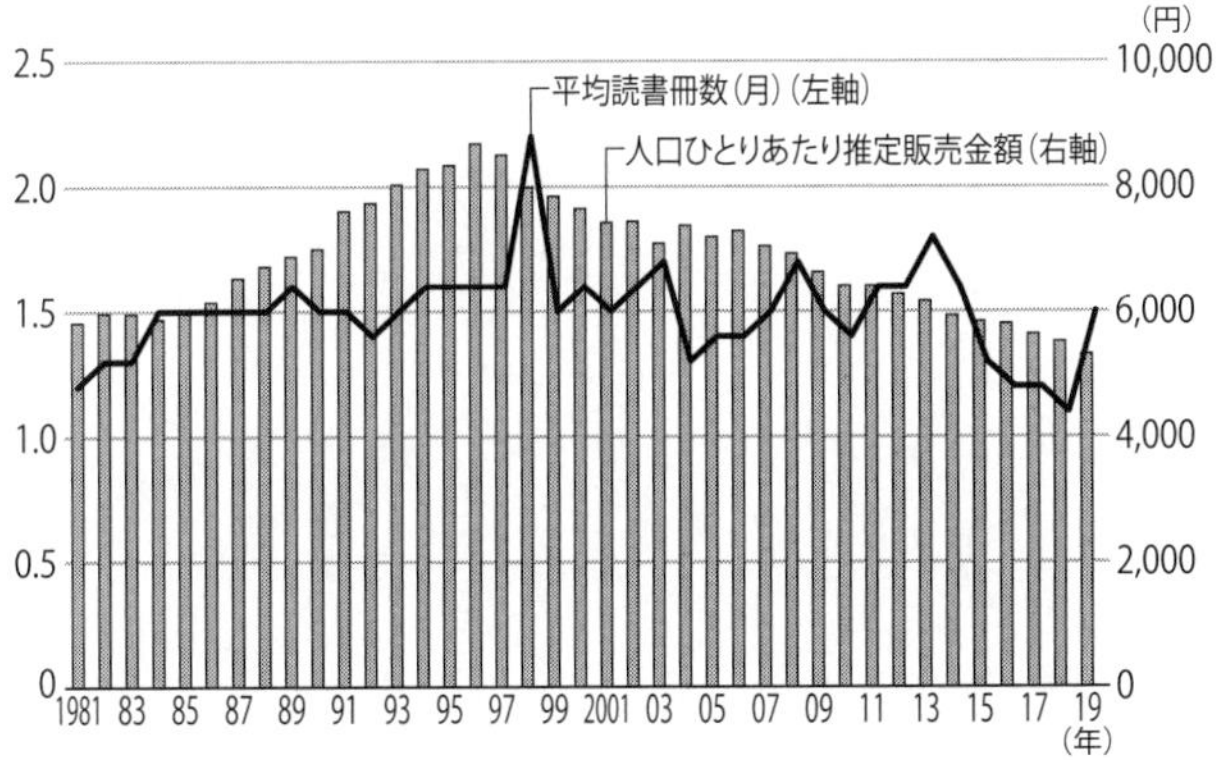

出版科学研究所調べ、総務省統計局人口推計、毎日新聞社「読書世論調査」各年より作成

いが、「積ん読」があることを思えば「買う量」と「読む量」の不一致は不思議ではない。

仮に日本人の平均読書冊数を月1・5冊として人口1・2億人とすると日本人は年間21・6億冊読んでいる。2023年には書籍の推定販売部数は4・6億冊、公立図書館では個人貸出と団体貸出を合わせて8・4億冊（出版科学研究所、日本図書館協会調べ）。買った・借りた本をすべて読んだというムリな仮定をしても残り4割、8・6億冊は新刊書店でも公共図書館でもないところから調達した書籍が読まれていることになる。新刊書店と図書館は読書を語る際に重要な場所だが、それらだけで人々の読書は完結しない。本屋と図書館の話だけでは、読書の全体像の5、6割しか把握できない。「読む」と「買う」は単純に一致しえない。

「本を買う／読む／借りる」「雑誌と書籍」「紙の本とデジタル」「マンガとそれ以外」「小中学生までと高校生以上」の動向はそれぞれ別の話で、異なる傾向を指し示している。雑にいっしょくたにして「本離れ」「読書離れ」と呼ぶべきではない。日本の出版市場、書店経営を考えるにあたっては、「本」と言っても人々は書籍と雑誌を別物として認識し、買い、読んできたことがデータからわかる点が重要だ。

「本屋の商売」と「読書量」は別の話であり、かつ、「雑誌」と「書籍」の傾向は異なる。「人々が書籍を読まなくなったから本屋がつぶれている」論を本書は採用しない。

第二章　日本の出版流通の特徴

書店経営史を考えるには、出版流通の特徴も理解する必要がある。ここでは主要5点に絞《しぼ》る。

ひとつめは、委託販売（と呼んでいる返品条件付販売）を中心としていること。

ふたつめは、雑誌と書籍が定価販売であること。

みっつめは、雑誌と書籍が一体型の流通であること。

よっつめは、出版社―取次―小売書店の本の流れが「通常ルート」（かつては「正常ルート」）と呼ばれて大半を占めてきたこと。

いつつめは、書店が頼んでもいない本を取次が送る「見計らい配本」が当たり前なことである。これらの制度とその成立経緯《けいい》をこの章ではまとめてみたい。

①委託販売（と呼んでいる返品条件付販売）

日本の出版流通の主流は実質的な委託販売、とよく言われる。

委託販売は、メーカー（本なら出版社）が自社商品を自分で販売（直販）するのではなく、他の人（出版業界なら取次や書店）に預《あず》け、代理で販売してもらう形式だ。

「委託」と対照されるのが「買切」（注文買切制度）だ。小売店が商品をメーカーから買い切って仕入れ、それを最終消費者に販売する。

通常、委託の場合は商品が販売店（小売）の店頭で売れたあとで、その店が自分たちの取り分（マージン）をもらい、残りのお金をメーカーや卸売業者に支払う。仕入れ段階では販売店には費用は基本的に発生しない。また仕入れた商品が売れずに返品した場合も、販売店には支払いが発生しない（送料等の諸経費をどちらが負担するかは業界や商材、時代によって違う）。

買切の場合は、販売店が商品を仕入れる時点で、メーカーや卸売業者に先にお金を支払う（または仕入れた翌月には支払う）。お店は買って仕入れた商品を売る。売れなければ、仕入に使ったお金の分、店は損をする。

現金の出入りのタイミングがなぜ大事なのか、ピンとこない人もいるかもしれない。どんなビジネスでも、手元にある現金が尽きれば各所への支払いが（従業員の賃金や経営者自身への役員報酬《ほうしゆう》の支払いすら）できず、事業が続けられなくなる。お金が出ていくのはなるべく遅《おそ》いほうがよく、お金が入ってくるのは早いほうがいい。

ふつう、委託は「後払い」、買切は「前払い」で、商品をメーカーや卸から仕入れる。

近代に入りたてのころの日本では、出版社が書店に本を卸《おろ》す際には、買切・現金取引、書店での売れ残りは返品不可が主流だった。とくに地方に送るには運賃がかかるため、書店から前金を受け取らなければどの出版社も本を送らなかったと『日本出版販売史』(橋本求、講談社、1964年)にある(ただ、必ずしもそうではなかったとの見方もある)。

そこに1908年(明治41年)、書籍の委託販売制度が誕生する。大学館という出版社が東京の書店に委託し、従業員を月に1、2度派遣して売れた分の代金を回収し、同時に本を補充する方法を採り始める。つづいて1909年に実業之日本社が雑誌「婦人世界」の委託販売を実施して成功させ、ライバル出版社に差を付けたことで、多くの雑誌出版社にひろがった。「婦人世界」は売れなかった雑誌は出版社に返していい「返品制」も導入した。もっとも「婦人世界」以降も、大正末までは出版流通の主流は注文買切制、前金制だった。しかし1924年(大正13年)暮れに講談社が雑誌「キング」創刊の際に委託販売制を大規模かつ本格的に採用し、このビジネスモデルが広まる。

委託販売の登場により、店頭で売れそうな数だけ入荷していた買切・前払い時代と比べ、書店は返品を前提に雑誌の注文数を増やした。結果、出版社の刷《す》り部数も増えた。

松本昇平『業務日誌余白』(新文化通信社、1981年)によれば、返品自由になったあともしばらくは「割り引いてでも売り切る」のが書店の責務と考える向きがあった。また、書店の多くが古書店を兼《か》ねていた。当時はひとつの店が、新本の小売から古書の買い入れ・販売、せどりまでやっていた。「せどり」は古書店などで安く売っている本を買って、他の古書店などに高く売って利ざやを稼《かせ》ぐ行為だが、当時は単独で注文品(新刊)を調達する個人営業の卸も含まれていた。地方のボス的な老舗書店では印刷・製本・出版・販売まで兼業していた。

だが、新本・古本兼業書店では、新品の雑誌を買った読者が読んですぐ同じ店に売り、その古本を本屋が版元に返品する不正販売・不正返品が昭和初年代に横行し、1932年（昭和7年）に日本雑誌協会が「古本兼業禁止」を全国書店商に通告。書店から大反対されるも、結局、組合規約でも禁止された。戦後になっても「新本と古書兼業者」「新本と貸本兼業者」は新刊書店の組合には原則加入できなかった。古書店が新刊雑誌を発売日前に値引き販売したことで書店組合がクレームを付けてやめさせる事件（「全国書店新聞」1972年1月15日）や、1977年には書店が古新聞や古雑誌をあつかう古紙業者から雑誌を買って取次に返品して換金する「杉田商店事件」もあった（『日本雑誌協会二十年史』日本雑誌協会、1981年）。1980年代前半には神田の古書店街で新刊ベストセラーや辞書類が値引き販売されていることが問題にもなっていた（『出版年鑑《ねんかん》』1983年版～1985年版、出版ニュース社）。新本のみをあつかう出版社、取次、書店からすると古本＝不正換金手段、新刊の定価販売を乱すアウトサイダーというイメージがつきまとってきたのである。

1943年（昭和18年）7月には、日配（後述）が書籍の全面買切制を実施している。戦時中（とくに末期）はそもそも委託するほど商品がなかった。日配による買切制は戦後もしばらくつづき、1940年代末には新雑誌や別冊が続々発行された影響からか買切品の売行が減って残品が生じたため、書店団体の小売全連（日本出版物小売統制組合全国聯合会《れんごう》。のちの日本書店商業組合連合会、日書連）は買切をなくして全面委託とすることを出版社に要望、講談社はすでに実施したと報じられている（「文化通信」文化通信社、１９４９年1月17日）。「近代以降、日本ではずっと委託取引がほとんどを占めていた」わけではない。

ややこしいことに、現在の出版社と書店の取引は、厳密な意味での委託販売ではないものが多い。

「取次は、書籍であれば書店から発売の翌月に代金を受け取り、三ヶ月（九〇日）後に返品ぶんを引いた実売を確定させ、一般的には、さらにその三ヶ月後に出版社に支払いをする。書店からとった代金を、出版社に払うまで六ヶ月間プールするのである」（石橋毅史『まっ直ぐに本を売る』苦楽堂、２０１６年、21頁。ただしこれは新刊委託の場合で、既刊は出版社については支払い条件が異なる）

このような販売方式は出版業界以外ではふつう「返品条件付販売（または買戻し条件付販売）」と呼ばれる。会計上の収支認識のタイミング、返品の取り扱い、資産計上のしかたなどが本来の「委託」とは異なるからだ。出版関係の本でも、たとえば内沼晋太郎『これからの本屋読本』（ＮＨＫ出版、２０１８年）などでは「返品条件付買切」と表記されている。税法等に規定される「委託販売」とは異なり、本来、委託とは呼べないことは日本書籍出版協会出版経理委員会編『出版税務会計の要点　２０２５年（令和7年）』にも書いてある（正確には税法自体には委託販売の定義は記述されていないが、ややこしすぎるのでこれ以上は踏み込まない）。

単なる用語の定義問題という「ことば」の話ではなく「カネ」が絡むからこの違いは重要なのだ。本来の委託販売では、小売店（書店）はメーカー（出版社）に「後払い」になる。買切で「先払い」して仕入れるより、店から現金が出ていく時期が後ろ倒しになるはずである。

ところが取次―書店間の取引では、本が書店に入荷すると、書店は取次に仕入代金を支払う必要が生じる。この時点で会計上、本の所有権は出版社から書店に移転し（いったん買い切ったことになり）、出版社ではなく書店の在庫として扱われる。そして、仕入れたものの売れなかった本については、書店が取次に返品を完了したあとで払い戻しを受ける。このように、取次は書店の決済（入金と出金）の時期を実質的に決める権限がある。そして取次と書店の関係では、書店のキャッシュフロー（現金・資金の流れ）は本来の委託販売よりもきびしい、不利な取引条件になっている。

取次と書店のあいだの「返品条件付販売」は、完全に書店の先払いで商品を引き渡すのではなく、取次が書店に本を送ったあと、代金を請求する。書店が取次に代金を支払った時点で入荷した本が売れていれば「後払い」になるし、売れていなければ「先払い」になる。ただし売れようが売れまいが、書店の新刊書籍の返品期間（委託期間）は原則105日間なのに、委託の期限より早く支払いの期限が来る。これは「実質的に先払い」と言わざるをえない。

「日本の出版業界の取引の主流は委託販売」という理解は不正確で「業界内では慣習的に『委託』と呼ばれているが、実際には『返品条件付販売（買切）』が主流」なのである。

②定価販売

新刊（新品の本）は値引き販売されない。

この本でも先ほどはそう書いたし、なんとなくそういう印象があるだろう。だが、いまでは書店で少し前の号の雑誌が値引きされているし、電子書籍では毎日セールが行われている。そして実際のところ、日本でいつから「定価販売になった」と言えるのかはむずかしい。「ある日を境に、値引きをすっぱりやめた」わけではないし、大学生協などではいまも値引きされている。

ともあれ定価販売の「契約」「協約」はどう成立し、どのくらい守られていたのか。

明治時代中期以降には書籍も雑誌も値引き販売が横行し、本屋のあいだで「割引合戦によるつぶし合いを避《さ》けよう」という動きが生じた。だが書店の中にも「値切ってくる客と交渉するのが商売の醍醐味《だいごみ》」との反発もあり、たとえ組合内で取り決めがされても、実際にはきっちり守られていたわけでもない。

いま「組合」と言ったが、定価販売成立のキープレイヤーは組合だ。たとえば１８７２年（明治5年）には東京書林組合が結成されている。明治の組合では、取りあつかい出版物を書籍と雑誌で区別せず、発行所（出版社）と販売店（書店）の区別もなかった。当時、出版社兼書店が珍しくなかったからだ。

1887年（明治20年）前後から雑誌の数が増え、書店間の安売り競争、共倒れが危惧《きぐ》されたため、お互いを守るために雑誌販売業者だけの「東京雑誌販売営業組合」が結成される。乱売防止のため組合が各書店に監視員を派遣し、ルールを破った店から違約金5円を徴収《ちょうしゅう》すると決め、また、本の小売価格を決めて組合内に配付した——にもかかわらず定価販売はうまくいかず、1898年（明治31年）に組合は解消する（『日本出版販売史』）。明治40年代に入っても「雑誌は書籍を売るための客引きアイテム」程度に考えて儲《もう》けが出ない乱売をする書店は少なくなく、儲からないので取次への支払いも滞《とどこお》った。取次間でも口銭（手数料）合戦が生じ、書店同様に倒産が相次いだ。

出版社と地方の小売の間に立つ「取次」が本格化していくのは明治20年代だ。1877年（明治10年）頃から新聞を各種売店などで売るために卸す新聞売捌《うりさばき》業が成立して雑誌も扱うようになる。その後、非新聞系として1887年（明治20年）に上田屋書店が創業して雑誌・書籍取次と小売書店を手がけ、1891年（明治24年）には出版社・博文館の販売部門である東京堂が取次業務を開始した。書籍のほうは出版社や都市部の中規模の卸売業者が、地方の卸や書店と取引していた（柴野京子『書棚と平台』弘文堂、2009年）。

取次業者の登場以前には、出版物の発行部数が少なく、売れ残れば書店で割り引いて在庫処理をした。出版社からの直接送品、直接集金で書店も出版社も不便がなかった。だが普通教育（国民に共通の、一般的・基礎的な、職業的・専門的でない教育）が広がると読書の需要《じゅよう》が増え、出版物の種類や部数が増える。すると出版社も書店も個別の受発注や送受品、入出金の手間が膨大《ぼうだい》になっていく。結果、それらを取りまとめて卸売・流通を行う取次業が生まれたと考えられている。明治30年代に『金色夜叉《こんじきやしゃ》』と『不如帰《ほととぎす》』がベストセラーになって小売書店を全国に増加させ、書店と出版物が増えると出版社は地方の小売書店との直接取引から取次利用へ変化していく。書店側も取次一括の利便性を知って切り替えていった（『日本出版販売史』）。

取次業も出版社や書店の兼業仕事のひとつだったが、徐々に専業化へ向かう。

ここでやっと定価販売の話に戻る。こうして書店組合と取次が確立され、大正時代に入ると取次業者が書店の値引き販売を禁じようと雑誌・書籍商組合に働きかける。１９１４年（大正3年）に雑誌大取次・良明堂が倒産し、同年雑誌発行者と取次が「東京雑誌組合」、雑誌小売業者と取次が「東京雑誌販売業組合」を創立し、

1. 特約店（メーカーや卸売業者と特別な契約を結び、その商品やサービスを販売する権利を得た小売店）以外に雑誌を卸さない
2. 掛け（マージン。書店の取り分。正味）をいくらにするかを取り決める

などの施策によって定価販売を実行しようとした。ただし東京雑誌販売業組合は東京限定の、任意加入の組合にすぎない。つまり地方の雑誌販売業組合には強制力を持たない。とはいえ加入している個々の小売店の定価販売には効果をあげたと『日本出版販売史』にはある。一方、

『業務日誌余白』は、割引の習慣にはあまり効かず「特例として発行後3ヶ月すぎたら定価でなくてもいい」「組合で決議したら1割引以内はいい」といった措置《そち》がなされ、本気で定価販売する気があるのかわからなかった、と回顧《かいこ》する。

書籍については1919年（大正8年）に結成された初の全国組織・全国書籍商組合が定価販売実施の決議をし、通説ではこれをもって「定価販売となった」とされている。

1920年（大正9年）頃から各地方で次々に書籍商組合（または書籍雑誌商組合）が結成されていく。1918年（大正7年）に東京雑誌組合から改称した東京雑誌協会は1924年（大正13年）に日本雑誌協会となり、東京に加えて大阪に範囲を広げ、「協会の承認を受けた地方雑誌販売業組合員でなければ取りあつかいできず、協会会員でなければこれらの組合員書店に雑誌販売を托すことができない」というルールを明確にした。

雑誌を中心に、定価販売の浸透とともに全国に小売書店が急増していく。1912年（大正元年）頃には全国書店数は推定3000店前後、1919年（大正8年）頃には6000前後、1927年（昭和2年）頃には1万を超える。機械によって本の大量生産が可能になり、また、宣伝によってもセールスが拡大した。明治中頃までは雑誌の発行部数は2000〜3000、売れても7000〜1万前後だったが、大正期には数万から十数万台も登場する。

書籍も定価販売に向けた動きがあったが、雑誌と比べ書籍は、
1．多種多様で、取引にも様々なケースが生じている

2. 出版社の数が多く、個々別々に小売店との直接取引を行っている
3. さらに多くの大小取次、地方取次が入り交じり、統制がとりにくい

という事情があり、徹底《てってい》はより難しかった。それでも徐々に浸透し、1940年（昭和15年）、統制を強めていた帝国政府が、当時存在していた242（400程度とする文献もある）の取次事業者をすべて廃業《はいぎょう》させ、雑誌と書籍を合わせて一社で流通させる日本出版配給株式会社（日配）が流通・販売の統制をしたことで、定価販売の傾向はより強まった。

終戦すると、定価販売は原則が崩れる。戦前は「組合加入店は定価販売する」「組合未加入店には商品を卸さない」「各小売店の商圏《しょうけん》を守るために新規出店の可否は組合が決める」といったカルテル（複数企業によって価格や販売地域を取り決める協定）が認められていた。だが1947年に制定された「私的独占の禁止及び公正取引の確保に関する法律」（独占禁止法）では、カルテルは消費者にとって不利・不当な取引であるとされた。各地の書店組合の規定を加入書店に強制的に守らせることは違法になり、割引が目立つようになる。

ところが、日本が独立を回復してGHQ支配の時代が終わったことで財界からの強い要請を受けて1953年に独占禁止法が改正され、一定のカルテルが「適用除外」として認められる。このとき著作物の「再販売価格維持契約」も合法化され、1950年代後半から出版業界にこの契約が広まっていく。書店団体（組合）または個別の書店同士が談合して販売価格を統制す

るのは変わらず違法だが、「メーカーである出版社が決めた定価での販売を、小売店である書店に守らせる」契約は合法になった。再販維持契約は、版元と取次、取次と書店が「業界全体で」契約して統一するのではなく（これはアウト）、あくまで「個々に」契約を結び（これはセーフ）、結果として新刊はどの書店でも同じ値段で売られている。

同じ「定価販売」でも、戦前は書店業者間の相互監視で守らせる「横のカルテル」で成り立ち、戦後は出版社が書店に守らせる「縦の契約」という建て付けで法律上は成り立っている。

再販契約は1956年に東京都をはじめ関東各県で実施され、翌年には北海道を除く各府県に波及した。逆に言えば戦後10年ほどは新刊書店で本の割引販売が行われていた（『日本出版販売史』）。反町茂雄『紙魚《しみ》の昔がたり 昭和篇《へん》』（八木書店、1987年）によれば、1958、59年ころに古書店主である反町が各出版社に「倉庫の死蔵《しぞう》本を活かそう」と割引販売を呼びかけたところ大手出版社約34社が賛成したが、1967年には同様の企画が成功しなかった。再販契約の実施まもない1950年代末には定価販売を崩すのに出版社も抵抗が薄かったが、1960年代後半には守るべき規範《きはん》へと変わっていた。

こうして本の定価販売は徐々に戦後出版界の「常識」と化していく。

もっとも、生協、農協が行う本の値引き販売、あるいは役所や学校などへの割引販売も例外的に認められ、その点は独禁法第22条、第23条の規定や、一般競争入札を公共調達の原則と定めた地方自治法第234条を根拠としている。

③雑誌と書籍が一体型の流通・小売であること

日本では書店に行くと雑誌も書籍もある。だが、国際的には店も流通も分かれているほうが多い。たとえばアメリカでは書籍を売る店は原則的に雑誌を（少なくともメイン商材としては）取りあつかわず、伝統的に雑誌は定期購読（予約購読）による個別配送か、あるいはスタンドやドラッグストア、スーパーマーケットなどを販売拠点にしてきた。各国の公的機関や業界団体、コンサル会社が出す産業調査、市場調査を見ても、多くの国では書籍だけ、雑誌だけであり、日本の出版科学研究所などのように両方まとめるのが当たり前、というケースはまれだ。

日本でも、もともとは書店や取次は雑誌中心と書籍中心とに分かれていた。明治初期の書店では、書籍販売が本丸で、雑誌は付け足し程度。だが雑誌産業が発展すると雑誌専門販売店が生まれ、書籍主体の書店も雑誌販売の利益を求めて雑誌に力を入れるようになる。大正中期（１９２０年前後）には全国書店数が推定７０００〜８０００軒、１９３５年（昭和10年）前後には約１・５万と倍増した背景には、雑誌の躍進があった（『日本出版販売史』）。

日本の出版流通は「点数が比較的少なく一点あたりの部数が大きい雑誌の物流に、多品種少量生産の書籍を『ついでに』載《の》せる」かたちで効率化を図ってきた。雑誌の流通網に書籍を載せた最初の試みが、１９２３年（大正12年）に講談社が関東大震災のあと緊急出版した『大正大震災大火災』とされる。当時は雑誌専業店は原則、書籍を扱えなかった。だが講談社は「雑誌に書籍の広告を載せているのに、雑誌販売店で書籍を買えないのは機会損失」と考えた。そこに、並の雑誌を超える大量部数を刷った書籍『大正大震災大火災』を「雑誌扱い」にして雑誌販売店に配本した。これが成功し、雑誌流通網に書籍を載せる道すじが開かれる。

取次の書籍・雑誌一元化は？　こちらは1940年に誕生した日本出版配給株式会社（日配）が雑誌と書籍の全取次を集約し、合わせて流通させるようになったことで完成。1943年に国家総動員法に基づく出版事業令が公布され、印刷用の紙の配給や内容の指導統制（干渉、言論弾圧）を行う日本出版会が結成、理事兼配給部長の石川武美が日配の新社長に就任する。従来の官憲は知識人や教養層を対象とする「書籍」の表現や言論に目を光らせていたが、このとき大衆への影響力が大きい「雑誌」を重視する方向に転換した（『日本雑誌協会史 第2部 戦中・戦後期』日本雑誌協会、1969年）。こうして戦後にも引き継がれる「部数で圧倒的に勝る〝雑誌が優位〟の書籍・雑誌一元化」体制が思想的に完成した。

GHQは1949年に日配解散を命じるが、後継企業として東販（トーハン）や日販、大阪屋、中央社、日教販が誕生、これ以前から活動していた栗田出版販売、太洋社も合わせて「七大取次」と称されるようになる。

書店は「儲かるから」という理由で書籍と雑誌の分売を崩し、出版社も雑誌の流通・販売網に書籍を載せようと試み、取次は統制を強める当局の手により一元化され、日本では書籍と雑誌を兼業・複合化する流通・小売店が一般化していった。

この書籍・雑誌一体型流通には、
・雑誌上での連載をまとめた単行本、雑誌上に広告を載せて宣伝をしている単行本が、同じ書店で簡単に買えるという顧客《こきやく》にとっての利便性
・週刊や月刊など販売頻度《ひんど》が高い雑誌を買いに来た顧客が書籍も覗《のぞ》いてついで買いする「書籍購入のための来店動機づくり」に雑誌が作用する
などが良い点として挙げられる。一方でデメリットとしては、
・欧米では雑誌ビジネスと書籍ビジネスは別物で相互に独立し、書籍は少ない客数（部数）、少ない来店・購買頻度でも成り立つ高い定価（高い客単価）に設定され、事前注文・予約販売を重視してきた。日本では、部数を大量に刷り、広告も掲載しているから安く値付けできる雑誌に引きずられ、少部数で広告も載らない書籍の価格が割高に思われやすい（結果、文庫や新書などの低価格帯の書籍に需要と供給が傾斜《けいしや》）
・書籍の年間新刊出版点数は２０２３年時点で６万４９０５、雑誌の発行銘柄《めいがら》数は２３８９（出版科学研究所調べ）。書籍は少量多品種生産で、回転率が低い。しかし書籍の価格も雑誌に引きずられて安いため、書籍流通に力を入れるほど取次の収益は悪化し、書店の経営も停滞《ていたい》しがち。雑誌の需要が減ると取次が仲介する出版物流は崩壊
・出版社も雑誌中心で回す方が効率的で、書籍の低定価、物流コストの高さ、手間を考えると客注（一般読者による書店を通じての本の注文）に消極的になる。たとえば早川義夫『ぼ

くは本屋のおやじさん』（晶文社、1982年）には「書店からの直接電話注文をなぜか受けない出版社がある。（中略）一枚の注文短冊《たんざく》を、出版社へ回すのをたとえその日のうちにしても、出版社がまさか、注文がくるたびに、一冊の本を手に持って（十冊でも同じことだが）、または、車で取次に届けるようなことはしない。出版社によってではあるが、週に一度とか、週に二度とか、日にちを決めて、いわば、まとめて、取次に届けたり、また、取次に取りにきてもらうのである。だから、そこでもう、運がわるいと、何日か、もしくは、一週間、品物がストップしているわけである」とある。つまり出版社も取次も採算が成り立つよう、まとまった物量に注文数が達するまで本を発送しないため、客注品が書店に届くまで3、4週間かかる状態が長く続いた

などが挙げられる。雑誌が衰《おとろ》えて以降は、客注は書店に届けば即購入となるため優先的に出荷する出版社も増えたが、長く続いた「雑高書低」の時代には、書籍中心の出版社以外は書店からの注文対応を渋《しぶ》ることもめずらしくなかった。書店が出版社に直接注文した客注も、取次が「出庫調整」（減数出荷）するという書店主の声も、少なくとも2015、16年までは文献上確認できる（「全国小売書店経営実態調査報告書」2016年。2015年調査実施）。筆者が見聞きした話であれば、書店が人気のコミックスなどを発注しても満数入ってこないといった話は今でも聞く。

④出版社―取次―小売書店の本の流れが「通常ルート」と呼ばれて大半を占めてきたこと

日本では出版社が大手取次を介して小売書店に配本することが「通常ルート」（かつては「正常ルート」）と呼ばれる。しかし国際的には出版社と書店の直販の割合が多い国もある。

戦前に日配がすべての出版物の流通を一元的に掌握《しょうあく》し、戦後に日配が解体されて以降も取次主導の出版取引が引き継がれたことが、出版社―取次―書店が「通常」「正常」という感覚になった最大の理由だろう。また、戦後にできた書店団体・小売全連（のちの日書連）が直販業者つぶしに声をあげ、実力行使も辞さなかった――これは第三章で後述――ことも大きい。

能勢仁・八木壮一『平成の出版が歩んだ道』（出版メディアパル、2020年）によれば、仕入れを取次に依存する形態が始まったのは1951年からだ。以降、取次が各書店にどんな本を何冊送品するかの主導権を握り、勝手に送り付ける「見計らい配本」が主流になったため、書店は月々の仕入れ金額が把握できなくなった。2000年代後半、雑誌が売れなくなってようやく書店は書籍を自主仕入れし、雑誌は必要部数だけ申し込むことで仕入額とキャッシュフローを意識する書店が増えたという。資金繰りの計算ができないのは商取引として「通常」どころか「異常」だが、戦後出版界はそれを当たり前とする状態が半世紀以上続いた。

⑤書店が頼んでもいない本を取次が送る「見計らい配本」が当たり前なこと

私が外国人の出版、コンテンツ産業の関係者や研究者に日本の出版流通を説明するともっとも驚かれることのひとつが「見計らい配本」だ。

「見計らい配本」とは、書店が注文していない書籍や雑誌を取次が送りつけるしくみである。出版物の刊行点数は膨大《ぼうだい》だから、書店はすべての新刊や売れ筋の商品を把握できない。事前注文制にすると、新人作家や新興出版社の本にはほとんど注文がないこともありうる。だから見計らいで「とりあえず撒《ま》く」施策が不合理とは言えない面もある。しかし返品率が高くなる。「日販通信」1952年6月下旬号の横浜市・弘明堂書店の投稿では、書籍返品率は5割以上と思われる状態だが、出版される書籍は1ヶ月前にはわかるのだから、取次が書店に注文書を送って注文を受けて送品すれば返品が減る、と、常識的な提言がされていた――だが2010年代以前には実現に向け取次も大半の出版社も動かなかった。

その問題はおいおい語っていくとして、見計らい配本はいつからあるのか？

明治初期には、出版社（兼書店）は新刊を出版すると、見本と「入銀帳」を持って得意先の本屋を回り、ほしい部数を書かせ、その部数を届ける受発注のしくみだった。「入銀」とは「買切契約」のことであり、「入銀帳」は「新刊の欲しい部数を書き込む帳簿《ちょうぼ》」だ。

これが基本だったが、常得意には入銀帳を待たずに版元から新刊が出るたび適当な部数を送りつけていた。これは今でいう見計らい配本に近い。ただし受け取る書店側も返品せず、割り引いてでも全部売っていた。それが明治中期以後、書店が前金で支払わないと本を送らないようになる。「委託」として雑誌・書籍の送りつけが復活するのは、大正初めに取次制度が確立し、定価販売が広がって小売書店の経営が安定してからだ。このとき「取次が小売書店の過去の販売実績に基づいて部数を決めて本を送り付ける」が成立した（『日本出版販売史』）。

大正から続く見計らい配本の手法は、戦後、日販では「パターン配本」、トーハンでは「データ配本」、他の取次では「ランク配本」などと呼ばれた。各取次は、出版物のジャンルや部数を各書店の業績、規模、地域等を踏まえた自動送本システムを構築してきた。たくさん売った書店や規模が大きな書店にはより売れる商材（ベストセラーや人気作家の新刊など）が優先的に配本され、売った実績が少なく、規模が小さな本屋には売れ筋が入りづらい「実績配本」「傾斜配本」が特徴だ。

取次がデータ重視、コンピュータ投資を1960年代から本格化させたのと比べると書店の動きはにぶかったが、コンビニエンス・ストアが雑誌やコミック、文庫の販売拠点として勢力を伸ばし、その勢いの背景には徹底したPOSレジを使った効率的な販売管理システムがあると喧伝されたことで1980年代から意識を変えていく（くわしくは第八章）。

POS（Point of sale）は「販売時点情報管理」と訳される。小売業において商品の販売・支払いが行われた時点で、商品の情報（商品名、価格、売れた時間等々）を単品単位で収集・記録し、それに基づいて売上や在庫を管理するシステム、または経営手法である。

主に町の本屋、中小書店が集まる組合である日本書店商業組合連合会（日書連）の出店問題委員会がコンビニ対策で初の地区代表者会談を開き、SA（ストア・オートメーション。小売店《てん》舗《ぽ》の自動化・省力化）問題研究特別委員会が設置されたのは1983年。急速に台頭し雑誌を売り伸ばしていたセブン-イレブン（以下セブンイレブン）のPOSへの対抗が喫緊《きつきん》の課題とされた（日本書店商業組合連合会『日書連五十五年史』2001年）。

POSは日販なら「NOCS7（ノックスセブン）」、トーハンなら「TONETS V（トーネッツブイ）」といった月額使用料を支払うと使える書店向けサービスが登場し、本の検索、在庫状況確認、発注、店内の在庫管理、売れたものの自動発注などが行えるようになり、利便性が高くなった。しかし、POSで出版物流が劇的に改善されたわけではない。

たとえば筑摩書房の営業として名を馳せた田中達治は『どすこい出版流通』（ポット出版、2008年）のなかで、1999年~2000年頃に書店のSA化で発生した問題について書いている。当時、取次のシステムでは、書店店頭で本が売れると自動で同じ本を追加発注するようデフォルトで設定されていた。そのため新刊が発売されると文庫や新書などは店頭で売れた端から全国書店から注文が殺到、すぐ品切れになる。しかししばらく経つと自動発注された本は書店から出版社に大量返品される。だから多くの出版社で、新刊発売後1ヶ月は在庫ステータスを「僅少《きんしょう》」と表示して自動発注を阻止せざるをえない、と。

それでも、さらに技術が進歩して現在に近くなれば、改善されているはずではないか？　では日書連「全国小売書店経営実態調査報告書」２０１６年版から、本屋の声を挙げてみよう。

「取次の雑誌配本は地域性、季節性が希薄《きはく》で売り損じがかなり発生している」

「返品率が高いのは取次のコンピュータ化された配本システムにある。外商で注文があると翌月の配本が異常に多くなり、返品率悪化につながっている」

「ＰＯＳレジが反映されていない。・売り切れていても増えない！　・いらない物は大量に送品される。・売り切れていても配本数が減る！」

「田舎の小型店には絶対に若者の入店はないと取次にいくら連絡しても、若い男性向け雑誌を大量に送りつけてくる。返品費用が増えるばかり」

書店がどの雑誌を何冊仕入れたいかを取次に示す「定期改正」という手続きがあるが、しても反映されない、毎月何冊売れているか取次は把握しているはずなのに勝手に増やしたり、減らしたりするから意味がない、という話もある。とくに２０１０年代以降は「勝手に減らす」ほうへの不満が高まった。これは返品率改善を目的に日販が委託（見計らい）分の送品数を２０１０年から「店頭の売上状況に合わせる」とする総量規制に踏み切り、大幅に減らした影響もあるだろう。

しかし背景はどうであれ、取次主導の「データを使った効率化」が、書店からすればムダが多いという意見は枚挙にいとまがない。町の小書店だけでなく、大手書店・丸善（現在は丸善ジュンク堂書店）も2011年に「書店の仕入れ能力はそんなに低くない。自分たちで商品を選べば間違いない仕入れができるが、返品率改善には取次からの見計らい配本がネック」と語り、見計らいと仕入れ見直しによって返品率を40％前後から10％台に下げたという（丸善・丸の内本店［当時］の草彅主税《くさなぎちから》の発言。本の学校編『書店の未来を創造する　本の学校・出版産業シンポジウム2011記録集』2012年）。

取次―書店間の見計らい配本（データ配本）と返品条件付販売の組み合わせは最悪だった。「返品条件付販売」契約では、取次は書店に商品を送ることで売上が立ち、入金が発生するのでどんどん送り込む。書店は本が入ってくるとすぐに現金が出ていき、返品によって取次からお金を取り戻すしくみだから「自分の店で売れる見込みが立つものだけ並べて売る」ためにどんどん返品する――構造的に返品率が高くなりやすい。

ジャンルや判型にとらわれず、本のテーマや内容によって並べられた書店の陳列方法である「文脈棚」の創始者・往来堂書店創業者の安藤哲也が『本屋はサイコー！』（新潮OH！文庫、2001年）のなかで、こう言っている。個性のある棚づくり、店づくりをするなら、店に合わないものは容赦《ようしゃ》なく返品せざるをえない。だが返品率が高い書店に対して取次は良い顔をせず、ベストセラーや売れ筋など、よく売れるタイトルの配本数を減らす、と。往来堂書店は20坪で月商800万円（取次が開店前に予想していた相場の金額は400万円から450万円）と、同規模の他の書店よりよく売っていた。にもかかわらずデータ上「返品率が高い書店」と取次から認識され、パターン配本を甘んじて受ける「金太郎飴書店」の方がベストセラーや売れ筋の入荷は容易だった。もっとも、近年「独立系書店」では見計らいなしで取次との取引が可能になっている（ただし書店主や取次担当者の属人的な要素や関係性に条件が左右されやすい。また、中小取次では買切のみのことが多い）。往来堂書店もいまでは見計らいは用いず、指定配本（出版社が書店からの注文を踏まえて冊数を指定して送品する方法）で仕入れているという。

出版社も、見計らい配本ナシ（または少ない）かつ「書店から自発的な注文が来ず、書店店頭で1冊も売れなければ売上0円。入金なし」という契約の委託販売だったら、事前予約注文が来るような書籍づくり、宣伝を行い、返品が少なくなるよう振る舞っていたはずだ。

返品条件付販売は、見計らい配本とセットになることで、出版物流のムダを増やした。（なおこうした問題に対し、書店の要望どおりの数を、注文を受けた順に発送する「注文出荷制」を採用し、受注した当日のうちに出荷して注文から4日以内に書店に着荷、書店マージン30％という「トランスビュー方式」や、中小書店が集まってまとまった冊数を発注して仕入を改善するNET21などが2000年初頭に登場した。これらについては石橋毅史『まっ直ぐに本を売る』などがくわしくまとめている。

また、教育系出版物の取次・日教販は自動補充システムを開発し、見計らいの「委託型」から定番商品に欠品が出たら送る「補充型」に切り替え、総合返品率12％まで下げたと2018

年に報じられるなど、取次側にも変化が見られる）

＊

以上、

①委託販売（と呼んでいる返品条件付販売）
②雑誌と書籍の定価販売
③雑誌と書籍の一体型流通
④出版社―取次―小売書店の本の流れが大半を占める
⑤見計らい配本

という日本の出版流通の特徴を見てきた。これを前提として次章からは大きなトピック、テーマ、プレイヤーごとに戦後書店史を見ていこう。

第二章まとめ

◆書店と取次のあいだのキャッシュフローは、ほぼすべての点で書店が不利な条件になっている。たとえば出版業界では「委託販売」と称されているのに、実際には委託の期限より先に仕入代金の支払いが発生する。書店の資金繰りは構造的に悪化しやすい。

◆日本の出版業の特徴は「雑誌と書籍の一体型流通」にある。大手取次の収益は雑誌に寄りかかっており、書籍流通はずっと赤字だった。そのため書店からの書籍の発注は後回しにされがちであり、また、中小書店が新刊やベストセラーを注文しても、希望数が満数入荷されることはまれだった。書店は自らが売りたいと思う品、客から注文を受けた本（客注品）の自主的な仕入れに大きな制約があった。

◆戦後長らく大多数の書店では、書店が自ら注文した品よりも、取次がどんな本をどのくらい書店に送品するかを決める「見計らい配本」による仕入（入荷）の比率が高かった。そしてその精度は今に至るまで低く、返品率の高騰《こうとう》と売り損じを発生させてきた。

◆仕入から支払いに至るまで、中小書店は経営の生殺与奪を大手取次に握られてきた。

コラム2

書店の注文・取引方法あれこれ

（実際には「返品条件付販売」だが）「委託」と業界で呼ばれている現行制度下では、書店が新刊書籍を返品できる期間は原則１０５日間、長期委託では４ヶ月から６ヶ月。雑誌は週刊誌が45日間、月刊誌が60日間。なお時代によって期間は変化している。期間内に返品されなかったものは返品が原則不可になる。ただし、委託期間後も出版社の返品了解を得られれば返品できたり、いつでも返品を受け付ける「フリー入帖（入帳）」と呼ばれる出版物・出版社があったりといった、取引上の慣習がある。

これとは別の「常備寄託《きたく》」が、本来の委託販売の一種だ（ただし補充分の注文は買切）。ある特定の出版社と契約して決めた特定の本（銘柄《めいがら》）を一定期間（通常は1～2年）棚に置いて販売し、売れた分は出版社に注文して補充、期間がすぎると預《あず》かった商品はすべて出版社に返品する。この常備寄託は戦後になって広く行われるようになった。こちらの場合は本の所有権が出版社にあり、「預かっている」だけの書店の棚に本があろうが税法上も出版社の資産として扱われる。

書店から出版社へ注文した商品は、本来は買切となる。とはいえこれすらフリー入帖（返品可）の場合も近年では多い。日本書籍出版協会研修事業委員会編『出版営業入門第4版（新入社員のためのテキスト）』（2021年）によれば、買切で返品不可のはずの注文品も実際には3割返品されている。1971年版『出版年鑑《ねんかん》』では注文・買切品の返品率は10・4％。近年のほうがはるかに悪い。

また、取次―書店間とは別に、出版社―書店間での「返品条件付買切」での取引もあり、出版社の営業の人間は「返品条件付買切」と言うと自社と書店の間のやりとりをイメージすることが多い。

ほかに、買切だが支払いを入荷から3ヶ月なり繰り延べる（遅らせる）「延勘《のべかん》」という取引形態もある。延勘も返品できる場合があり、「委託」の一種だと思っている書店員も少なくない。

なお、今でも買切契約を原則として書店と取引している出版社もある。ただしそれは岩波書店や未來社、一部の専門書の出版社など、業界全体で見れば少数である。

出版業界は「例外」「抜け道」だらけ、さらには実務上の認識や用語の使い方と会計・税法上のあつかいが一致しない部分があり、時代によっても変わっている。

第三章　闘争する「町の本屋」——運賃負担・正味・新規参入者との戦い

かつて出版業界は右肩上がり成長で「何もしなくても本がよく売れていた」などと語られてきた。これはウソだ。書店経営の当事者がそう語る場合さえあるが、それは大型書店か、あるいはレンタルビデオ・レコード（のちにレンタルCD・DVD）やゲーム販売などと複合化することで1980年代から2000年代まで高い利益率を実現できた人たちの、生存バイアス（淘汰《とうた》された存在を無視した、成功者基準の偏《かたよ》った見方）にすぎない。

本屋の商売が安泰だった時代など存在しない。

インフレによって出版社は印刷コストの上昇、取次は運賃や郵便料金などの物流・輸送コストの上昇、書店は人件費上昇による人手不足に見舞われ、書店団体が雇用難対策として書店のマージンアップと書籍・雑誌価格の値上げを要望したと『出版年鑑《ねんかん》』に最初に書かれたのはいつか？

1960年である。世間が好景気に沸《わ》く一方、中小書店は好待遇を提示できないため人手不足になり、週刊誌の配達中止や外売範囲を縮《しゆくしよう》小する店も現れた（出版ニュース社編『出版データブック1945→96』1997年)。「外売」とは本屋が個人宅や会社、官庁、喫茶店《きっさてん》や美容院などへ雑誌や書籍の販売・配達をすることだ。だが賃金上昇に耐えきれず、配達・営業員を雇えない店が増えていく。

1966年に初めて調査が行われ、翌年発表された小売全連「全国小売書店実態調査報告書」では町の書店は粗利《あらり》率16・51%に対して営業費用18・05%であり「マイナス経営だ」と書かれている。1971年に公表された第3回調査でも純利益率の平均は0・7%、地方書店はおおむね赤字経営だった(「全国書店新聞」1967年10月15日、1971年12月15日)。これが高度経済成長期の中小書店の実態だ。

トーハンの雑誌「書店経営」1993年1月号の書店アンケートでは「出版界は不況なのか」に対し「不況だと思う」58・8%、「不況とは思わない」18・5%、「どちらとも言えない」22・7%。ほぼ最盛期に近い1990年代前半でさえ、「不況だと思う」派が多数だった。

書店は常に弱い立場に置かれ、条件改善の声をあげてきた。戦後書店史は闘争の歴史だった。

小売全連(日書連)の歴史は取次・出版社への条件改善の申し入れの歴史

町の本屋を中心とした書店の業界団体に日本書店商業組合連合会(日書連)がある。組合員数のピークは1986年。その後は減少を続け、構成員の高齢《こうれい》化も進んでいる。

日本の戦後書店史上、日書連の存在は無視できない。『小売全連二十年史』『日書連三十年史』『日書連四十年史』『日書連五十五年史』や機関紙「全国書店新聞」の多くは取次や出版社、公正取引委員会、大書店や外部参入者との戦いの記録に費《つい》やされている。

日書連の前身・日本出版物小売統制組合全国聯合会《れんごう》（通称「小売全連」「全連」）の創立は戦後まもない1945年。この年、戦前に制定された出版法や出版事業令などの効力がGHQにより停止・廃止される。終戦当時の全国書店数は推定で約3000。

小売全連は日本初の「書店のみ」を組合員とした団体だ。逆に言えば書店は日書連、取次は取協、出版社の業界団体は書協・雑協などと、きれいに分かれたのは戦後からだ（ドイツなど、今でも出版団体は業態ごとに分かれておらず、統一団体しかない国もある）。

全連＝日書連の活動は多岐《たき》にわたる。本書の視点から重要だったものに絞《しぼ》ると、

①出版社と取次に対する書店の運賃・荷造《にづくり》費負担撤廃運動
②出版社と取次に対する正味引き下げ（書店の取り分アップ）、本の定価の値上げ要請
③外資や異業種からの参入者への抗議・圧力
④定価販売の護持《ごじ》

の4点だ。この章では①から③までを概観し、④は次章で扱う。

①出版社と取次に対する書店の運賃・荷造費負担撤廃運動

今では出版物を流通させる際、送り主が送料を負担するのが原則だ。かつては違った。戦前

から書店、出版社、取次は、誰がどのくらい運輸コストを負担するのかを争ってきた。
『日本出版販売史』によれば、近代日本では取次が荷物を送る際に、書店に運送料と梱包《こんぽう》や包装などにかかる荷造費／諸掛《しょがかり》費を請求していた。
「荷造費」は一般的には商品の出荷や発送のために必要な梱包材料費や梱包作業の費用（たとえば段ボール、緩衝《かんしょう》材、テープなどの材料費、梱包作業の人件費）、「運送料・送料（運賃）」は商品の配送にかかる実費、「諸掛」はより広い意味での取引に関連する諸々の費用を指す（たとえば保管料、保険料などの取引に付随する諸経費。ただし運送料を含む場合もある）。会計上の勘定《かんじょう》科目としては「荷造運賃」と「諸掛」（「仕入諸掛」と「売上諸掛」）に分かれる。前者をさらに「荷造費」と「運送費」に分けて計上することもある。

１９２７年（昭和2年）には東京出版協会地方取引規定が制定され、荷造、諸掛および運賃は注文者負担、つまり書店側が支払うと規定される。

日配時代になると、出版社から取次への「仕入運賃」は原則的に出版社の負担だが、取次から書店への「販売運賃」に関して、雑誌は鉄道便、書籍は貨車扱いにかぎって日配が負担するよう変化する。それ以外の場合は原則的に日配と小売書店で半々を負担した。

日配解散後の昭和20年代（１９４５〜１９５４年）には書店負担が急増する。雑誌の運賃・諸掛費は定価の２〜４・１５％、書籍は１・９〜５・８％、さらに返品率が20〜30％程度あったが、その返品運賃も全額書店負担。低い粗利は運賃で削られた（『書店』）。

1897年以来、国鉄には雑誌や書籍の「特運」規定があり、国民の文化振興につながるとの理由から出版物は特別に安い運賃で運ぶことができた。特運制度は、出版社の多い東京から全国どこまで運んでも距離にかかわらず運賃を同一とする重量比例制が画期的だった。

だが戦後、国鉄運賃は値上がりをつづけ、特運は意味をなさなくなっていく。1946年には雑誌特運が1kgあたり0・8銭から5銭に、書籍の運賃は10kgにつき2・4倍の4円に急騰。「これでは書店経営が成り立たない」として、結成されてすぐの小売全連は「運賃がかかる地方書店では本を定価の1割増で販売する」と決議。独占禁止法が制定されたのは1947年であり、同業者組合によるカルテルはまだ規制対象でなく、再販売価格維持契約も存在しなかった。

しかし独禁法ができると「地方定価1割増」協定に対して市民からGHQに投書があった。大阪の書店組合が府庁に施策の意図を説明に行くと「このインフレ時代に1割増程度でいいのか。良心的だ」と言われたが——役所の人間は独禁法を理解していなかった——、1948年には公正取引委員会から審判開始を通告され、組合は割増販売を撤回《てっかい》する（『大阪府書店協同組合三十年史』大阪府書店協同組合、1980年）。さらに小売全連は組合加盟店に対する規約の条文から「定価販売ヲ敢行《かんこう》セシムルモノトス」を削除する。当時を知る書店経営者は「地方定価1割増」は「1割以上の値段では高く売らないように」との決議だったのに誤解された、としている（『日書連五十五年史』）。だが「横並びで価格をそろえる」談合自体がアウトなのだ。

小売全連は、出版社に対する正味引き下げ交渉（書店の取り分アップ交渉）と荷造・運賃撤廃運動を当初の活動とした。1948年には、以下のように出版社団体に訴《うった》えている。

書店の利幅は定価の平均1割5分（15％）にすぎず、一方でインフレは激しく、地方書店は運賃諸掛費用負担などで定価で売っても利益が出ない状態にある。そのためやむなく定価1割増での販売に踏み切ったが、割増販売しても客離れは起きなかった。だから出版社は本の定価を上げてほしい。くわえて言えば書店の「適正利潤」は「二割五分」（25％）だ、「運賃小売負担が不合理であることは、小学生の算数」でも明らかだ、と。すごい煽《あお》りようである。

前後して全連は組合加盟書店に対し、書店同士の「申し合わせ」によって販売価格をそろえることが独禁法が禁止する「共同行為」にあたるだけであって、本は自由価格なのであり、個々の書店が「各自任意に」値上げする分には問題がない、と声明を出す。

1949年にはGHQが日配の閉鎖《へいさ》を命じ、東販・日販・中央社・大阪屋・日教販などの取次が創業。取次各社は書店に運賃・諸掛費として本の定価の1・5％負担、翌1950年夏から2％を求めた。創業間もない取次は、書店からの「運賃書店負担をやめろ」との訴えを早速退けた。なお、小売全連会長の大曾根《おおそね》銈治《けいじ》らは東販と日販設立時に経営幹部に誘われたが断っている（『小売全連二十年史』）。このとき書店団体側が全面的に参画して取次と小売の経営や業界団体同士が癒着《ゆちゃく》したほうが書店によかったかどうかはなんとも言えないが、参画しなかったことで利害の調整がむずかしくなったとは言えるだろう。

日販は自動車便による輸送の研究をはじめ、１９５０年から東京都内17コースと近県への自家配達を実施、その後、自動車運送会社に定期便輸送を委託して近県各地へと拡大。自動車は鉄道便より速く、運賃も安かった（日本出版販売編『日販四十年のあゆみ』１９９０年）。一方、国鉄は１９５３年には再値上げをし、その後も値上げは止まらない。

これを受け小売全連は取次団体の取次懇話《こんわ》会（現・日本出版取次協会。取協）に「運賃の小売負担は、運賃値上げのしわ寄せを書店に一方的に強いている。これはおかしい。運賃の値上げ分は出版物の定価の値上げによって解決すべき」と申し入れをし、取次も同意した。

取次懇話会と小売全連は出版社各社を訪問して「定価を上げ、出版社の取り分を減らして取次・小売の利益を確保してほしい」と要望を提出。しかし版元側は出版団体連合会（出団連）を通じて「読者の購買力は限界、定価値上げの余地なし」と突っぱねた。

だが各地の書店組合代表が折れずに版元、取次に再度要請したことで「書店店頭で本をよく売ってくれたら、その分を歩戻し（キャッシュバック）するから荷造・運賃の請求を呑《の》んでほしい」と妥協点がみいだされる。ただし北海道・九州の遠隔《えんかく》地は保留となる。

大型チェーン書店やスーパー、ショッピングセンター内の中・大型書店、コンビニなどの勢力が小売店として巨大化していく１９７０年代後半以前には、取次は町の中小書店にそっぽを向かれると商売にならなかった。また、取次と書店が対出版社で共闘できる部分に関しては、取次は比較的折れることが多かった。一方、出版社はなかなか首を縦に振らない。

このすぐあとの１９５４年にも、小売全連は運賃・諸掛費請求の一時中止要求を決議し、取次に通告。だが取次懇話会は拒否し、返品運賃・荷造費負担などの要望書をそのまま出版社へと提出。しかし出版社は応じず、小売全連は運賃・諸掛費不払いの実力行使を決議する。

出版社の言い分は「一部の書店が割引販売をしている。運賃負担を減らし、書店のマージンを増やしたら、値引き競争が加速する」。だがこの時点で独禁法の適用除外が出版物には認められていたから「割引しているから運賃負担は減らせない」との言い分はおかしい。再販契約を結び、値引き書店には本を卸《おろ》さなければいいだけだ。

そこでもともと値引き書店をうとましく思っていた小売全連と取次懇話会が中心となって、出版社・取次・書店の三者間での定価販売の契約を盛りこんだ再販売価格維持契約案を出団連に提示する。書店側から定価販売実現のために動いたのだ（『日書連五十五年史』）。

本来、再販制の適用除外を規定した独禁法第24条2項の趣旨《しゅし》は、メーカー主体で小売店に定価を守らせる「縦」の価格維持を許容する、というものだ。ところが実際には「横並び」の契約で書店同士のつぶし合いを避《さ》けたいと考える書店団体に主導されて実現した（もっとも長谷川古『再販売価格維持制度』１９６９年によれば、欧米先進諸国の諸業界で「小売業者・団体からの強い要請でメーカー側が再販契約を結ぶ」のは普通のことだという）。とはいえ同業者間での「ルールを守れ。破ったら罰金、取引打ち切りだ」的な協定は独禁法では取締《とりしまり》対象だ。したがって公取は書店団体の目に余る振る舞いにたびたび介入する――この話は折々触れていく。

１９５９年には、送品運賃が着払い制から元払い制に切り替わる。それまで書店は、取次から見計らいで送られてくる分も含めて店に着いたすべての本の運賃を負担していた。新制度では全国一律で、店頭で売れた本の分だけ定価の１％の送料を支払えば済むという、書店に有利な改正となった。これが日本書籍出版協会（書協）が「全国書店が距離の遠近にかかわらず等しい条件で定価販売できる」ことの実現を目指して提示したことに始まる「全国均一運賃込み販売制」である（『日本出版販売史』）。これでそれまで出版社が奥付に「定価」とは別に記していた（定価よりも若干高い）「地方売価」表示もなくなった。

ただしこれはあくまで書店への送品分の運賃の話で、地方書店の返品運賃負担は今もある。キリがないので細かい動きは省略するが、その後も運輸コスト負担をめぐる攻防は続き、徐々に書店は運賃・諸掛負担なしの範囲を拡大していった。１９８２年調査の日書連「全国小売書店取引経営実態調査報告書」でも、取次から運賃・諸掛・取扱手数料の請求があるとする割合は全体の27・7％、郡部では39・7％。ようやく奄美大島の書店も含めて全国の書店の運賃負担がなくなったのは１９８５年10月6日である（「全国書店新聞」１９８５年11月7日）。

それまで日書連は粘り強く運動を展開した。

取次から運賃等の請求があると答えた書店の割合

	(%)
運賃	12.7
諸掛	12.6
引取運賃	3.6
取扱手数料	2.9
請求なし	41.2
無回答	27.0

日書連「全国小売書店取引経営実態調査報告書」1991年より作成

ところが日書連の１９９１年調査でも取次からの運賃・諸掛

等が「請求なし」と答えた書店は41・2%どまりだ（その後の調査ではこの質問項目がなくなったため、どうなったかは不明）。小取次との取引では仕入分の運賃もいまだ書店負担だからか、「返品」分の送料負担があるから「請求あり」としたのか、詳細はこの調査からはわからない。なお取次は出版社にも正味（取次に支払う手数料）とは別に、雑誌では東京都を除くすべての道府県への送品運賃協力金、沖縄（超過）運賃協力金を要求している（「新文化」2008年6月5日）。

②出版社と取次に対する正味引き下げ（書店の取り分アップ）、本の定価の値上げ要請

書店団体は「書店の取り分アップ」「本の定価の値上げ」を出版社にずっと訴え、かつては店頭での不買やストライキもしていた。

昭和10年代の取引条件は取次のマージンの平均は雑誌5%、書籍3%。書店の取り分は17〜22%（『書店』）とか雑誌12%、書籍15%との証言がある（『大阪府書店協同組合三十年史』）。1941年に日配になってからは書店の取り分は雑誌一律18%、書籍は定価別正味から取次の手数料7%を引いた13〜20%。日配時代に取次の手数料が上がっている。

『日書連三十年史』（1977年）では、戦前は正味問題の取り組みが弱く、大正8年（1919年）頃からマージンへの不満が見られるが「2割以上の粗利がほしい」程度で控えめ、組合で決議して版元に要求するなどの行為に出るのは昭和11年（1936年）頃以降、と書いてい

る。当時は買切制で、大半の新刊書は出たことを読者に知ってもらうために発売時には正味を５〜８％下げて書店から注文を集めており、書店はその時期に買い置きして利幅を大きくしていたからだろう、と書いている。

それが一転、戦後は正味が書店団体の運動の本丸になる（なお、細かい話なので以下、具体的な数字の変化は読みとばしてかまわない）。

１９４８年、小売全連が出版販売連合協議会（出版社団体）に最低利潤２割５分確保、つまり書店マージン25％の実現を陳情《ちんじょう》する（翌年、決議）。このときの書店のマージンは平均15％。

１９５０年には岩波文庫は正味が２％下がって81掛《がけ》になるも、逆に当時隆盛を誇った三大婦人雑誌「主婦之友」「婦人倶楽部」「婦人生活」が正味１％引き上げ、「主婦之友」は翌年さらに１％引き上げられ、書店は大反発する。くりかえしになるが「正味」は出版社側から見た取り分で、「正味が下がる」＝「出版社の取り分が減る（書店の取り分が増える）」、「正味が上がる」＝「出版社の取り分が増える（書店の取り分が減る）」だ。

１９６０年には好景気でインフレとなり、人件費と運賃高騰に見舞われ、小売全連は正味の１割引き下げを旗印に適正利潤獲得《かくとく》運動を展開。翌１９６１年には雑誌正味が１％下がる。

１９６２年にも全雑誌正味一律２分下げが実施されるが、岩波書店は雑誌「世界」の正味を１分しか下げず、83掛（書店マージン17％）だと本屋に通告してきたため、全国約３５００の書店が不買を声明・実施。もともと岩波の出版物は買切返品不可でしか注文できないのにマージンが低すぎる、と書店の不満が募っていた。ふつうに考えると、返品リスクを出版社が負う委託よりも、売れ残りのリスクを書店が負う買切のほうが書店の取り分が大きくなるのが道理だが、出版業界では「買切だと出版社自ら対応する必要があり、取次に頼むよりコストがかかる」といった理屈で書店の取り分が委託よりも低い「高正味買切」が横行していた（いまでも対大手書店以外は委託でも買切でも正味を変えない、あるいは委託より買切のほうが書店マージンが低くなる出版社がある）。不買実施後、日本雑誌協会（雑協）・取協・小売全連が雑誌正味の2％引き下げで合意。小売全連は書籍も正味2％引き下げを陳情し、1963年、合意。

1968年には小売全連は最高正味8掛制運動を開始し、1969年には本の「部門別8掛制」から「定価別段階正味制」に運動方針を転換する。

定価別段階正味制とは、本の価格帯によって正味を変える制度だ。書協、取協、小売全連のトップ会談で1970年から実施が決まり、小売全連はこの新正味制に非協力的な版元の本を取り扱わないと声明を出す。なぜ全連は定価別正味制を提唱したのか。最高正味8掛制を実現したかったのはもちろん、当時は出版社やジャンル等々によって正味が数百種に分かれて煩雑《はんざつ》だったため、統一・簡素化したかったのだ。

1971年には小売全連は「最高正味7・5掛獲得（雑誌正味引き下げ）運動」「書籍マージン2割5分獲得運動」を開始。このころ、仙台の書店・金港堂の藤原佐一郎が組合加盟書店の経営分析を行い、小売書店の労働生産性は月6〜7万円で小売業平均12万円のほぼ半額、払える給与は月2・5万円で、これでは地方都市でも人を雇えない、また、中小企業庁調べでは小売業の平均マージン26・4％のところ書店は17％、と指摘する論考を発表している。

１９７２年には小売全連が組合書店１０００店にアンケート調査を実施し、人件費高騰による経営難を訴える書店が大半を占めると判明。同年、全連は日本書店組合連合会（日書連）に改組して、取引条件改善を求めて出版史上初の書店による不買ストライキを13日間決行する。全面休業したわけではなく、特定の出版社の本を書店の棚から外した。この不買ストを経て、書店のマージンは2％増となる。

このとき出版社、取次、書店のあいだで交わされた解決の覚書《おぼえがき》には、書店が出版社から買取で仕入れる「責任販売制の実施」を目指すことが明記され、業界紙を中心にさかんに議論されたが、版元や取次は実現に向けて具体的に動かなかった（『日書連五十五年史』）。責任販売制の議論が再燃するのは２０００年代後半であり、このときは大手出版社を中心にテスト的に責任販売が行われたが、全面的な導入には至っていない。

１９７２年のストライキを含む日書連のマージン獲得運動は「ブック戦争」として大きく報じられた。実はスト突入直前に日書連は公取から「独禁法で禁止されているカルテル行為だ」と注意を受けている（「新文化」１９９６年8月1日の杉本定幸の発言による）。このように独禁法を軽視した振る舞いをたびたびする書店団体、出版業界に、公取は態度を硬化させていく。

１９７９年8月に公取は「事業者団体の活動に関する独占禁止法上の指針」を示す。独禁法

第8条の「事業者団体に対する規制の違反要件」に基づいて、事業者団体のあいだでの価格の交渉や決定に関わる行為を違反事項として明確にした。条文は以下だ。

第八条

事業者団体は、次の各号のいずれかに該当する行為をしてはならない。

一　一定の取引分野における競争を実質的に制限すること。

二　第六条に規定する国際的協定又は国際的契約をすること。

三　一定の事業分野における現在又は将来の事業者の数を制限すること。

四　構成事業者（事業者団体の構成員である事業者をいう。以下同じ。）の機能又は活動を不当に制限すること。

五　事業者に不公正な取引方法に該当する行為をさせるようにすること。

つまり日書連と取協（日本出版取次協会）、書協などの事業者団体（業界団体）が交渉して「横並び」で価格や取引条件を決めること、書店業全体に対する「統一ルール」「同一基準」を求めて協議を行うことはダメだ、と。

これは戦後書店経営史上の一大転換点だった。

以降、書店・取次・出版社間の取引条件は「個々の事業者間」での協議が求められ、書店

「団体」は出版社団体や取次団体と条件「交渉」はできず、一方的な「お願い」、願望を伝えることしかできなくなった。もちろん「個別に」交渉せよ、と言われても、個々の中小書店の訴えでは取次や出版社は動かない。結果、取次の影響力が増し、大書店と零細《れいさい》書店との取引格差が広がる一因となった（宮沢厚雄『図書館のための出版キイノート2　委託販売と流通コード』樹村房、２０２２年）。『日書連五十五年史』は、このとき日書連は「翼《つばさ》をもがれた」と形容する。１９８０年代以降に「町の本屋」から「運動」「闘争」のにおいが消えていくのは、束《たば》になって実力行使する手段を封じられたからだ。

（もっとも、取次側も事情は同じだ。１９８９年に消費税導入による運賃高騰、価格転嫁《てんか》が課題となり、取協は出版社団体の書協、雑協に最低運賃アップを求める要請文を送った。これに対し公取は「独禁法に抵触するおそれがあり、今後も出版業界内で事業者団体による話し合いや取り決めをしていくのであれば厳《きび》しく対応する」と示し、取協は撤回した。また、１９９０年の「物流総合効率化法」「貨物自動車運送事業法」「物流二法」制定による規制緩和もあり、取次、運送会社等が業界団体同士の「運賃協定」を破棄《はき》。１９９３年を最後に各社が個別対応せざるをえなくなった）

１９８４年には光文社文庫、ＰＨＰ文庫、ワニ文庫、ケイブンシャ文庫、知的生きかた文庫、講談社Ｘ文庫などが創刊されて第三次（第四次）文庫ブームが起きたが、取次や書店は文庫のような低単価商品が増えるのはありがたくなかった。１９８４年の書籍は推定販売部数が前年比3・6%増だが売上額は0・8%減。これは書籍の低価格化が原因だとして、日書連は1985年には正味引き下げ、文庫本の定価7〜10%引き上げを提言した(『日書連五十五年史』)。

加盟書店の赤字率が1990年の19・6%から翌年には28・3%に増加したことを受け、日書連はその年暮れに適正マージン推進特別委員会を発足。1992年に「書店経営白書 出版業界諸賢に書店の窮状《きゅうじょう》を訴える」を発表した。出版物は定価上昇が低く、再販契約によって書店は経費上昇分を売価に転嫁できず粗利は少なく、人件費のかかる外商は不可能、年間千店の転廃業が相次ぎ、書店の半数以上が苦境、書店員の平均給与は小売業34業種中下から3番目の低さだ……等々(なお「年間千店廃業《はいぎょう》」は日書連加盟書店にかぎったもので、組合未加入の書店も含めれば倍以上ではとの見方もあった。『書店新風会四十年史』書店新風会、1999年)。

日書連は公取にどこまでの運動なら許容されるのかうかがいをたて「個々の出版社に取引改善を『お願い』する程度なら問題ない。しかし『正味をいくらにしてほしい』とするのは問題。販売価格、リベート、マージンを事業者団体が決めることは禁止されている」——やはり各書店が個々に版元と交渉するのはいいが、「組合」として横で運動すれば独禁法に抵触、との回答を得る(「全国書店新聞」1992年4月29日)。そのため、当時の日書連会長でかつてブック戦争の実行委員を務めた松信泰輔が、書店経営白書を片手に有隣堂書店社長として出版社を個別訪問する、との体裁《ていさい》を取った。ところが各出版社からは「うちは値上げしている」「書店に報奨《ほうしょう》金を出している」「書店が交渉すべき相手は取次」、専門書の出版社からは「大都市になんでもそろう書店があればいい。地方は通信販売でいい。うちは特約店だけあればいい」とさんざんな言われようだった（「全国書店新聞」１９９３年1月6日）。それでも講談社が書籍を定価別正味制から一本正味制（どの値段でも同じ正味）に改め、販元出し正味（出版社から取次に出す際のマージン）を69％にすると発表、以降、ほかの会社も追随《ついずい》する。

よく言われる「書店の取り分は22％前後」になったのはこの時である――逆に言うとそこから30年経っても、取次が設定した特別な条件を達成した場合や大書店などを除けば、「ベース」の取引条件は大きくは改善されていない。なおしばしば「返品できるから他国より日本では書店マージンが低い」と説明されてきたが、たとえば欧米では返品できても日本より書店マージンが高い国の方が多く、この理屈はデタラメである。

③外資や異業種からの参入者への抗議・圧力

町の本屋、書店団体はライバルの登場に目を光らせ、実力行使に及んできた。たとえば「全国書店新聞」１９６７年8月15日では再販契約に基づく「出版社―取次―書店」の「正常ルート」を脅《おびや》かすものとして、いくつかのルートを名指しし、不公正な手段で勢力を伸ばしていると敵視している。今では何を問題視したかわかりにくいから、各項目に関する「全国書店新聞」の記述を引用したあとで、それぞれ少し解説したい。

一、直販ルート

流通ルート　版元→かつぎ屋→読者

流通商品　ワークブック、テストブック類

対象　学校ならびに小中学生

不平等条件　リベート販売

年商高　約200億円

直販ルートは特定の出版社などから取次を経由せずに仕入れて直販するものだ。直接取引によって割安に仕入れ、会社や学校相手の外商での値引き販売につながるなどといった理由で町の本屋からは否定されていた（なお、いまでは直接取引はあたりまえになっている）。「かつぎ屋」は、もともとは風呂敷《ふろしき》に物品をかつぐなどして売買していた、店舗《てんぽ》を持たない販売業者だ。「日販通信」1959年3月5日号によると、教科書に沿ったワークブック、学参（学習参考書）を各地の学校へ売り込み、定価の65掛で販売し、そのうえ教師にリベート（袖《そで》の下、賄賂《わいろ》）も提供して月700～800万円稼《かせ》いでいた。かつぎ屋が入り込むことで地元の本屋に学参やドリルの注文が来なくなっていた。なお、かつぎ屋が教師に直接現金を手渡したり、児童・生徒への教材の販売額との差額を懐《ふところ》に入れさせたりするリベートは、小売全連の要請で1964年に文部省（現・文科省）から禁止するよう厳重《げんじゅう》通達が各学校に出された。それでも1967年の新聞に「リベート販売」と書かれているから、すぐには消えなかったのだろう。なお、1

980年代末には塾が取次や版元から直で65掛で仕入れて生徒に販売していることを日書連は問題視した（「全国書店新聞」1989年11月30日）。

二、教科書ルート
流通ルート　版元→教科書特約供給所→教科書取扱店→学生
流通商品　ワークブック類、学習参考書類
対象　学校ならびに小中学生
不平等条件　教科書または教材と抱き合わせ
年商高　約200億円
教科書ルートも取次をスキップして教材などを取りあつかうやり方で、これも割引販売、抜けがけにつながるものとして町の本屋から否定されていた。

三、新聞卸売ルート
流通ルート　新聞社→新聞販売店またはスタンド→読者
流通商品　週刊誌類
対象　一般読者
不平等条件　早売り

年商高　約２００億円

新聞卸売ルートも取次をスキップし、新聞販売店が新聞社系の週刊誌（週刊朝日、サンデー毎日など）を直接仕入れて新聞配達と抱き合わせで売ったり、駅や町中のスタンドで販売したりするやり方で、雑誌の早売り（協定で定められた正規の発売日よりも早く売る行為）につながるものとして否定されていた。

四、生協ルート
流通ルート　販元→取次→生協その他→生協会員および家族
流通商品　書籍・雑誌
対象　学生協・職域生協・一般生協・農協・共済組合など再販除外団体の会員および擬似ないしエセ非除外団体の会員（原文ママ）
不平等条件　割引販売
年商高　約50億円

独禁法では消費生活協同組合など11団体を再販契約の対象から除外しており、大学生協などでは本も値引きしているため、書店から憎悪された。１９５６年には小売全連が公取に、生協等も書店同様に出版社・取次との三者での再販契約を結ばせて定価販売を守らせるようにしてほしいと陳情したが、聞き入れられていない（『日書連五十五年史』）。

五、弘済会《こうさいかい》ルート

流通ルート　版元→鉄道弘済会売店および私鉄総連傘下《さんか》売店→一般読者
流通商品　主として週刊誌および新書類
対象　一般読者
不平等条件　早売り、仕入れ安
年商高　約17億円

弘済会ルートとは、国鉄系の（本来は）福祉団体である鉄道弘済会が、自ら取次事業も行い、駅の売店（いわゆるキオスク、キヨスク）で雑誌や文庫などの販売をするものだ。駅売店では本が届くと正規の発売日の前から販売をし、書店の客を奪《うば》っているとして全連は批判していた。弘済会については第七章で扱う。

六、図書月販ルート

流通ルート　版元→取次→図書月販→職場
流通商品　完結全集・完結百科事典類
対象　職場の読者
不平等条件　割引販売または割引類似行為・特別正味

年商高　約50億円

図書月販ルートとは、1964年に設立された書籍販売会社の図書月販（現・ほるぷ出版）のルートである。図書月販は店舗を持たずに営業員を雇う外商（外売、外販）専業会社として、当時大人気だった全集・事典のセットを企業・団体や一般家庭に、商品先渡しののち月賦《げっぷ》（ローン）で支払いするビジネスモデルで売り伸ばしていた。外売の歴史は第五章で扱うが、図書月販は全集版元の平凡社などから巨額のリベートを受け取り、それを原資に割引販売していた。「全国書店新聞」1967年7月15日によれば、一般書店の粗利は本の定価の16〜18％なのに、平凡社—日販—図書月販の系列化により図書月販などの粗利は34〜35％（1969年に日販から図書月販に役員が派遣されるほど関係が深かった）。1960年代末には月販会社のマージンは40％超え、1977年には50％超えもあった（小林一博『出版の割賦販売』出版開発社、1977年）。特定の出版社と取次が結託し、特別な取引条件のもとに、再販契約を無視して儲《もう》けている、と町の本屋は怒った。対抗しようにも、店売りの片手間にしか外商できない町の書店は、1968年時点で図書月販だけで全国1800人以上の営業専門スタッフ（プロモーター）が全労働時間を外商に割《さ》く専業会社には太刀打ちできなかった。

七、スタンド販売ルート

流通ルート　版元→不明仲次《なかつぎ》→薬屋等スタンド→読者

流通商品　週刊誌
対象　一般読者
不平等条件　早売り
年商高　○○億円（原文ママ）

スタンド販売ルートは、タバコ屋や雑貨店などの軒先《のきさき》に雑誌を立てかけるスタンドを設置して販売するものだ。1980年には全国8・6万台（『東京組合四十年史』）。これは当時の書店数の4～5倍にあたる。スタンドには町の書店が卸すケースもあったが、取次が系列化して経営しているケースもあった（くわしくは第七章にて）。昭和40年代（1965～1974年）には雑誌スタンド卸業者がスタンドを町中に増やし、早売りが横行。「スタンド卸売業者などのせいで10冊売れた雑誌が2、3冊に減った」と書店から不満は募っていたが、版元は「売ってくれるならスタンドでも書店でもかまわない」というスタンスで、この問題に消極的だった（「全国書店新聞」1972年5月10日）。ここから日書連は出版各社に大挙して「積極的な努力」を求め（同年6月20日）、実質的に書店主導の団体である雑誌発売日励行本部は、各取次からスタンドに雑誌を運ぶトラックを追跡して早売り店とそれを黙認《もくにん》している卸元を特定し「悪質業者」として実名公表した（『出版年鑑』1983年版）。こういう荒っぽいやりかたも公取から指導が入って以降はできなくなっていく。

おもな出版流通経路

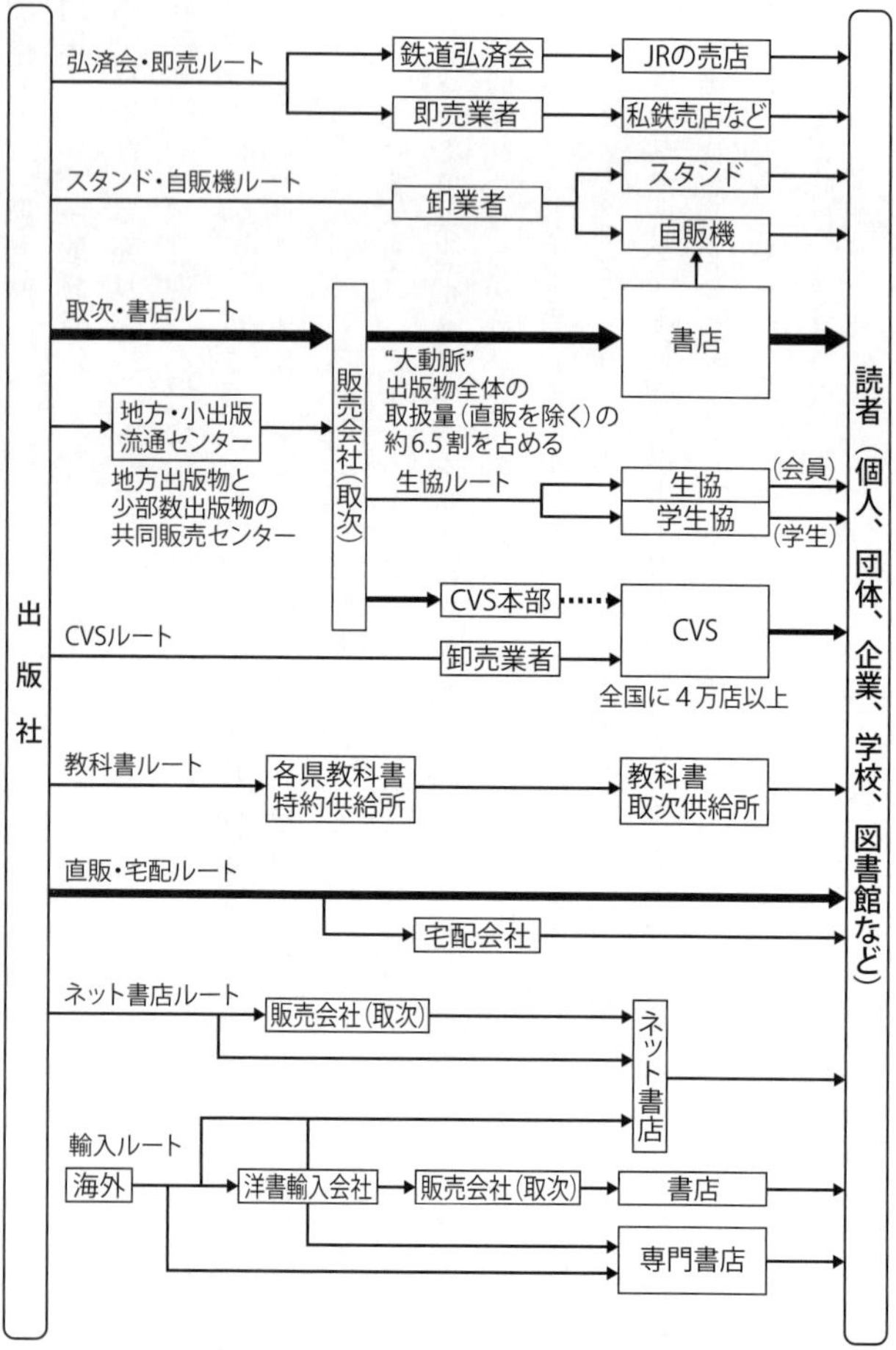

『50年史』編集委員会編『日本雑誌協会 日本書籍出版協会 50年史』(社団法人日本雑誌協会・社団法人日本書籍出版協会、2007年)より作成(いずれも2007年当時の情報)

八、日図協《にっときょう》ルート

流通ルート　版元→大取次や日本図書館協会事業部→公共図書館
流通商品　一般書籍
対象　公共図書館・学校図書館
不平等条件　分類カードサービス及び割引行為
年商高　約〇〇万円（原文ママ）

日図協ルートとは、日本図書館協会ルートのことだ。書店と図書館の不幸な関係、図書館流通センターとの骨肉の争いの歴史は第十章で述べる。

ほかにも、１９６２年に雑誌「リーダーズ・ダイジェスト日本語版」が本国アメリカ同様の手法で直接販売の定期購読で1年契約すれば半額になるとしたところ、全国書店の怒りを買って不売同盟が結成された。主導していた取次の東販と北尾書店は反発におののき、撤回（『日書連五十五年史』）。日本で雑誌定期購読の際の割引販売が一般化するのは、公取から再販契約の「弾力的な運用」（いろいろなしくみを導入して消費者利益になることをしろ、という話）が求められ、講談社や小学館が１９９８年に導入して以降である。また、１９６４年には学習研究社（現Gakken）が学校直販の学習参考書などに「普通定価」と「団体購読価」（約15％引き）の二重価格を設定したところ、再販契約の対象外なのに小売全連の猛《もう》反対で撤回させられている

(『出版年鑑』1965年版)。

1969年に当時世界最大の外資系ブッククラブを運営していた西ドイツのベルテルスマン社とアメリカのタイムライフ社が提携した「タイムライフアジアブッククラブ」設立構想への対抗運動もあった。ブッククラブは有料会員が毎月推薦図書を割安で買える(ただし年間何冊か買う義務が生じる)サービスだ。インターネット普及以前にはとくに発達していたし、今もある。日本でもクレヨンハウスによる絵本のブッククラブサービスなどがある。

このとき、書店団体も脅威《きょうい》と感じて出版社などと共闘態勢《たいせい》を取る。同年12月に全日本ブッククラブが設立され、出版社がクラブ用の特別装丁《そうてい》の本と会員向け商品カタログを「書店」に送り(「読者」に直接送ったわけではない)、会員特典として市販の本より10〜15%安く買えるしくみを作った。この動きによって外資上陸は立ち消え、大赤字だった全日本ブッククラブは1973年に解散。アメリカのように出版社と読者を直接結ぶ通信販売・予約販売・定期購読モデルは日本ではなかなか根付かなかったが、それは町の本屋が自分たちを通さない販売に激烈に反対したからでもある。

町の本屋は、競合書店の新登場も歓迎《かんげい》しなかった。

書店の多店舗化、大型化は第九章で扱うが、たとえば「全国書店新聞」1966年7月1日では、大書店の支店開設、地方大書店が取次との関係強化も求めて東京進出、中堅書店の支店網によるチェーン化などが目立つ、としている。1947年制定の独禁法によって、新規開店に同業者が規制をかけられなくなった（ただし百貨店法、のちの大店法によって大型店舗の新規出店には法規制が存在した。この点は第六章で後述）。それでも戦後20年ほどは新規出店を望む事業者と地元書店が「商慣習」として話し合って新規店乱立を防いできたが、話し合いを無視してソーブン堂書店がほかの書店の道路を挟《はさ》んで真向かいに高田馬場店を開業、書店組合から反発を受けると公取に訴え、既存店との距離制限規定が無効だと改めて示されて以降、「無政府状態」になったと「全国書店新聞」は書く（むしろ政府が動いた結果なのだが……）。

1976年に日書連は東販・日販に過当競争による新規出店の自粛《じしゅく》の申し入れをし、1978年には大手ゼネコン・鹿島建設による八重洲ブックセンター出店に対して東京書店組合が抗議デモを行い、日書連は出店反対の署名5・8万通を通産大臣に提出。この件は政治問題化して超党派議員団が仲介し、同店は当初案の半分の約750坪に縮小して解決を得た。

書店組合は消費者利益を第一にはしなかった

「町の本屋以外の動きを妨害《ぼうがい》して、本屋は得するだろうが、本を買う側は便利になるのを邪魔されているのでは？」。その通りだ。

読書家たちは町の本屋の品ぞろえの悪さ、客注の遅《おそ》さに不満を抱き、大型書店の登場を歓迎した。多くの人が、町の小書店へ客注して到着するまで2、3週間待つより大型書店やネット書店で探して買い、雑誌の発売日には駅の売店やコンビニで雑誌を買った。出版社や取次は、取引金額の大きい大型書店やコンビニを優遇した。

２０２０年代現在、「町の本屋」と言って大抵の人が想起するのは、もはや商店街や学校近くの個人商店ではなく、チェーン店だろう。紀伊國屋書店や丸善ジュンク堂書店、三省堂書店、未来屋書店、ＴＳＵＴＡＹＡやＧＥＯ……（私の10歳の息子に「『町の本屋』ってどういう店のことだと思う？」と聞いたら「ブックオフのこと？」と返ってきた）。

町の本屋は同業者同士でのつぶし合いを嫌った。だがそれを無視して資本力のあるチェーンや新規参入組、異業種参入組は出店攻勢をかけ、取次はそれに応じた。そうして品ぞろえが悪くならざるをえない町の本屋は、同業者からも売上を奪われ、消えていった。

公取からの再三の注意、警告、指導により、書店団体は一丸となって条件闘争する力を削《そ》がれてもいった。いまや「戦う本屋」のイメージは霧散《むさん》し、忘れ去られている。

第三章まとめ

◆戦前書店業の相対的な安定は、定価販売の協約と圧倒的に安い特運と人件費に支えられていた。つまり売上面と費用面の安定が釣り合っていた。ところが戦後は運賃や人件費上昇が止まらないなど、費用の安定が崩壊する。売上を増やすために出版社が取りうる選択肢は定価を上げるか販売部数を増やすかであり、出版社は後者を好んだ。書店が取りうる選択肢は販売部数を増やすか、出版社に定価値上げとマージンアップ（出版社、取次、書店三者の分配率を変える）を要求するかであり、書店はすべてに取り組んできた。だが、定価もマージンも得られた成果は微々たるものだった。

◆日書連を中心とする書店団体は、運賃・荷造費の書店負担撤廃や、マージンアップ、本の定価の値上げなど、条件交渉を取次や出版社と行ってきた。しかし、1970年代末から1980年代初頭にかけて公正取引委員会は、事業者団体の交渉や統一ルールの策定、ほかの事業者への妨害行為などを行う日書連の運動が独占禁止法で違法にあたるおそれがあると示した。これによって書店と取次、出版社は業界団体同士での交渉ではなく、各社が個別に契約するほかなくなる。結果、中小書店は出版社や市場を寡占《かせん》している大手取次との条件闘争が事実上不可能になった。ただでさえ厳しい取引条件の改善は、ますます進まなくなる（日販「書店経営指標」で営業利益率を見ると1970年代半ばよりそれ以降の利益率のほうが低く、1％を超えなくなる）。規模は小さいが数は多い書店が寄り集まることで力を持ってきたのが書店団体だったが、交渉力と求心力を失った。

コラム3

見計らいの重視、予約と客注の軽視

雑誌配送に関わる取次のコンピュータ化、効率化はかつて「世界一」を自称するまでに至った。それと比べ、複雑なわりに儲《もう》からない書籍の予約・客注・単品管理のシステム開発や物流センターへの投資は後回しにされた。

定期的に発売される雑誌は発売日に配送すれば済む。一方、書籍の客注は一冊一冊を在庫の有無を出版社に確認した上で集配し、一店一店に送本する必要があり、コストがかかりすぎる。それでも他国のように雑誌の販売店と書籍の販売店が明確に分かれていれば取次も出版社も書店も書籍だけで収益が出る値付けやマージン体系にしていただろうが、日本では「雑誌優位の『書籍と雑誌の一体型流通』」ゆえに、書籍は軽んじられた。そして雑誌も書籍も「見計らい配本」中心で取次はまわしてきた。

だが需要《じゅよう》が不明な状態で書店に撒《ま》いても販売効率は悪い。とくに雑誌販売が低調になった21世紀以降には人目に触れずに返品される書籍を増やしただけだ。

出版社も「雑誌と書籍の一体型流通」を前提に、読者が雑誌掲載の広告や記事で新刊書籍の認知獲得《かくとく》をねらい、読者が雑誌を買いに来たついでに書籍の棚を見ることを当たり前にしてきた。しかも雑誌の影響力が落ち、雑誌がブーストしてきた来店回数が落ちたあとも、大半の書籍では十分なプロモーション予算が確保されておらず、新刊書籍発売前のパブリシティ（前パブ。事前の宣伝）の方法が確立されていない、または広まっていない。欧米諸国では書籍ビジネスは雑誌の存在に寄りかからない告知・販売手法や価格設定を確立してきたから、近年でも市場規模が比較的安定的に推移している。

欧米では発売の２〜３年前に刊行が決まり、書誌情報（本を探すための情報。著者名、書名、発行者、発行年など）は１年前に固まっていることも珍しくない。そこから宣伝を開始し、発売３ヶ月前にはプルーフ（宣伝用の見本本）を書店に送って事前注文を集め、予約を踏まえて出版社は刷《す》り部数を決める（『書店の未来を創造する　本の学校・出版産業シンポジウム２０１１記録集』）。当然、返品率は低くなる。書店が注文数を読み違えて売り切れずに余ることもよくあるが、再販制のない国なら割り引いて売るか、一定割合まで返品できる場合もある。書籍が予約重視なのは、雑誌と一体型流通ではないため、客の来店回数が少ないなかで確実に売るためでもある。

一方で戦後日本では、書籍でも発売日の３週間前に原稿の本文が仕上がり、急いで発売日に間に合わせる本もある。本の予約販売は、２０００年に参入したAmazonが積極的に手がけて成功する以前にはそれほど一般的ではなかった。

もっとも、１９２０年代に登場した円本は数十万、１９３１年刊行開始の平凡社の百科事典も５万人超の予約を集めた。しかし円本は事前予約の前金払いだったが途中解約が相次ぎ書店は返金に追われる。同時期に講談社が、従来は雑誌にはあっても書籍にはあまり見られなかった委託販売・返品の無制限自由化を認めるようになり、書店も「委託でないと書籍もあつかわない」と変化していったことで予約販売の全盛期は短命に終わった（鈴木敏夫『出版 好不況下 興亡の一世紀 新訂増補版』出版ニュース社、1972年）。

戦後になると書店からの事前注文を受け付けず、本の発売後も「10冊頼んだのに1冊しか来ない」といった注文の軽視が常態化する。これによって書店も取次も読者も疑心暗鬼の悪循環《じゅんかん》に陥《おちい》る。「ただでさえ、新刊配本が適正でないうえに、予約数や注文分がこないような、現物がいかなければ、ないと思って下さい式の、そんないいかげんなことを、版元や取次がしていると、同じように書店もいいかげんになってゆく。来そうもないから、多めの部数を申し込む。減数されることを想定して、時には、嘘の予約数を書く。取次がいいかげんなことをすれば、書店もいいかげんになる。書店がいいかげんになれば、読者もいいかげんになる。来そうもないからといって、同じ本をあっちの書店にも、こっちの書店にも注文を出す。平然とキャンセルする。書店も、注文をしといて、いともかんたんに返品する」（早川義夫『ぼくは本屋のおやじさん』）

書店が出版社や取次による減数を見越して注文し、出版社や取次は書店からの返品を見越して減数する勘ぐりの連鎖《れんさ》、取次が逆に注文よりも多く送りつける水増し送品の話は、2016年刊の永江朗『小さな出版社のつくり方』（猿江商會）にも登場する。

第四章　本の定価販売をめぐる公正取引委員会との攻防

戦後、書店の多くは本の定価販売を望んだ。「再販制を守ろう」と「文化のため」はしばしばセットで語られる。だがこれは後付けのタテマエにすぎず、対抗言説としてはスジが悪い。

いわゆる「著作物再販制」が認められた理由はあいまい

１９５３年の独占禁止法改正で再販契約の適用除外が設けられ、メーカーが決めた定価での販売が一部の商品に対して合法化された。国会では法改正の理由を「従来不当廉売《れんばい》、おとり販売等の不当な競争が主として小売面で行われており、これがため小売商の利益を侵害し、ひいては一般消費者にも悪い影響を及ぼしている実情にかんがみまして」と述べている（１９５３年7月3日、衆議院経済安定委員会「独占禁止法改正法案提出理由および補足説明」）。「不当廉売、おとり販売」とは原価が１００円の商品を50円で販売する、また、実際には破格の安売り商品は少量しか販売しない（客が買えない）のに広告宣伝で客寄せするような行為を指す。

ただ当時、本の割引販売自体はあったが、書店が赤字覚悟で本を値引きして売っていたとは考えづらい（むしろ定価より高く値付けして販売していたほどだ）。

再販制度の導入当時、政府や公取が最重視していたのは医薬品販売で、本の話は当時の資料やのちに出た公取の人間の回顧《かいこ》にもほぼ出てこない。適用除外規定導入の法案の段階では出版社から公取や政治家へのコンタクトはなく、公取側からヒアリングにも行っていない（公正取引委員会事務総局編『独占禁止政策五十年史　上巻』公正取引委員会事務総局、１９９７年）。

なぜ著作物、なかでも出版物に適用除外が認められたのかは定かではない。西ドイツの独禁法を参照し、西ドイツでは日用品と著作物が対象だったことに倣《なら》った、という以上の経緯《けいい》は不明だ（辻吉彦『改訂新版　再販売価格維持制度　何が問題なのか』小学館、１９９５年）。当時、公取の企業課に在籍していた竹中喜滿太監修、辻吉彦著『再販売価格維持契約の手引』（企業経営協会、１９５４年）には、「著作物の本質は文化財であって」といったことを推測の材料に挙げてはいるが、リアルタイムで現場にいた公取の人間さえ、制定理由を特定できていない。

一方、辻の先輩にあたり、のちに公取の事務局取引課課長、経済企画庁官房調査官を歴任した長谷川古の『日本の独占禁止政策』（国際商業出版、１９９８年）は、出版物は定価販売の慣行が定着しており、１９５３年改正でほかの商品にも基本的に再販売価格維持契約を認める以上、出版物にも認めるべきであろうとして「追認した」だけだ、としている。独禁法の適用除外規定において、著作物をほかの商品と条文を分けて別項に規定した理由は、ほかの商品には「自由な競争」や「日常使用性がある」ことを再販契約を認める要件としていたが、出版物ではこれについて若干疑問がある。また出版物は発行点数が多く、ほかの商品のようにメーカーが公取に届出をして商品指定をいちいち受けるかたちにするのは実務的に大変すぎる。だから一律に適用除外の対象にされただけで「文化性とは直接関係のないもの」と断言する。

だが、本は値引きも割増販売も行われていた。本が少ない戦後間もないころは闇市では定価の3～4倍で売られ（『大阪府書店協同組合三十年史』）、小売全連による地方定価1割増の申し合わせに公取が介入したくらいだから「定価販売の慣習の追認説」は成り立たない。

改正当時の国会審議で横田正俊公取委委員長は出版物について「比較的軽い意味で適用除外規定を入れた」（衆議院経済安定委員会会議録、１９５３年3月9日）と言っているが、実際、深く考えていたとは思えない。

公正取引委員会事務局編『独占禁止政策三十年史』（１９７７年）をひもとくと、公取が「文化的意義」に公式見解で言及したのは１９７３年8月の「再販制度の改正及び不当廉売の規制について」で「法定再販品は、その文化的意義などの見地から、当面存続させる」と触れたのがおそらく最初で、出版物が適用除外の対象とされて20年以上経ってからだ。

しかもこの手の理屈はこれ以前も以後もほとんどの場合、著作物再販擁護《ようご》論者、出版業界や音楽業界だけが積極的に発信し、公取は応答として「そういう観点を踏まえる必要はあるが、しかし著作物も競争政策の観点から価格拘束はなくすべき」とくりかえしている。

１９９５年に公取が発表した報告書「再販適用除外が認められる著作物の取扱いについて」

でも、制度の趣旨《しゅし》として「戦前から慣例的に行われてきた定価販売を独禁法上問題ないと認めるため」「文化の普及などのために多種類の書籍等が同一価格で全国に広く届く体制を維持するため」という説がよく語られていることを確認しつつ、これらの見方を否定している。

にもかかわらず「1953年に、文化政策として著作物を保護対象にした」ことが確定的な事実のように主張する論者があとを絶たない。そもそも独禁法は文化政策ではなく競争政策をあつかう法律であり、公取は文化政策をカバーする組織ではない（したがって公取との論戦では競争政策としてどうかで戦わなければ意味がなく、文化云々《うんぬん》で攻めても話はかみあわず、対抗できない）。また、同時期の文化政策・教育政策を見ても、たとえば図書館法は1950年に制定、学校図書館法は1953年に制定されたが中身がなく、予算もつかずに「低文化国家」と嘆かれてきた（この点は第十章で述べる）。また全国津々浦々に広く公平に文化を伝達するため安価にしてきたはずの国鉄の雑誌特運は、1946年まで1kg8厘だったが1966年には7円50銭と20年で937倍になった。これは一般的な物価をはるかに超える上昇率だ。また、1953年には雑誌返品は特運料金での輸送が禁止になる（『日本雑誌協会二十年史』1981年、『日本出版取次協会三十年史』1982年）。当時の政策担当者に実効性のある文化政策を作ろうという意識は薄かっただろう。戦後間もない時期には政治家も大半の市民も気にしていたのは主に経済、産業、せいぜい教育までで、文化は「後回し」だったと思われる。

出版業界側はどうか。独禁法改正前後の再販契約の議論がされていた頃の報道を見ると、たとえば「文化通信」1954年9月6日では、なぜ再販契約をやるのか、「小売業界の割引競争が激化の一途をたどり、このままでは共倒れによる自滅を招くから」とあるのみだ。「書店の取り分は少ない。値引きが当たり前になったらつぶれる」「値引き勝負では中小書店は大資本に勝てない」という理由から、町の本屋は割引に反対してきた。契約実施前には書店や出版社からも「文化」「公共性」といった論点は、私が調べた範囲では一言も出ていない。

再販契約ではどんな行動が許され、どんな行動は許されないのか

ともあれ、本の定価販売は、本当に町の書店を守ってくれたのか。その歴史と論戦に用いられたロジックを追うことで検証してみたい。

復習になるが、外形上は同じ「本の定価販売」でも、戦前は書店同士の「横」のカルテルで守らせ、戦後はメーカーである出版社が小売書店に価格を守らせる「縦」の価格拘束だ。

横のカルテルは「談合」で、消費者が享受すべき利益を事業者が不当に得る行為だと公取にみなされる。「安売り、早売りしないでお互い利益を確保しよう」的な取り決めは買う側が不利益を強いられるからダメだ、と。

独禁法は「中小零細《れいさい》事業者を守るための法律」ではない。「消費者利益を損なうような取引制限、公正で自由な競争を阻害《そがい》する不当な行為を許さない」という趣旨の法律だ。だから公取は、町の本屋が自由競争や消費者利益の実現を邪魔する動きをすれば介入してきた。

1953年には著作物の再販契約が合法化されたが、出版社・取次と結んだ書店が本を定価販売しなくても、警察に捕まるわけではない。契約違反を理由に出版社や取次が取引（本の送品）を停止するなどの制裁を加えてもおおむね問題がないだけ、場合によっては民事訴訟になるだけである。たとえば1980年にはダイエーが新刊の割引セールを大々的に行った。だがダイエーは当局から捜査・注意されていない。出版社やほかの書店から不評を買ったに留まる。ダイエーは再販契約を結んでおらず「契約違反」ですらなかったようだが、ダイエーに商品を卸《おろ》した取次が出版社から注意を受けた（『東京組合四十年史』）。

1956年に書店団体などが再販売価格維持契約敢行《かんこう》委員会を発足させ、1957年には北海道を除く全都府県で再販売価格維持契約を実施。ただし企業・団体などからの一括割引取引の求めもあり、定価販売に切り替えがたい書店もあった。東京再販敢行委員会は契約違反の8書店を処分し、罰金を科された店もあった。

これに対して公取は1958年12月に「再販契約違反者に対する制裁措置《そち》は、個々の契約当事者が自主的に行い、再販売価格維持契約敢行委員会は契約当事者の依頼に応じ、いかなる措置が適当なのか助言を与えうるにすぎない」と発言。それまでは業界団体である敢行委員会自身が直接的に違反事業者に期限付きの取引制限・停止などの措置を定め、実施できるとされていたが、以降、再販敢行委員会はそこまでの実権を持てず、違反への対応は当事者間で行うことが確認された（『改訂新版　再販売価格維持制度』）。事業者団体が罰金を科すなど「私刑」ができるなら戦前の組合のカルテルと変わらないから、当然だ。

全集外売の過大報奨《ほうしょう》と医学書高騰への公取介入が与えた負の影響

適用除外規定の導入後、最初に出版業界が「再販から外すぞ」と公取に目をつけられたのは1960年代なかばのことだ。

1960年代には百科事典、全集ブームが起こり、出版社による月賦《げっぷ》販売方式（ローン払い）も現れた。これらの全集は書店に来て買う読者もいたが、当時は外売、つまり企業などの団体および一般家庭への訪問販売で売りまくっていた。

平凡社が創業した「世界大百科事典を薦める会」や図書月販などの月販会社（店舗《てんぽ》を持たず、営業を派遣する外売専門企業）が急成長し、企業・団体に事典・全集を5～10％の大幅割引で販売していた。書店は脅威《きょうい》を感じ、日販、東販が設定した信販クレジット利用の月賦販売参入をはかるも、営業のプロと比べれば書店員は相対的には成功しなかった（『日書連五十五年史』）。

1960年代中頃には全集、百科事典の販売に出版社が過大な報奨（リベート）をつける傾向が加速し、1966年、公取は338の出版社に過大報奨の自粛《じしゅく》を要望。同年12月には「全集類などのセットものを適用除外再販から除外する」検討をしていると報道される。

「過大」な報奨とは何か。出版社から販売店への現金供与や正味の還元（マージンアップ）はもちろん、ステレオ、カラーテレビ、海外旅行招待が用意されていた。しかしリベートは本来、最終消費者に還元されるべき利益をメーカーと卸売業者、小売業者（販売業者）が不当にむさぼるもので、リベートを払えるなら商品価格を下げろ、というのが公取のスタンスだ。ただしがんばって売った小売店に報いることや、メーカーがとくに売りたい商品の取引条件を優遇するのを禁止しているわけではない。程度問題である。

日本で海外旅行が自由化されたのは１９６４年。金持ちしか行けなかった時代に「外国に行ける！」と出版社からエサをぶら下げられた販売員が強引な販売に及ぶのは避《さ》けがたかった。出版社が過大報奨を与え、外商専門会社が割引販売をしても双方が儲《もう》かった。つまりボロい商売だった。「本当はもっと定価を下げられるのに、再販契約を悪用して不当に高い単価設定にしている。それなら再販をやめさせて競争原理を導入する」と公取が考えたのも当然だろう。

公取に目を付けられ、あわてた出版4団体（書協、雑協、取協、小売全連）と再販売価格維持契約本部敢行委員会（再販本部委）は、１９６７年に連名で公取に再販制の現状維持要望書を提出、過大報奨の自粛を申し入れた。これを受けて公取が報奨の金額を「年間ひとりあたり10万円以下」と規制し、「全集物を再販契約の対象外とはしない」と明言（『改訂新版　再販売価格維持制度』）。しかし過大報奨はすぐにはなくならず、１９７４年に公取は百科事典などの販売で過大景品を提供したとして学研、小学館販売、旺文社、集英社に違反行為の差止め、改善措置を命じている。

１９６７年には、外商で川崎市の工場に割引販売していた図書月販に、再販本部委が制裁金

75万円を科す事件もあった。１９５８年に公取の指導が入ってから、違約金は再販本部委にではなく契約違反をした相手に払うことになっていた。しかし、図書月販の値引きを黙認《もくにん》していたであろう日販に違約金を払って何の意味があるのか。図書月販は「日販は違約金を受け取っても処理する方法がないと言い、公取は『法的に払う必要はなく、再販本部委には取り立ての強制力もない』と言っている」「一般書店が割引販売している証拠をこちらも握っているが、なぜそちらは不問なのか」等々と質問状を送ると再販本部委はまともに回答できなかった。だが事を大きくして公取の介入を招き、再販維持に影響が出ることへの懸念《けねん》から、図書月販は日販に支払う。が、違約金の用途を再販本部委が日販に問いただしてまた揉《も》めている（『出版の割賦販売』『出版 好不況下 興亡の一世紀』）。再販本部委が中立的な組織ではなく、町の本屋がライバルへの牽制《けんせい》、妨害《ぼうがい》に使っていた団体であることがよくわかる話だ。

司法によらない同業者間の私刑に関してはこのあとさらに公取の指導が入り、完全に不可能となる。ただしメーカーが小売に制裁することは、一定の制約のもとで許容した。

日販「書店経営指標」によれば、１９７２年時点で地方書店は外売比率の平均が全売上の35%、三大都市圏では25%。２００１年には地方４・１%、都市圏２・９%にまで減少。事典・全集ブームが終わり、人件費は高騰、企業が徐々に飛び込み営業を受け付けなくなり、共働き家庭が増えて本の訪問販売、配達&集金が成立しづらくなり、強引な営業や詐欺《さぎ》まがいのセー

日書連加盟書店の外売比率

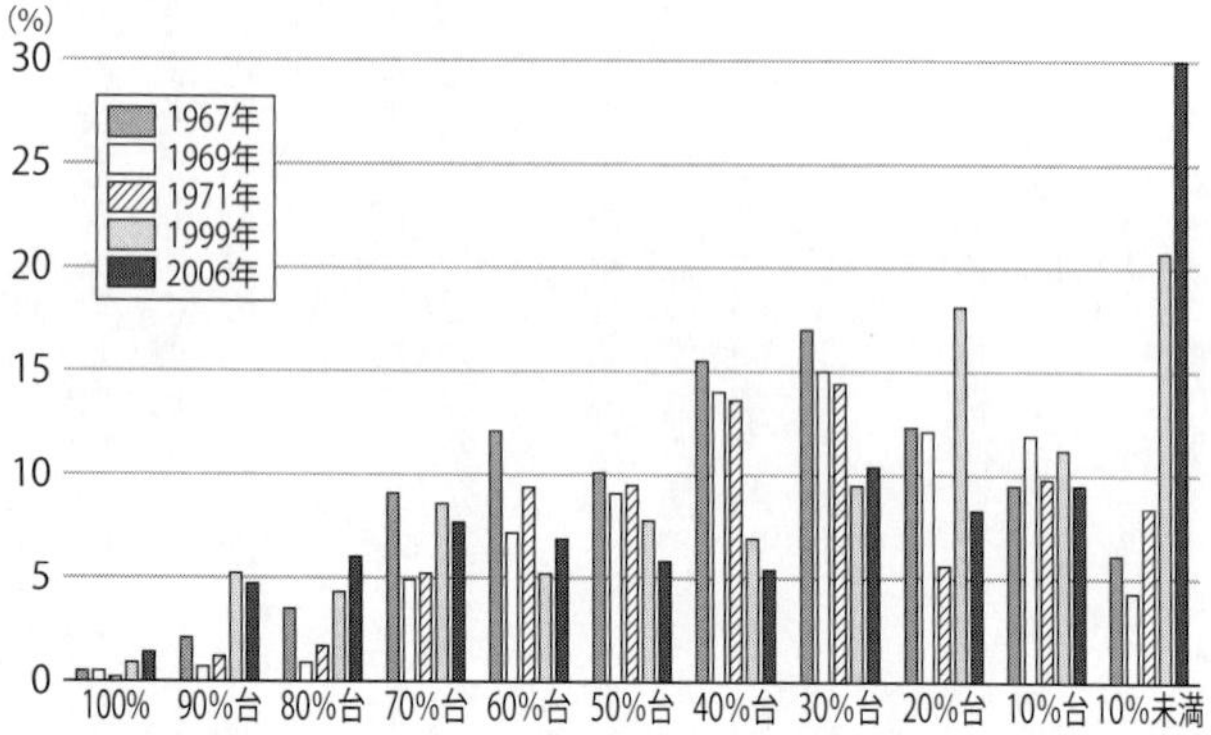

「全国小売書店実態調査報告書」1967年・1970年・1972年、「全国小売書店経営実態調査報告書」2000年・2006年より作成

ルス対策として法規制がきびしくなったことがよく理由に挙げられる。ほるぷ出版（旧・図書月販）の売上のピークは１９７５年度の２４９億円。１９８１年度には１６７億円に減った。

１９６０年代中盤には、経済学者や消費者団体代表などで構成された物価問題懇談会が「医薬品・化粧品・石けん・洗剤等の家庭用品について」報告を行った。日用品の生産量が増え、１個あたりの生産コストが低下したのに「再販制を使って価格を固定し、販売店には高いマージンの提示やリベート供与などが行われている」と指摘したのだ。これらを受けて、１９７３年に公取は「再販指定品目の大幅縮小《しゅくしょう》の方針」を示す。徐々に指定品目は少なくなり、１９９７年には医薬品・化粧品は全廃となった（伊従寛編『著作物再販制と消費者』岩波書店、２０００年）。

訪問販売に限らず、１９６０年代後半には婦人雑誌の新年号は通常号の2〜3倍発行され、出版社は販促のために多額の「効率報奨金」を用意した。「たくさん売ったらあとから報奨金がもらえるんだから」と雑誌を割引して部数を伸ばす書店も続出。再販敢行委員会が割引自粛を求めると、消費者団体から不評を買い、再販を敵視する動きも現れた（『日書連五十五年史』）。

公取によるオイルショック後の本の定価への介入は悪手だった

オイルショックによって紙や印刷、輸送費が上昇し医学書などの専門書が値上がりすると、これに批判的な報道や国会質疑が起こり、医学生、大学生協、消費者団体による公取への陳《ちん》情《じょう》が行われた。公取は1975年に医学書等の専門書、1976年と1979年に書籍・雑誌について出版社、取次、書店の実態調査に乗り出す。

第一次オイルショック真っ只中の1974年には、辞書の出版で知られる三省堂が、紙の価格高騰を理由に自社刊行物を約25％値上げし、新価格シールを貼って辞書を販売しようとしたところやはり新聞で批判され、日書連も反対を前提に「旧価格で販売する」と三省堂と協議を持つ。だが三省堂側は値上げを崩さず、都内20の大学生協からボイコットされるなどして売上が激減、倒産した。三省堂は児童・生徒・学生なら誰でも買う辞典・辞書を受験や入学準備期の2月に大幅値上げしたから反感を買ったが、当時はまだバーコードもＩＳＢＮもなかった。価格の情報をデータベースに登録する習慣もなく、本のどこに定価を表記するかの業界統一ルールも厳格ではなかった。そのため、いくつもの出版社がその穴を突いて値上げしていた。当時は本の奥付への定価の記載《きさい》が一般的だったが、カバーや外箱にのみ定価をつける、本に挟《はさ》んである注文短冊《たんざく》にだけ定価を表示する、三省堂同様に在庫品にシールを貼って対応するなどの事例があらわれた。日書連は1977年に「本の奥付に定価を明記せよ」と出版社側に迫り、公取も「出版物の再出荷の際に値上げを容易（安易）に行うものがある」「本のケースやカバーではなく本体に価格表示せよ」と問題視した（『東京組合四十年史』）。

公取による1960年代後半のリベートへの介入、1970年代の本の値上げへの介入は、短期的な「消費者」利益の観点からは理にかなった部分も大きかっただろう。だが「書店経営」にはマイナスだった。本の販売後の報奨にセーブがかかり、低い粗利率《あらりりつ》を改善する方策が制限されたからだ。また、不買運動や公取介入のおそれから、出版社は本を値上げしづらくなった。結果、「売上増には価格を上げたり、高単価な本に力を入れたりするのではなく部数増に力を入れるしかない」という考えが加速する。再販売価格維持契約は販売業者（書店）間の価格競争は制限できるが、メーカー（出版社）同士の価格競争を制限するものではない。メーカー間競争が激しくなれば本も価格競争になるし、低価格ゆえに薄い利幅を確保するために、出版社は取次や書店がマージンの上昇を求めてきても、渋《しぶ》い態度を取らざるをえない。

売上＝部数×単価（価格）だから、それぞれの変化を確認してみよう。

書籍の推定販売部数は第一次オイルショック（1973年～1977年）の時期までは順調に伸びていたが、1978年に7億7156万部だったのが1979年には7億5842万部と減少に転じ、1982年に7億9697万部になるまで3年間停滞《ていたい》しているのが出版科学研究所『出版指標年報』からわかる。ここから出版社が「以前のように売れないなら値下げしよう、安い本に力を入れよう」という発想に至ったと考えられる。

書籍の推定販売「金額」のピークは1996年だとしばしば語られるが、実は推定販売「部数」は1988年がピークで、以降はすでに減少傾向が始まっている。

価格に目を向けてみよう。「出回り」（新刊・重版・注文品の流通総量）の書籍の平均価格は、第一次オイルショックのあいだは1972年が582円、1977年が820円と順調に上がっているが、医学書への批判的報道と公取による介入を経た第二次オイルショック（1978年～1983年）の時期は1978年が841円、1981年が902円と上昇したと思いきやその後は下落し、1984年には822円となり、1981年を超えるのは1990年の928円、つまりバブルの絶頂期を待たなければならなかった。

しかし価格を抑えて販売部数を伸ばす施策が成功したとは言いがたい。1973年には27・2％だった書籍の返品率は、1985年には39・5％に達する。文庫や新書が次々に創刊されて書籍の刊行点数は1970年代初頭の年間2万程度から1980年代中盤には3・5万と1・75倍に達した（出版科学研究所調べ）。本の刷《す》りすぎ、送り込みすぎで書店はパンクし、

書籍の推定販売部数

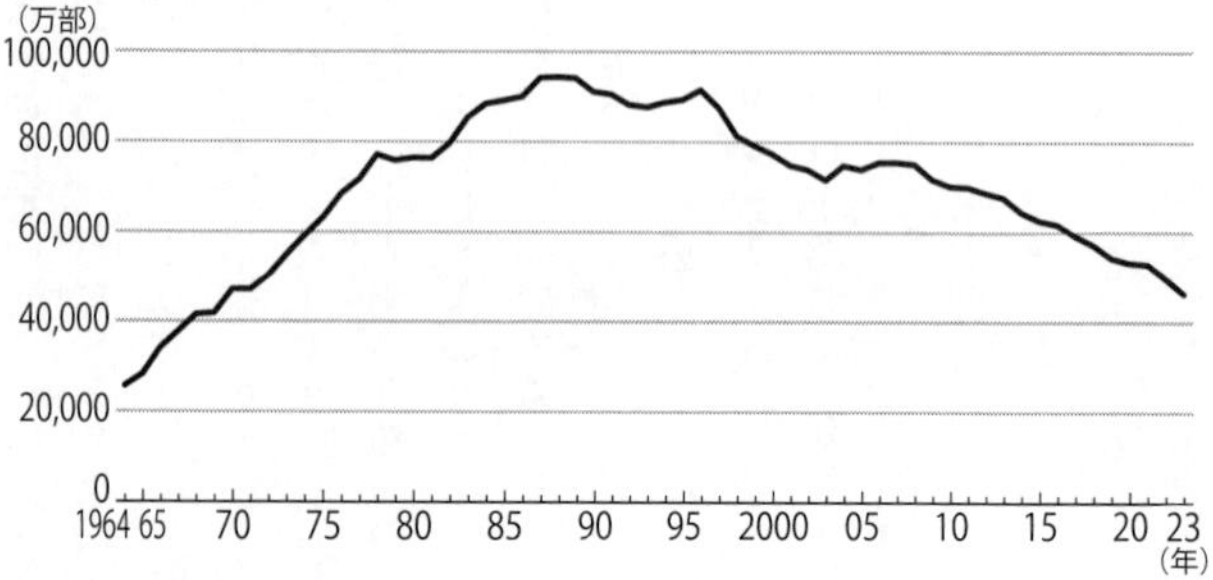

書籍(出回り)の平均価格(円)

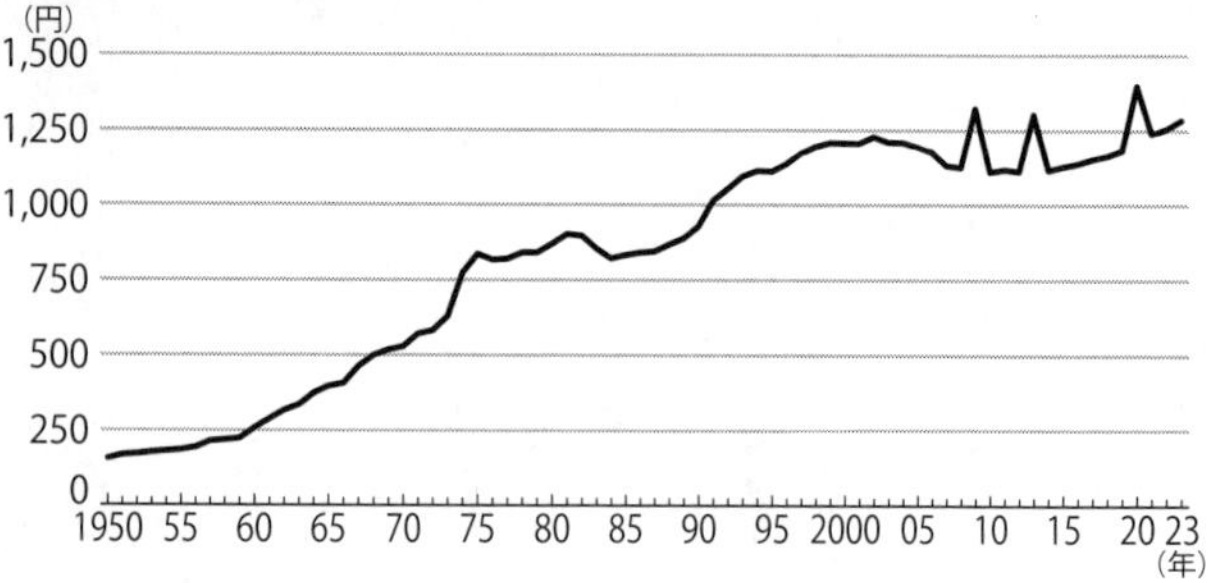

返品率推移

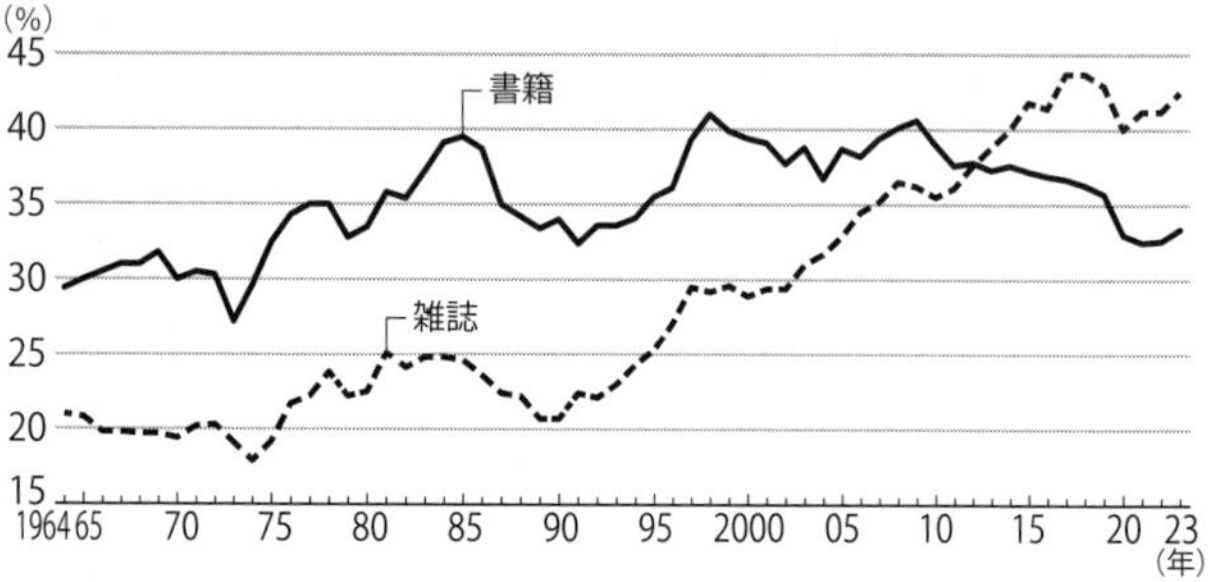

出版科学研究所『出版指標年報』各年より作成

結局、返品も爆増した。

一方、雑誌は刷り部数がぐんぐん伸びても返品率は１９７４年に17・9%、１９８０年代は20%前半で推移するなど、優秀だった。

書籍と比べて雑誌の販売部数はそもそも多かったが、伸び方も違った。１９７５年に書籍は6億３２２２万部、雑誌は19億８６２０万部だったが、１９８９年には書籍9億６１２７万部、雑誌34億８４０２万部。書籍の伸びは15年で3億部強、雑誌は15億部も伸びた。

これらのデータから、１９７０年代後半から１９８０年代にかけて、出版社は高価格帯の本よりも文庫、新書、雑誌、マンガといった低価格帯の本へと注力していったことがわかる。

日本の名目ＧＤＰは１９７５年には約１４８兆円、１９８９年には約４０６兆円と約２・７倍に拡大した。一方、１９７５年から１９８９年まで書籍の平均単価は15年間８００円台だった。読者が価格に敏感《びんかん》に反応し、書籍の需要《じゅよう》が伸び悩んだからだ、と言われれば否定はできないが、経済成長を考えれば定価を上げても問題なかったはずだ。書店は、本単体では客単価が上がらず、正味の改善も期待できなくなった。となればますます販売数量を追うか、本以外の商材を採り入れた複合店化を加速させざるをえない。だが２０００年代以降はそれも通用しなくなった。そして書店は次々に消えている。

くわえて、物価全体の上昇率と比べて出版物は価格の上昇率はかなり低いという大前提を無視した１９７０年代の高価格帯の書籍の値上げに対する批判的報道と公取の介入、書籍販売の不振の影響によって、たとえ高度な内容の専門書や嗜好《しこう》性の高い造本でも出版社が「価値に見合った価格を付ける」のではなく「原価積み上げ方式」（制作費や人件費がいくらかかるのかをすべて足し算したあとで、それに一定の割合の利益が生じるよう掛け算して商品を値決めするやり方）以外の値付けのしかたがむずかしくなった。洋服やアクセサリーならば原価がいくらだろうがブランド品や希少なものは高く売っている。だが出版物では公取から「安易な定価引き上げ」判定をされかねない。極端な例を挙げると「ここに書かれているのは100万円の価値がある情報だから、100万円で売る」といった本づくりはおそらく許されないのだ。

書店流通しない「情報商材」ではそういうことが行われている。また、2000円のビジネス書を出している著者のセミナー受講料が数万円することもざらだ。提供される情報・価値がほとんど同じでも、本は原価積み上げ方式での値付けに縛《しば》られ、一方、本以外の業界はそういう値付けを必ずしもしない——出版業界もそうである必然性は存在しないはずなのに、である。

書店業界人がしばしば言ってきた「定価販売（著作物再販制）が中小小売店を守る」が成立するには「零細小売が十分生き残れる高い定価とマージンをメーカーが設定する」という条件が必須になるが、日本ではその前提は成立していない。低単価、低マージンで定価販売を契約で縛るのは、小売に死ねと言っているのと同じである。

1970年代後半の再販見直し——部分再販、時限再販の導入

医学書等への価格介入と並行して、公取の再販見直しは１９７０年代後半に活発化する。

１９７６年頃から「図書教材の規約や契約書は共同再販の疑いがある」（個別のメーカーと個別の小売店が定価販売の契約を結ぶのが「個別再販」、複数のメーカーや小売店、または事業者団体が協調して価格を統一するのが「共同再販」。前者は合法、後者は違法）として、公取は全国図書教材販売協議会の規約や再販契約書をチェックし、修正を求めている。そして、図書教材の再販契約書の元になっていた出版業界の再販契約書にも公取の手が及んだ。

１９７７年には公取の報告「再販制度の観点からみた出版業の実態」がなされる。１９７８年には公取・橋口収委員長（当時）による「出版物再販制度の見直し」発言があり、１９７９年からは公取と再販敢行委員会の間で折衝が重ねられた。

結果として公取からは、

1. すべての出版物が自動的に再販契約の対象になる点を改め、定価販売を書店に課すかどうかを出版社の意志で決められるようにすること（出版社が指定した本は書店が自由に販売価格を決められる「部分再販」）

2. 再販契約に期限を設け、一定期間経過後は出版社の意志で外せるようにすること（時間が経つと書店が自由に値付けできるようになる「時限再販」）

を認めさせるなどの行政指導が行われ、１９８０年から新しい契約に移行した（『改訂新版再販売価格維持制度』）。

本来、再販契約は任意に行うもので、無契約者が定価販売せずとも法的には何の問題もない。にもかかわらず、小売全連／日書連に本部を置いていた（＝書店の意向が強かった）再販売価格維持契約敢行委員会は「再販契約なき取引はありえない」「無契約者を絶滅する」と言い、戦前の「統制組合」さながらに無契約の小売店とそうした店舗に本を卸す出版社・取次に対して強硬な手段におよんでいた（『出版年鑑《ねんかん》』1973年版）。こうした点も公取に「再販契約はメーカー主体のもので、小売や卸が主導していいものではない」と刺された。

1980年以降は、出版社が書店で割引（または割増）してもかまわないと考えた本は、部分再販と時限再販を使えば、書店に価格決定権をゆだねられる。出版業界では「再販制があるから定価販売を厳守しなければならない」などと語られてきたが、実際には、再販契約を結んでいても書店が売値を決められる条件が独禁法上設定されたにもかかわらず、出版社がなかなかそのカードを切らなかっただけだ。デパートの催事場などでバーゲンブック（自由価格本）フェアが行われるようになったものの、それほど広がらなかった。

ただこれは出版業界が保守的だからというのみならず、時限再販を使って非再販出版物にするには出版社が「定価」という表示（表記）を消さねばならず、本一冊一冊にそれを手作業でやる必要がある面倒さも一因だろう（いくつかの国では「発売日から一定期間経つと自動的に書店が自由価格で販売できる」という法制度があるが、こちらのほうが実務的にはラクだ）。

日書連も「定価販売の再販契約だから出版社と書店のあいだに正味の問題が発生する。小売に価格決定権があるほかの業界ではこんなことは問題にならない」と1970年代には認識していた（松信泰輔編『ブック戦争の記録』有隣堂、1977年）――にもかかわらず書店は「再販護持《ごじ》」をくずさなかった。

呉越同舟《ごえつどうしゅう》の再販制擁護論

次に出版物の再販見直しの機運が起こったのは、1988年だ。自動車産業を中心にした日米貿易摩擦《まさつ》を背景に、二国間の貿易収支の不均衡（日本からの輸出超過によるアメリカ国内産業の空洞化、不満の高まり）を是正すべく、アメリカが日本市場の自由化をもとめた日米構造問題協議を受け、独占禁止政策についても議論がなされた。といっても出版産業の規制緩和《かんわ》に関してアメリカからの具体的な要請はなかった。日本政府が勝手におもねっただけである。

しかしながら総理府（現・内閣府）に置かれた臨時行政改革推進審議会（臨時行革審）による「再販制度の見直し」が提出される。これに出版界は「出版物再販制度の必要性」を作成して応答（加茂英司『再販制と日本型流通システム』中央経済社、1996年）。

出版業界が定価販売を維持するには、公取に「身内同士でのつぶし合いを避けたい」以外の理屈を説得的に示し、また、メディアを通じて発信し、文化人や国民を味方に付ける必要があった。その道具として「文化を守るため」論は口当たりがよく、乱発された。

しかし、タテマエで作り上げられた再販制擁護のロジックは矛盾や破綻《はたん》が目立ち、呉越同舟ぶりを露呈《ろてい》させてきた。たとえば書店も取次も戦後一貫して「本の定価を値上げしてもらわないと商売が成り立たない」と出版社に訴《うった》えてきたのに、出版社は「本の価格が安いのは良いこと、再販制のおかげ」と世間にアピールする。まったく目線がそろっていない。

出版流通対策協議会編著『本の定価を考える』(新泉社、1992年)では、

①再販制がなくなると価格競争が激化して「駅前の小さな本屋が次々に姿を消し」

②書店は売らんかなという態度になって人気の本ばかりを取り扱うようになって「大きな本屋でも雑誌やマンガが大きなウェートを占めるようになる」

と書かれている。

①に関して言えば、1986年、日書連の組合員数がピークだった時に行われた調査では約1・3万店のうち利益が出ている書店は3割未満で、3割が採算ギリギリ、4割が赤字。1992年の日書連「書店経営白書」では1967年から1991年にかけて利益の伸びを経費の伸びが上回り、中小書店は年間千店規模で転廃業していると訴えていた。前述したが、再販制が零細小売を守るには、出版社が高い定価と書店の高い粗利を設定する必要がある。だが書協のサイトには今でも「この制度によって、書籍や雑誌を全国同一の安い価格でご購入いただいています」と良いことのように書かれている。たしかに再販契約によって出版社は書店や取次の経営状況を無視して安く値付けでき、結果、「小さな本屋が次々に姿を消し」てきた。むしろ出版社からすれば「売れなくなる」と思うから値上げできず、「取り分が減ったらやってい

けない」と思うから書店マージンを上げられない。出版社と書店の主張はずっと平行線をたどってきた。

書協や雑協、取協の年史をひもとくと、政府や国会議員に対しては出版事業税（地方税）免除《めんじょ》や出版物の郵送料金値上げ見直しの陳情、出版業界の資本自由化や消費税導入への反対、特運値上げに対しては国鉄へ陳情をし、公取の再販見直し論などのたびに「文化普及の阻害になる」「出版業界の安定が消費者大衆の利益に帰するという社会公共的信念」を持ち出している（だがその陳情はほぼ聞き入れられなかった。昭和初期まではプロパガンダ、皇民化教育を効率化するために「文化政策」が国策として実施されていたが、戦後の政府には出版を特別あつかいする理由がなくなったからだ。そしてこれも前述のとおり、公取は文化より競争政策を重視する機関である）。

しかし地方書店は返品運賃があり、東京と地方で正味の格差も1974年まであったのだから、出版社や取次が言う「全国的に格差のない文化の維持・普及」云々は欺瞞《ぎまん》でしかない。

少なくとも1990年代頃まで、一部の書籍出版社の経営者は「書店が苦しい理由は同業者が多すぎて食い合っているせい」「専門書の出版社からすれば大型書店があればいい」と書店のマージンアップ不要論、町の本屋不要論を公然と語っていた（たとえば新文化通信社編『書籍正味問題のすべて』正・続、1972年）。こういう人たちも、再販護持が必要なタイミングでは「小書店が消えるのは問題だ」と叫ぶ書店人に反対せずに黙《だま》っていた。

書店団体も、出版社や取次と共闘して連名で陳情するときには「文化のため」論に乗っかっていた一方で、対出版社となると出版社の言い分にキレている。たとえば再販契約が成立した1956年のわずか5年後の1961年、小売全連がマージンアップを求めた適正利潤獲得《かくとく》運動を始めたときの決議文には「我々は「文化普及」という美名の下に長年忍び難《がた》きを忍んで今日に至ったが今やその忍耐も限界に達した」「我々を俟《ま》つものはただ廃業《はいぎょう》か然《しか》らずんば餓死《がし》あるのみである」とある。

出版社が謳《うた》う「再販制のおかげで本が安い」と書店が望む「再販制が町の本屋を守る」には大きなすれ違いがあり、成立当初から衝突《しょうとつ》してきたのである。

②の「再販がなくなると書店が売らんかなになる」論だが、再販契約があっても、書店が回転率の低い多種多様な書籍をじっくり売りたくても売れるビジネスモデルではなかった。多くの中小書店はその品ぞろえから「金太郎飴書店」と揶揄《やゆ》され、多様性にとぼしいと指摘されてきた。再販契約をゆるめ、見計らいのパターン配本をやめ、書店側の買切を促進し、予約や注文には確実に応じるしくみにした方が、よほど店ごとの多様化は進んでいた。

取次は1980年代後半から1990年代にかけては、売れ筋ばかりに偏《かたよ》らない「多様な出版を守るために再販が必要」と訴えていたのに、その後、出版物の売上が落ちると、書店や消費者の声を聞いた「マーケットインの発想が重要」と言い出す。マーケットインとは、売れ筋の需要を汲《く》んで本作りや物流、書店経営に取り組みましょうという話だ。かつて公取には「出版社が出したい本を出し、売れ筋以外の書籍も含め見計らいでバラ撒《ま》くことでいろいろな本が人目に触れるのが重要。高返品率はしかたがない」と日本のプロダクトアウト（本の書き手や出版社が作りたいと考える商品を市場に投入する）型の出版流通を擁護していたのに、真逆のことをやり出す。日販は2006年にCCC（カルチュア・コンビニエンス・クラブ）と新会社MPD（現・カルチュア・エクスペリエンス）を設立し、責任販売や売上伸長率と返品率による達成報酬《ほうしゅう》を加えた正味体系を示した。以降、2012年には「返品率25％、書店マージン30％」を達成するべく、日販から書店に対して新刊の仕入の提案数を提示し、書店の意思を反映させて配本数を決める（新刊の申し込みを確約する）「アドバンスMD」というしくみを運用開始するなど、見計らいを減らして書店の求める部数を配本する代わりに、結果に責任を持ってもらう（返品が少なければ報奨、多ければペナルティ）かたちでマーケットイン化を推進してきた。トーハンもたとえば2019年中期経営計画の中に、読者ニーズに沿った「マーケットイン型流通」といった文言が登場する。こうしたマーケットイン型の流通促進自体に対する評価はさておき、マーケットインは出版物の流通上の多様性よりも、返品を抑制して「売れるものを、より多く、確実に売る」という販売の効率性を重視した施策である。

つまり再販擁護の際に用いていたロジックと一貫性がない。いや、取次の本音は常に効率性重視だった。取次は、雑誌が売れた時代には多品種少量生産で物流コストも高い書籍に関するシステムの整備は後回しにして雑誌の流通・販売効率を最重視した。しかし雑誌が売れなくなると返品率・物流コストを下げ、書籍単体で採算が取れるモデルに転換する必要が生じ「マーケットイン」と言い出した。それだけの話である。

出版業界に20年以上いる人間として言わせてもらえば、「売れれば何でもいい」と思っている編集者も営業も書店員も少数派だ。たくさんは売れないだろうが書き手や編集者は価値があると信じる本を、どうにか採算がとれるよう作り、売っている場合が大半だ。「再販契約をなくすと商業主義になる」という理屈は、自分で自分をバカにしているようなものだ。片方では「文化のため」を掲げる高潔《こうけつ》な存在として自らを形容しながら、もう片方では自分たちを守銭《しゅせん》奴《ど》のように表現している。もちろん人間にはその両面があり、矛盾を抱えながら折り合いを付けて生きていることは否定しない。しかし他者を説得するための論理としては「今まで文化のために働いてきた人たちが、再販契約がなくなると守銭奴になる」は意味がわからない。

出版業界人以外では、再販擁護論者の弁護士に伊従寛《いよりひろし》がいる。1995年7月の公正取引委員会「政府規制等と競争政策に関する研究会」中間報告書が「再販適用除外は日用品も著作物も全廃すべき」としたことに対し、伊従は代表的な「文化政策として1953年に著作物の再販適用除外は導入された」論者として振る舞い、日用品と著作物（文化）は異なるから著作物再販制は守られるべきだと主張した。伊従は「日用品の定価販売廃止を訴え、安売りを望んでいた消費者団体は、一貫して出版物には声をあげてこなかった」と言う。しかし前述したように、年末年始に雑誌を割引していた書店に抗議してやめさせた書店や出版社を、消費者団体は批判している。また、１９９０年代の再販廃止論議の際に消費者団体の代表である消費科学連合会・伊藤康江、主婦連合会・和田正江を招いて伊従が実施した座談会では、伊藤も和田も「出版業界側の理屈は説得的ではなく、見直すべき」と語っている（『著作物再販制と消費者』）。消費者団体が長年、本の定価販売に騒いでこなかったのは日々の支出において優先順位が低かっただけで、日用品の再販が撤廃されれば当然、次のターゲットになる。和田は２００１年の著作物再販「当面維持」決定に「著作物の再販制度の廃止を求めてきた消費者として、今回の公正取引委員会の結論は納得しがたい」とコメントした（「新文化」２００１年3月29日）。

1990年代の再販見直し論者は出版流通の課題を的確に指摘した

１９９０年代の議論を見ると、再販擁護論よりも見直し論者のほうが説得的だ。たとえば「ジュリスト」No.1086（１９９６年3月15日）に掲載された金子晃、正田彬、中条潮、成生達彦、舟田正之による座談会「出版物の法定再販制度について」では、

・再販がないと初版２０００〜３０００部の文学書、学術書は出版されなくなると業界は主張するが、なぜそうなるのか、納得できる理由を示していない
・文化水準の維持・向上が必要と言うが、再販が廃止された場合に書籍への読者の平等なアクセスが阻害されるとも考えられない
・本来、再販契約を実施するか否かは出版業者の自由意志によらねばならない。だが出版業

者・取次間、取次・小売業者間の取引条件は画一的・固定的である。「取次と再販契約を結ばないと出版できない」とする出版業者が相当程度の割合を占めるなど、取次主導で運営されている。業界ぐるみで再販を実施し、再販敢行委員会を出版社・取次・書店で作ってその中で行われているのは独禁法から見て問題がある

・出版社が価格を決めていることになっているが、出版社が提示した部数を取次が「多すぎる」と言って減らすなど、事実上、流通側が値決めにも介入している

・出版物は売れ残り品の値引き処分ができないから、返品・再出荷を繰り返し、売れ残ったものが廃棄《はいき》される率が相当水準にのぼっている

・フランスは再販制をやめてから中小書店が専門化して個性が出たのに、再導入してからまた画一化された。再販制がなくなったほうが安売りする大型書店と、専門化した中小書店という棲み分けが起こる

・全国一律価格は崩れてもいい。コストが高いなら高い分は支払うべき

・「効率的なシステムだから取次が寡占《かせん》化してきた」のではなく、言論統制のために卸でおさえようと日配が寡占化（独占）したのであって、市場が作り出したしくみではない

と、主に取次主導の体制が非効率化の元凶だと指摘した。

１９９１年には公取が「独占禁止法適用除外制度の見直し」を公表し、１９９５年７月には公取の再販問題検討小委員会が「著作物再販制は競争政策上きわめて弊害《へいがい》があり、全廃する必

要がある」という中間報告書を公表。この報告書でも、「文化の普及」という観点からは、消費者が商品を購入する機会の確保、つまり店頭陳列・品ぞろえの確保が重要だが、

1．再販売価格維持はただちに品ぞろえに結びつかない

2．取引条件が固定化し、回転率の低い書籍までもが一律あるいはむしろ低いマージン率となっており（価格別正味の場合、人文書や医学書のような高単価で回転率が低い商品ほど書店マージンは低い）、書店にそういう商品を取り扱うインセンティブがない

3．多数の小規模小売店が温存されているが、小規模書店では多数の書籍等を並べるのは物理的に不可能で、早期の返品が一般化している

と「出版業界人は『文化のため』『多様性を守るため』と言っているが、現実の多くの書店は画一的で、品ぞろえが多様であろうにもできない取引条件、システムになっている」と突きつけた。これに出版社団体である日本書籍出版協会・日本雑誌協会は大反発し、公取に「出版物再販制の意義」を提出、日書連も再販擁護の書店決起大会を開き、翌1996年には要望書も提出した。

図書館業界も再販制擁護論を展開。たとえば「学校図書館」1996年1月号には全国学校図書館協議会名義で「著作物の再販制についての見解」と題する文章が掲載され、

1．再販制廃止は出版文化の衰退につながり、国民の読む権利・知る権利が損なわれるおそれがある

2. 学校図書館が収集の対象としている児童書・高校生向きの図書の出版が衰退し、学校図書館活動に困難をもたらす
3. 全国均一価格制がくずれ、地方価格の高騰で、文化の格差が拡大する

として反対意見を示した。

1に関しては、再販契約が違法であるアメリカなどの出版文化がひどいとは到底言えない。

2に関しては、1980年代から1990年代にかけて再販契約があるにもかかわらず児童書市場は縮小し、書店での売上・スペースも減り続けていたことを無視した暴論である。

3は価格しか考えていないのが的外れだ（出版社団体は「乱売が起きて本屋がつぶれる」と安売りの害を主張していたが、こちらは値上げを危惧《きぐ》している）。全国均一価格でも、地方の中小書店と都会の大型書店との間には仕入や返品運賃負担をはじめ取引上の格差がある。また、再販アリの場合と、なくした場合の文化格差とを比較検討すべきだが、一方的な立論に留まっている。

なお、その後、オンライン書店やNetflixやSpotifyなど定額制の動画や音楽の配信サービスが普及し、かつてよりは地方と都市部の文化格差は本人の意思と努力次第で埋めやすくなった（もちろん、演劇や美術展など、特定の場所に赴き、その現場で体験するものは都市部の方が充実している）。電子書籍は著作物だが独禁法の適用除外がない（定価販売を契約で縛れない）が、電子書籍のセールによって文化格差を助長されているとは誰も思っていない。「再販制撤廃で文化格差拡大」論は、特定の流通手段が永久に続くのを前提にした議論にすぎなかった。

そもそもタテマエでしかない「再販は文化のために必要」論は理屈として成り立っていない。くわえて言えば、「国の競争政策上、著作物再販があった方が良い」というロジックを立てなければ公取を説得できないのに、文化を前面に出しても論点がズレている。「「文化のため」論が方便だからダメ」という話ではない。本心からそう言っている人もいただろうが、本音でもそうでなくても、規制当局側の評価軸に沿って「勝てる理屈」をつくらなければ、出版社も書店も目的を達成できない。その意味で「文化のため」論は文化を守るために機能しない論立てだ。

公取は「はじめから再販はなくすべきだと思っている」

1998年、公取は最終報告書の中で、

- 一定期間後に存続するか、廃止するかの結論を得るまで、6品目に限定して運用していく
- 時限再販・部分再販など再販制度の運用の弾力化について具体的な是正を図るべし
- 再販を利用するかどうかは発行者（出版社）の自主的判断が基本で、共同で制度を利用してはならない（業界全体で「再販契約をしないと取引できない」かのような空気作りや圧力、横並びの取引条件を求めるのはやめろ、という話）
- 各種の割引制度の導入など価格設定を多様化し、消費者利益を不当に害してはならない
- サービス券の提供など、小売業者の消費者に対する販売促進手段の確保

・通信販売・直販など、流通ルートの多様化及びこれに対応した価格設定の多様化
・円滑・合理的な流通を図るための取引関係の明確化・透明化その他取引慣行上の弊害是正
・トーハン、日販による寡占体制を背景として、中小出版社や零細書店への取引上の優越的地位が業界の問題改善をさまたげている。独禁法の厳格な運用とともに、第三者を交えた中立的な監視機関を設けるなど二大取次の公正さを直接担保する手段などの検討が必要

と示し、2001年を期限に結論を出すと表明した。

これを受けて小学館の「週刊ポスト」が時限再販適用雑誌として発売されるなど、散発的には買切販売、責任販売へと向けた試みがなされた。

公取は、この1998年の報告書でも、小売店間の価格競争の制限は消費者の利益に直結していない、競争政策の観点からみて著作物再販制度を必要とする根拠は十分ではなく「基本的には廃止の方向で検討されるべき」と書いている。

ただし「著作物再販制度によってこれまで著作権者等の保護や著作物の伝播《でんぱ》に携《たずさ》わる者を保護する役割が担われてきているという点については、文化・公共的な観点から配慮する必要があり、したがって著作物再販制度を直ちに廃止することには問題があると考えられる」とした。この「著作物の伝播に携わる者」は普通に考えると小売店や流通業者だと思われるが、何を指すのかは不明だ。というのも、「制度を変えないのは、書店を守るためではない」と言っているのは報告書全体のトーンからも、また、公取の実際取ってきたスタンスからも明らかだから

だ。

2001年、公取は著作物6品目（書籍・雑誌・新聞・音楽CD・音楽テープ・音楽レコード盤）の再販制度を「当面の間」はそのままにすると結論を出す。このとき64の消費者団体と14の著作権者団体から意見を聞き取る。著作権者は再販維持を求める意見が多数だったが、消費者団体からは全体的に廃止を求める意見が多数だった。だが公取は「著作物再販制度の廃止は法改正が必要であり、国民的な合意が不可欠だが、意見形成は困難」と判断している（公正取引委員会『独占禁止政策の歩み（平成9年〜19年）経済社会の変化への対応と抑止力の強化の10年』公正取引委員会、2007年）。出版業界やクリエイター以外の国民の多くは「なくしてほしい」と言っていたのに「国民的な合意が困難」とするのは不可解だが、そうなった。

長谷川古『日本の独占禁止政策』によると、どうもこういうことらしい。著作物以外の再販商品は適用除外の「指定」を受ける必要があり、公取の裁量《さいりょう》で指定やその縮小・廃止ができる。一方で著作物を再販の対象から外すには条文自体を変えなければならず、法改正が必要となる。しかし、1962年に再販売価格維持行為規制法の立法を断念した際に公取は「立法しなければならない必要性はただちには認められず、現行独占禁止法のもとにおける運用強化を図ることが、当面、もっとも有効」とする見解を発表した。そのため、公取は可能なかぎり法改正せず「運用」でなんとかするのが基本で、再販に関する条文改正のハードルを自ら上げている、という背景があるようだ。

しかしその後もたとえば2008年には出版業界各社にヒアリングをしており、公取の取引企画課高橋省三課長（当時）は「私どもははじめから再販はなくすべきだと思っているので、業界との考えが食い違っている部分もありましたが、弊害が生じているということであれば、これからどうしていくのかを聞いている」と発言している（「新文化」2008年4月10日）。公取の本音はずっと「再販はすべてなくしたい」なのだ。

だが2011年には公取の竹島一彦委員長が「再販制度を見直す予定はない」と発言し、2001年の「当面存置」から「当面」が実質的に外れる。以降、2025年現在まで再販見直しの動きを見せていない。1953年の適用除外規定の導入時点では医薬品、化粧品と比べ重視されておらず、なぜ認めたのかわからない著作物の再販だけが、最後まで残っている。

ただし1990年代末から2000年代にかけて公取が出版業界に求めてきた再販制度の「弾力的運用」は、「定価販売」を骨抜きにする要素を含んでいた――この点は第十一章で触れる。もし国策でリアル書店を保護しようというなら、こうした公取の方向性をひっくり返さなければ不可能だ。

なお、現在では、書協、雑協、取協、日書連で構成される出版流通改善協議会による「再販契約の手引き　第7版」（2017年）にも「国が制定し、遵守《じゅんしゅ》が義務付けられているという意味での「再販制度」なるものは存在しません」と書いてある。個別の会社同士の「再販契約」があるだけで、業界が一丸となって、あるいは個別の会社が絶対に守らなければならない「制度」ではないと、出版業界4団体も認めている。「やらなければならない」ものではなく、出版社や取次、書店がお互い合意できれば「しない」ことも選べる「契約」なのだ。

筆者は「再販契約をやめて競争を促すべき」と言いたいわけではない。書店保護には機能していないのだから、そのために使うのであれば運用を改めるか、別の契約や政策を考えるしか道はない。しかし出版社が書店のために値付けするようになる見込みはない。公取も小売保護を目的とした値付けには良い顔をしない。その現実を直視すべきだと言っている。そしてそのとき、破綻している「文化のため」論は何の役にも立たない（公取にも指摘された非効率的な流通システムは、再販に関係なく「産業のため」に是正されるべきである）。

第四章まとめ

◆１９５３年の独禁法改正で、出版社が指定した本の定価販売が合法化された。これによって割引合戦がなくなり、零細書店の経営の安定がはかられたと信じられ、再販堅持が書店、取次、出版社の基本スタンスとなってきた。しかし、再販契約が基本になることで書店の価格決定権は奪《うば》われ、１９５０年代初頭に行われていたような地方定価１割増のような販売方法が不可能になった。当時、地方定価１割増での販売が公取に問題視されたのは、小売全連が「共同実施」、つまり組合でグルになったからだ。個々の店が勝手に高く売る分には問題なく、かつ、高く売っても売上に影響はなかったと小売全連自ら表明している（『小売全連二十年史』。ただ『日本雑誌協会史 第2部 戦中・戦後期』1969年には、地方定価に「世論の不評」があったと書かれている。もっとも「不評」であっても「売上に影響がない」は十分ありうる。一般読者のなかには「割増販売は違法」と誤解している人もいたようだ）。

◆1970年代のオイルショック時に公取は各種業界の値上げに介入したが、本の価格がほかの商品よりも著しく安い（インフレ率が低い）ことを無視して出版業界にも「安易な値上げを行うな」と示した。これと辞典類の値上げが消費者から不評を買って三省堂が倒産したことが重なり、出版社はますます値上げに慎重になった。結果、1980年代を通じて雑誌、文庫、新書を中心とする低価格路線に注力する。送返品部数が爆増する一方で客単価は上がらず書店現場を疲弊させ、中小書店の退場の一因となった。また、取次は物流コスト削減のために大手書店への傾斜《けいしゃ》配本を強め、中小書店の自主仕入能力はさらに削《そ》がれ、棚の特色なき「金太郎飴」化が進んだ。

◆著作物に対して再販契約（出版社が小売店に対して本の定価販売を強制する契約）を例外的に認める独禁法の適用除外規定は、「文化の普及や保護のため」に導入されたわけではない。そもそも公取は競争政策を扱う機関であり、文化政策としてどうかという評価軸で判断しない。だが、出版業界は「文化政策として導入され、文化のために必要」という理屈で戦ってきた。それで説得できるはずもなく、後退戦が続く。

◆出版業界は「文化のために必要」論を用いて国のさまざまな政策に反対運動や陳情《ちんじょう》を展開してきたが、戦後はほとんどが失敗に終わった。そのうえ、出版社、取次、書店、図書館の思惑や利害はそれぞれ異なる。だから主張に一貫性を欠き、余計に説得力の乏しいものにしてきた。

◆公取は著作物再販制の見直しをたびたび行ってきたが、つねに本音は「再販はなくしたい」だった。出版業界では「再販は守られてきた」と語られているが、実質的には事業者間の自由競争、価格競争が可能なかたちに骨抜きにされてきた。

◆「定価販売が中小書店を守る」には、「出版社が中小書店が生きのこれるような価格とマージンの設定をする」（書店経営のコストの上昇を上回る売上が見込める定価と取り分にする）のが前提である。日本ではまったくそうなってこなかった。

コラム4

返品条件付販売への切り替えはいつ起こり、いつ委託ではないと認識されたのか

本来の「委託販売」から「返品条件付販売」への切り替えは1956年頃から1960年代初頭にかけて進行していったようだ。

1954年から1957年までの好景気（神武景気）に沸《わ》いた出版界は本を作りすぎ・刷りすぎて書店からの返品が増え、取次の経営を圧迫。書籍返品率は1953年20・5%、1954年27%、1955年28%、1956年33%、1957年34%、1958年35%と上昇し続け、以降、1970年代初頭まで35%前後が続く（返品率のデータは『出版年鑑《ねんかん》』による）。このとき、書店店頭に数ヶ月間にわたって書籍を販売することを条件とした長期委託制度を使ってシリーズものや専門書・参考書などを売る、ムダのない補充配本施策などを講じた。くわえて委託から「条件付買切」（＝返品条件付販売）へ切り替えを促したとされる（橋本求『日本出版販売史』1964年）。

しかし返品できるのだから「返品条件付販売にしたら返品率が下がる」は成り立たない。違うのは書店が取次に後払いなのか実質先払いなのかだけだ。したがってこれは取次が資金繰り改善のため書店に不利な条件を呑《の》ませたのだと思われる。

ただし史料はほかに少なく、いつ・なぜ変化したのかの詳細は不明である。1940

年代に日配が委託から買切に切り替えたあと、戦後に買切から委託にまた替わっても、書店に対する請求が先に発生する買切的な商慣習が残った可能性もある。

1972年のブック戦争時に日書連は「出版業界の『委託』は普通の委託とは全然意味が違う」と問題視していた（『ブック戦争の記録』）し、「学校図書館」1973年12月号で日書連事務局長（当時）出口一雄が「委託制度といっても返品条件付買切で、全額先払い」と学校向けに説明している。書協の出版経理委員を務めた水品一郎の『出版社の決算』（出版開発社、1976年）でも「〈返品条件付販売〉と称するのが適当」「返品を送りつけられたときに、出版社はかならずこれを買い戻すという条件がついているのに過ぎないのであって、その売買という商行為は、出版社が取次店に商品を送りつけたときに、すでに発生」とある。ただ経理を超えて出版社や取次が「一般的な商取引では委託とは呼べない」と認識したのは、公取から指摘された1980年以降のようだ（「書店経営」1995年1月号での出版ニュース社社長・清田義昭の発言による）。

しかし、本書の草稿を読んだ方から「返品できるから返品条件付『買切』という言い方はおかしい」とか、「委託販売ではない」が筆者の独自見解であるかのようなコメントが複数寄せられた。「委託ではなくて返品条件付販売」という話は書協の出版会計本にも書いてあるのだが……業界の認識は40〜50年前より後退しているかもしれない。

第五章　外商（外売）

いまでは「町の本屋」は「待ちの本屋」、つまり客が来るのを待つ業態との印象が強い。また、学校や公共図書館への教科書や書籍の販売、役所・美容室・病院あるいは一般家庭などへの雑誌配達等の外商（外売）中心で回している書店は例外のようにメディアでは見られがちだ。店売をやめた外商専業書店は写真映えしないこともあり、雑誌やムックの「本屋特集」では存在しないかのようなあつかいを受けやすい。しかし店売中心の書店像は偏《かたよ》りがある。

1950年代の書店経営誌では「セールスマンシップ」が説かれた

東販の雑誌「書店経営」は1957年に創刊されたが、当時のホットトピックが外売だった。この年の12月号の特集は「セールスマンシップ」。

1957年10月号によれば、終戦直後の現金買い時代はよく本が売れ、小売店は店売だけで十分だった。外売の必要はなく、そのための本も確保できなかった。だが本の仕入が買切制から委託制に移行した頃から拡張販売の必要を感じて外売専門の店員を補充し、学校や諸官庁を対象とした、とある。同年の日販「日販通信」5月15日号では、当時の書店のスタンダードは15〜16坪、書店経営の7割は立地で決まり、客数を増やすには坪数を増やすほかないが、立地が良い店ばかりでなく、坪数は簡単に増やせない。だから外売が重要だ、と語られる。ただし「書店経営」1957年3月号では「2万数千円の自転車に1万円の給料の人を乗せて30円の週刊誌を配達して採算が合うか」と議論になり、週刊誌の配達で一般家庭や企業の得意先を確保し、何度も配達するうちに得意先の趣味がわかる、そこが重要だ、との意見が出ている。

「本屋の儲《もう》けでは従業員にまともな給与が払えない」話はすでに「日販通信」1955年4月1日号に出てくるが、それでも当時はまだ外売の配達・営業員を雇うことができた。

「書店経営」1957年7月号の安城市日新堂書店の記事では、同店は売上の70%が外売で「通常の書店とは逆」とある。逆に言えば「通常の書店」でも3割は外売だった。

ただ、外売は顧客《こきゃく》に商品を先渡しであと払いの「掛け売り」が基本だったが、当時はクレジットカード決済などなく、現金手渡しでの集金だった。集金に行っても支払いできる人間がいない、手持ちのお金がない等々の理由で代金回収は困難で、資金繰りを圧迫した。

ひとりで月に延べ600世帯回っても配達員としての評価は「劣」

1960年代の動向は村上信明『出版流通図鑑』(新文化通信社、1988年)が参考になる。

出版社が自社の営業または契約した販売業者を通じて、企業の従業員や官公庁、団体の職員に出版物を直接販売する「職域直販」を組織した最初の出版社・国際情報社は１９２２年の創業以来、「国際写真情報」「世界画報」などを発行し、理髪店、喫茶《きっさ》店、銀行なども開拓。昭和期に入ると会社、官公庁などへ販路を広げた。だが画報誌は１９６０年代にＴＶの普及、出版社系週刊誌の相次ぐ創刊に押し負けていく。交代するように図書月販（現・ほるぷ出版）、家庭訪販を主体とするブックローンなどの割賦販売会社が台頭する。図書月販は１９６４年度決算では売上高３８６９万円だったが１９７０年には１１５億５２１７万円とわずか７年で売上が約３００倍になる。

図書月販の売上推移

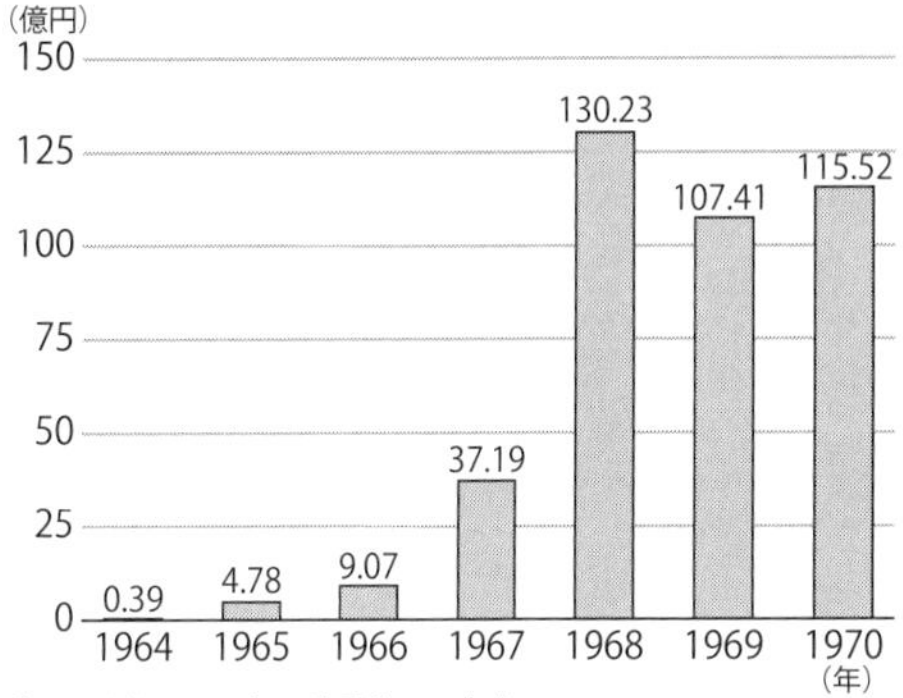

「日販通信」1971年９月号等より作成

　日販は１９６５年、百科・全集ブームを背景に日本信用販売と契約して出版界初の割賦販売（分割払い、ローンでの支払い）を確立し、外売の売掛金焦《こ》げ付きの心配のない方式を打ち出す（『日販20年のあゆみ』日本出版販売、１９６９年。「売掛金」とは、商品提供を先にして後から支払う約束をしたときの未払い金のこと）。ただし日販は図書月販と蜜月《みつげつ》で、図書月販の割引販売は小売全連から批判され、全連は組合加盟店に「再販を守ろう」と呼びかけた。とはいえ町の書店は図書月

日書連加盟書店の外売の主な出入り先の割合（1967年）　（％）

学校	65.3
図書館	15.3
銀行・会社・工場	42.3
官公署	34.7
家庭	74.5
団地	6.5
その他	2.2
不明	0.8

「全国小売書店実態調査報告書」1967年より作成

販などの大幅割引の原資である「過大な報奨《ほうしょう》をやめて正味を下げてほしい」と出版社・取次に訴《うった》えつつ、自らも会社や学校からの求めに応じて値引きせざるをえなかった（「全国書店新聞」１９６６年11月1日）。１９６７年の第１回「全国小売書店実態調査報告書」では、割賦販売をやっている店は59・7％、やっていないが30・2％、やりたいと思っているが7％。

しかし、「書店経営」１９６９年３月号では、労働力不足にともなう賃金の高騰で書店の給与水準では採りたくても中卒や高卒男子は採用が不可能、高卒女子を中心に考えていくべきだが、女性に管理や外売を任せるのは難しい、としている。

同年８月号では、当時の外売の実像が数字でまとめられている。

外売員はひとりで月に延べ数１２００世帯も回らないと「優」とされず、６００世帯でも「劣」だった。仮に週刊誌の配達で同じ家に月４回行ったとしても１５０〜３００の家の場所を覚え、新聞より重い雑誌や書籍を積んで運び、毎月集金していたと考えるとハードワークだ。

だが舌の根も乾《かわ》かないうちに「外売は女性に任せられない」論は消える。書店の報酬《ほうしゅう》水準では男性が雇えなくなり、外売規模を縮小《しゅくしょう》、配達の物量も減り、女性への切り替えもできた、というか、そうせざるをえなかったのだと思われる。「書店経営」１９７０年９月号では、パートの女性、とくに2、3人のグループを外売に活用するべきだとしている。

また、1970年代初頭には、町の本屋から雑誌を定期的に購読している客への半年分や1年分の「前金予約制」案が浮上した。読者に先払いしてもらうことで外売員雇用の原資とし、配達を継続させたかったのだ（『出版年鑑《ねんかん》』1972年版）。小売全連は取協、雑協に働きかけたが、実現には、どの書店に何部配本するか配本数の確約が必要となるなどのハードルがあった。また、雑誌販売の場としてスタンドや駅売店の伸長がめざましかったために両団体の反応はにぶく、ほとんど実現しなかった。

1969年当時の外売の実像

	優ライン	可ライン	劣ライン
外売員ひとりあたり月平均延べ配送世帯数	1,200	900	600
一世帯一回あたり配送平均冊数	2	1	1
一冊あたり平均単価（円）	420	350	280
外売員ひとりあたり月平均売上高（円）	856,800	441,000	184,800

東販「書店経営」1969年3月号、10頁より作成

「書店経営」1975年9月号では、昭和30年代前半（1955年〜）に登場し、書店でも使われた「ヘルパーシステム」の紹介がある。当時のアンケートでは121店中24店が採用。ヘルパーは集金業務、セールスなどを行い、販売・回収金額に対し7〜10%の歩合で書店が支払う（コミッション制度）。書店が毎月の固定費がかかるかたちでの外商部員確保が困難になり、売り込んだり集金ができたりした分だけお金を支払う歩合給で、時間のある主婦層を狙って採用するようになったのだろう。書店向けヘルパー制度は1960年前後に沼津のマルサン書店などが開発し、そこ

から広がっていったようだ（同1976年1月号）。

1980年代中盤には書店が女性コンパニオンを導入して配達・外商をしているとの報道もなされた。だが従業員にも高い賃金が支払えない書店が報酬面で釣り合いが取れるはずもなく、広がらなかった（「新文化」1984年8月30日、10月25日）。

「書店経営」1975年9月号では外売手段として雑誌の自動販売機が急速に伸びて全国に250万台ある、とある。昨今「無人書店」の実証実験が話題だが、50年前から機械販売は試みられていた。だが雑誌自販機はメンテナンスのコストが折り合わなくなっていく。また、エロ本自販機の伸長に対して雑協に加盟している出版社が「うちの雑誌とエロ本を併売するな」と書店に訴えた（『出版年鑑』1976年版）。結果、エロだけが残った。エロ本自販機は1970年代には全国5万台が稼働《かどう》するも1990年代末に各自治体の青少年保護育成条例の厳格化で激減、2010年代末には推定数百が残存するのみとなった（「新文化」2019年4月25日）。

外売の終わりはいつだったのか？

記事メディアでは1980年代までは外商衰退論と見直し論が並立していた——徐々に見直しの分が悪くなっていたものの、1970年代後半から1980年代前半の「書店経営」や「日販通信」には、店売よりも外売比率の方が高い書店がしばしば登場する。「書店経営」1981年8月号ではセールスヘルパー制を活用して団地や分譲《ぶんじょう》住宅まわりをすれば一般家庭は掘《ほ》り起こしが可能だ、とも説かれるなど、かつての職域販売から、子どもの人数が多い団塊ジュニア家庭が集まる団地まわりへと、営業先の変化も見てとれる。

なお、団地の中の商店街にある「団地書店」の登場は1960年代前半だ。団地書店は店舗《てんぽ》を建てたり買ったりする必要がなく、新規出店しやすいことで広がった。1960年代にはほとんどが7・5～9坪の小規模書店、店売と外売の比率はまちまちで、4：6のところもあればほぼ100％配達の店もあった（「日販通信」1963年2月号）。

定量的な外売比率の変化は、日販「書店経営指標」が参考になる。都市部は外売比率が低く、1980年代に入ると全売上の1割台まで下がる。一方、地方では1980年代でも20％台だったが1990年代に入ると急減、10％を割る。そして2001年調査（2002年度版）を最後に比率の調査が終了。都市部では1970年代、地方でも1980年代をもって、外商に存在感のあった時代は終わった。月販ルートの売上が金額ベースで最大規模だったのは意外にも1980年代初頭で、1100億～1200億円程度（推計は『出版年鑑』による）。取次ルートの書籍は当時7000億円前後。書店流通書籍の約17％相当の金額が訪問販売で売れていた。それがいまでは統計を取るまでもないほどに霧散《むさん》、消滅している。

町の本屋の外売衰退と、書店の金太郎飴化はパラレルだった、との指摘もある。

1979年刊の能勢仁『本と読者をつなぐ知恵』（産業能率大学出版部）には「店売志向にむかうほど、商品の品ぞろえは売れゆき良好書を中心とした回転主義」「読者からこの頃の書店

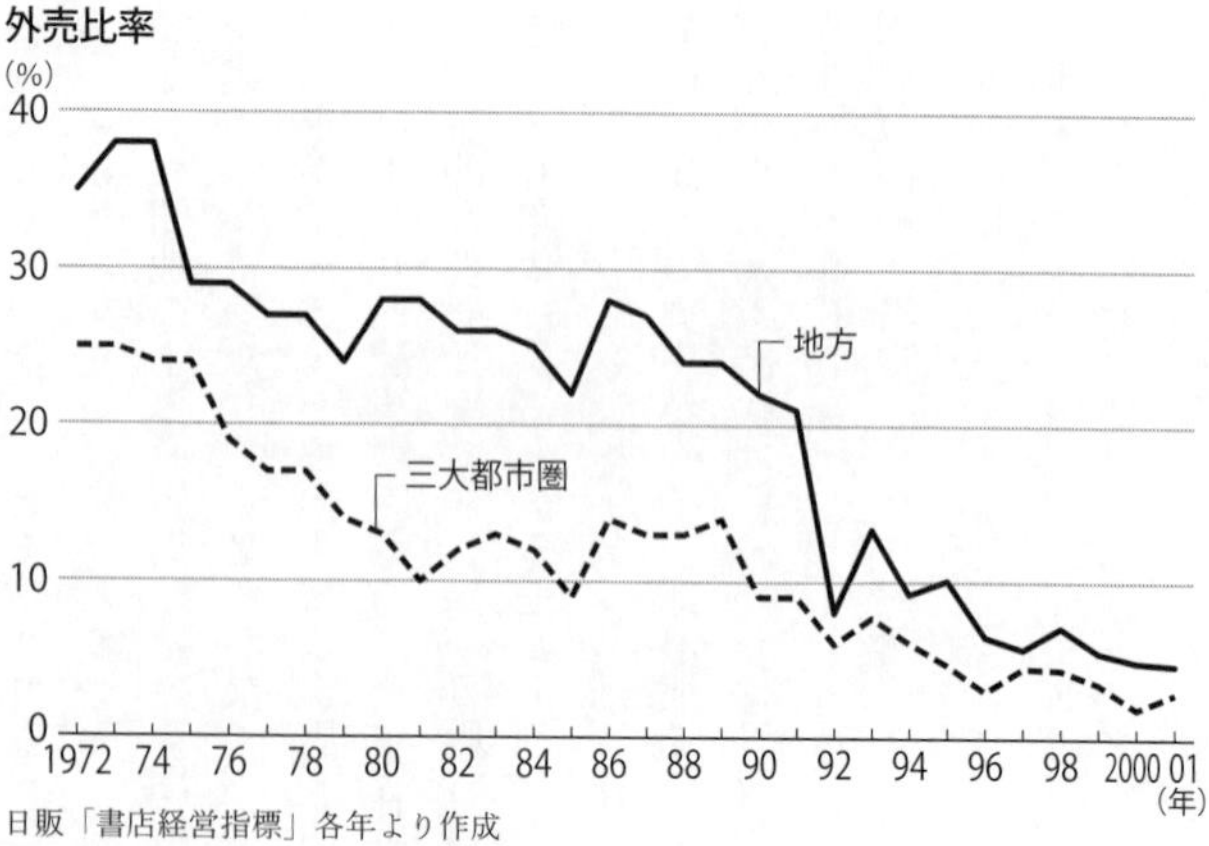

日販「書店経営指標」各年より作成

はどこにいっても同じだと皮肉られる」とある。たとえば書店側が近隣の会社や家庭に出向いて本を届け、話をする中から需要《じゅよう》を掘り起こし、地域に合った書店経営につながっていたと考えられる。外売がなくなると潜在的なニーズを知る機会が失われる。また「本屋が来てくれるなら買うけど」という売り逃しも生じる。外売衰退によって、書店員は「店に客が来るのを待つ人」という固定観念が広まってしまった。

「書店経営」や「日販通信」は外売比率の激減後も時折特集を組んでいる。しかし、なぜむずかしいかの分析が中心になる。「配達・集金が大変で、人件費も事務管理の手間もかかる」――課題はほとんど１９５０年代から代わり映えしない。外売の問題も先送りにされ、先細りしたのだ。

１９９０年代以降の「書店経営」誌の外売特集の冒頭では必ず「外商を見直そう」と語られ、何度見直せば気が済むのかと苦笑してしまう。だが、日販「書店経営指標」は2001年を最後に外売比率の調査をやめた。客観的には「見直す」余地などほとんどなくなっていた。

＊

今でも学校や官庁、図書館など団体向け外商を柱にしている書店はあるが、全体から見れば少数だ。そのうえ店売をやめて外商専業に転じると、外からはよけいに存在感が希薄化してしまう。近年、掛川市の戸田書店掛川西郷店の店長・高木久直が始めた「走る本屋さん」など、書店空白域を回る新刊本の「移動書店」が新聞で取り上げられている。書店が珍しくなり、個人向け外売はもっと珍しいものになったがゆえに、わざわざ取り上げられるようになったのだ。

第五章まとめ

◆1960年代後半には最低でも外売員ひとりで月に延べ600世帯回るのが最低ラインと、さかんに個人宅や企業、団体への配達や営業、訪問販売も行われていた。だが人件費の上昇や、公取による全集等の販売に対する出版社から小売店への過大報奨の自粛《じしゅく》要請（＝外商で得られる利益の低下）によって「一般家庭向けの雑誌配達」など客単価の安い分野から順にコストが見合わなくなっていった。並行して共働き家庭が増加したことで配達や代金回収が困難になり、法規制の厳格化もあって外売は下火になっていく。それでも地方書店では外商が1970年代前半まで売上の3割、1980年代まで2割台あった。

◆外売衰退によって書店は店の外へ本を売る流通チャネル、出先で直接顧客と情報交換する機会を失い、町の本屋が自店舗の商圏《しょうけん》のニーズをくみ取る力が低下した。

コラム5

取次からの請求への書店の入金率の変化と返品入帳問題

会計上の売上や利益以上に事業経営上、致命的なのは日々の資金繰り、現金の入出金（キャッシュフロー）だ。手元現金が尽きれば、仕入も従業員の雇用も店舗の維持に必要な家賃や電気代の支払いもできなくなる。だから入金は早く、出金は遅くなるよう交渉したり、催促があるまで払わなかったりする。どの業界でも見られることだが、出版でも同様だ。

戦前まで書店から取次への支払いは「毎月20日〆、末日払い」（月1回払い）だった。だが戦後に（解散前の）日配が月2回にしたのを東販、日販などが引き継ぐ。しかも各本屋への送品量は取次が決める「見計らい配本」だから、本屋は自分で仕入の量（＝取次への支払い金額）を決められない。売れなかった本は返品すれば「あと」から返金されるが、本が入荷してすぐ大量の支払いが「先」に発生し、資金繰りを圧迫する。そのため日書連の運動で１９７８年に「毎月末日〆、翌月末払い」（請求締切30日後払い）の月１回に是正された（東京都書店商業組合編『東京組合四十年史』１９８２年、日書連三十年史編纂委員会編『日書連三十年史』１９７７年）。

ところが書店が取次経由で本を仕入れるときには本来「仕入代金は翌月支払い」なの

にかつては満額入金でなくても取次が取引をつづけた。

「新文化」1982年6月24日では、取次の代金回収方法は書店からの直接送金か、取次担当者が書店に出向いての出張集金かだが、後者が大半。取次では請求額の75％以上を正常な回収としているものの、実際は大手で平均70％前後、中堅取次で60％前後と推定、大手取次では50％以下で送品ストップと書かれている。なお、戦前の日配時代には書店の支払いは極力集金によらず払い込みが原則だった（『東京組合四十年史』）。集金なしで回収できなくなった点から、戦後の書店の払いの悪さがわかる。

「文化通信」2001年7月23日では「10年前なら35％」で十分と書かれ、同年刊の佐野眞一『だれが「本」を殺すのか』でも「7％でも取次は取引をやめない」とある。

だが1998年頃に銀行をはじめとする金融機関の不良債権問題が表面化して書店にも貸し渋《しぶ》りが起こり、それまで金融機関から当座の運転資金（企業が日常的な事業活動を行うために必要な資金）を借りて取次へ代金を支払っていた書店の自己破産が相次ぐ。

1980年代末のバブル期に、銀行は企業に土地や株式を担保にして大量の融資（お金の貸出）を行った。しかしバブル崩壊後には地価と株価が下落して担保の価値が低下し、企業の業績悪化もあって返済が滞《とどこお》る。これによって銀行に多額の不良債権（回収困難な貸付金）が発生した。この不良債権問題を受け、金融機関は企業へのお金の貸出に消極的になった（「貸し渋り」）。

取次も１９９０年代末頃から書店に求める支払条件を徐々にきびしくしていったようだ。１９９０年代後半から雑誌の売上が減った上に取次自体が金融機関から締め付けられたしわ寄せが書店に及んだこともあろうし、小書店が倒産する前に資金を回収するためでもあっただろう。２００６年の日書連「全国小売書店経営実態調査報告書別冊　書店経営者　生の声」では、取次から請求金額に対して１００％の支払いが強硬に求められていると複数の書店主が語り、２０１６年の同調査には「１００％でないと取次は即時、品止めする」とある。「見計らい」で頼んでもいないエロ本等が送りつけられ、取次の決算月には目に見えて送品量が増える（取次への支払額が増える）のに、書店主の家族が病気で入院したとか大雪で実際には本が届かなかったといった事情を汲《く》まず、「借金してでもすぐ全額入金しろ」と言われることへの怒りが散見される。

その反動で、２０００年代後半には「返品入帳」問題が書店から噴出する。

取次は、ある月の末日までに書店に

日書連加盟書店の取次店からの総請求額に対する支払状況　(%)

	1967年	1969年	2016年
全額	28.2	27.3	83.2
90%	9.9	11.2	2.7
80%	16.4	14.4	3.2
70%	14.6	13.3	-
60%	11.8	12.3	-
50%	7.9	9.1	-
40%	4.7	5.8	-
39%以下	3.8	2.8	-
不明	2.7	3.7	-
その他	-	-	3.4
無回答	-	-	7.5

「全国小売書店実態調査報告書」1967年・1970年、「全国小売書店経営実態調査報告書」2016年より作成

送った1ヶ月分の書籍・雑誌の仕入代金を、翌月末払いで請求する。たとえば10月1日から31日までに届いた本の仕入代金を、書店は11月末には取次に支払わなければならない。一方で、書店が取次に返品した書籍・雑誌は、毎月1日から20日前後までに着荷した（取次に届いた）分しか取次は入帳（カウント）しなかった。つまり仕入れに対する請求の締め日と返品の締め日に10日前後のズレがあった。

簡単に言えば、取次は書店に対する請求はきびしい一方、書店からの返品・返金作業は遅《おそ》い。そのうえ、土曜は営業日に換算しない、あるいは返品のトラックが週に2日しか来ないとか荷物がまとまるまで取次に送らない運送会社の都合を書店が見越して返品しなければならないといった取引条件の不均衡があり、書店の資金繰りを悪化させていた。

これが書店側から批判される。日書連の運動によって返品の入帳タイミングが月末の10営業日前から5営業日前までに短縮されたが、それが限界だと取次4社が2008年9月に回答して一応の決着を見ている（「新文化」2008年6月5日、6月26日、9月25日）。

本書では書店業の構造的苦境を指摘してきたが、昔の本屋が赤字でも簡単にはつぶれなかったのは、書店の払いの悪さを取次がある程度は許容できた（その体力があった）からにすぎない。

第六章　兼業書店

内沼晋太郎『これからの本屋読本』（NHK出版、2018年）では「本屋が専業で成り立っていた時代は終わった」として、「これからの」書店経営を継続させるために飲食業や雑貨販売などの別の業態との「掛け算」、兼業を推奨する。本のマージンは一般的に22％前後とされるが雑貨は50％程度とされ、同じ値段のものが売れても本の倍以上の金額が実入りになる。

だが書店は、ずっと掛け算で成り立たせてきた。大正時代から文具店との兼業は一般的で、呉服店や旅館、薬局でも雑誌を売っていた。戦後も日書連（日本書店商業組合連合会）の調査では、1967年から2016年まで専業書店よりも兼業書店のほうがほぼずっと多数派だ。

たとえば「日販通信」1952年7月下旬号では「書店の広さには限界があり、それ以上広くしても経営はなりたたぬ。それをおぎなってくれるのが文具」と書き、三省堂書店が成功例だとする。また「書店経営」1959年1月号では「地方書店ではマージンの少なさを補《おぎな》うように関連商品を置いている」「学生デパート化して鞄、運動具、楽器、女学生用プロマイド（筆者註：映画スターの写真）まで置きたいという100〜150坪の店の相談がある」「文房具は

日書連加盟書店の専業・兼業の割合　(%)

	1967年	1971年	1982年	1991年	1999年	2006年	2016年
専業	35.8	35	52	41.6	23.9	19.3	30.6
兼業	64.2	65	48	58.4	76.1	76.9	67.5
無回答	-	-	-	-	-	3.8	1.9

『全国小売書店実態調査報告書』1967年・1972年、『全国小売書店取引経営実態調査報告書』1983年、「全国書店新聞」1991年９月26日・10月３日、『全国小売書店経営実態調査報告書』2000年・2006年・2016年を元に作成

なかなかマージン取れますね」と語られている。

小売全連の東京都組合「小売書店実態調査表」（１９５５年）では兼業なしは53・７％、兼業ありが46・３％。内訳は全調査書店のうち文具21・７％、タバコ７・５％、古書７・３％、玩具１・５％、運動具０・７％、その他７・６％、兼業書店のうち２種類以上兼業が55％、つまり全体の４分の１が２種類以上兼業していた（『小売全連二十年史』）。

駅前の駄菓子屋や雑貨店の店頭に雑誌スタンドを設置したり、店舗《てんぽ》の一角に本を陳列してもらう複合化は１９６０年代からあり（「書店経営」１９８６年９月号）、東販は１９６７年に玩具類の卸売販売を開始し、児童図書類とともに展開してきた（同１９７０年１月号）。１９６２年には日販が富士フイルムの取次販売を開始している（「文化通信」１９６２年10月８日）。

１９６７年「全国小売書店実態調査報告書」では「兼業はない」は35・８％。約３分の２の「町の本屋」が兼業している。

郊外型複合書店の台頭

兼業、複合化の記事は１９８０年代に急増する。

「書店経営」１９８５年７月号では、レコード店やビデオショップルートのビデオ販売では小売マージン25％、流通マージン15～20％、ただし買い取りで最低保障本数があるのが普通で、書店での取引条件をどうするかが流通面での最大の課題。ビデオ販売のメリットは価格が平均１万３０００円前後と客単価の大幅アップが見込めたことだ（「日販通信」１９８４年６月号）。

ビデオテープは１９７５年にソニーのベータマックス、１９７６年に日本ビクターのＶＨＳが登場したが、ベータとＶＨＳには互換性がなく、規格が不統一な状態でシェア争いが始まり、ＶＨＳが勝利する。ビデオデッキ普及に一役買ったとされるのが、１９８０年代初頭からのポルノ（いわゆるアダルトビデオ、ＡＶ）のブームである。その後、１９８０年代半ばになると一般向け映画やアニメなどのビデオ販売も軌道に乗る。

ビデオソフトの扱いで先に注目されたのは「販売」、つづいて「レンタル」が書店専門誌でも取り上げられる。「書店経営」１９８６年10月号では「書籍、雑誌を買いに来た客がビデオレンタルを利用したり、その逆もあり、相乗効果がある」「レンタル導入後は入店客数が月平均５％増えた」と書店主が語っている。１本１万数千円もするのに回転率の低い商品もあって損するリスクが高い、と懸念《けねん》する声に対して東販は「当社のシステムは当初在庫が最低５００本だが、これは常時回転するのは３００～５００タイトルしかないから（当時レンタル許諾ソフトは５０００弱）で、回転するタイトルを選んで入荷すれば大丈夫」と主張した。この記事

郊外型書店の累計店数

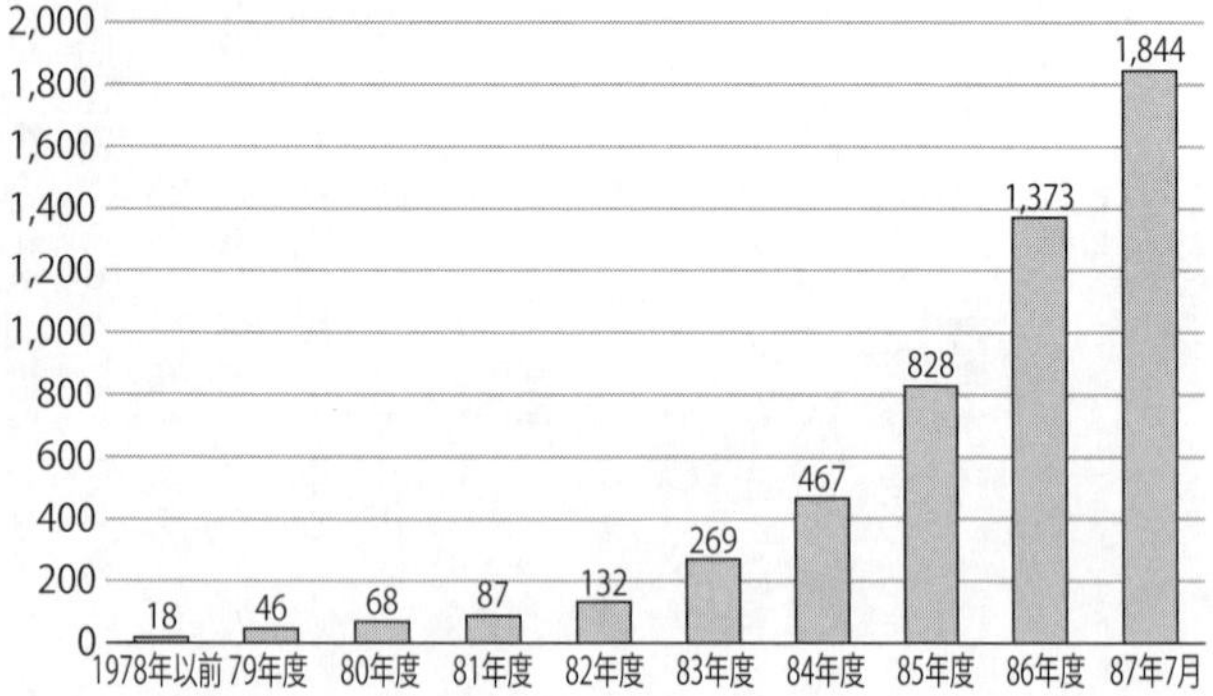

日本出版販売『郊外型書店の実態 新版』1987年より作成

では１９８５年秋にビデオレンタル店は全国７０００～８０００店だったが１９８６年秋時点では１万４０００～１万５０００店に増え、１年後には２万５０００店になると言われている。

複合型の業態を率先して採用したのは新興勢力の「郊外型書店」だった。郊外型書店第１号の三洋堂書店が愛知県・東郷町で開店したのは１９７５年。60坪、駐車場20台分。それが１９８３年時点で全国２０４店、合計１・３万坪となる。この時点では発祥の地・東海地方に３分の１以上が集中していた（書店経営動向調査会編『書店経営のすべて 新版』経営情報出版社、１９８５年）。

書店の出店ラッシュは続き、１９８５年は当時史上最高の前年比累計５万坪を増床、１９８６年に入っても80～１００坪以上の大型店が相次ぐ。そのほとんどは郊外型書店で、１９８６年時点で全国７００店を突破（「書店経営」１９８６年６月号）。

郊外の開発が進んだ背景には、大型スーパーへの規制を目的に1973年に制定され、1979年に規制が強化された大規模小売店舗法（大店法）の影響がある。大店法制定以前には地方都市の中心市街地に非地元資本も含めた大型の百貨店やスーパーの出店が相次ぎ、地場の中小小売店は「客を取られる」と猛《もう》反発。そうした声を受け、大店法が制定・改正される。1979年改正では、従来の百貨店法による政府機関の許可から、出店を希望している小売業者が届け出たあとで出店予定地の地元の商工会議所などの意見を聞き、商工会等が商業活動調整協議会（商調協）を設置して対応、地元で調整がつかない場合は通産省内の大規模小売店舗審議会が答申を出すことになった。さらには商慣習として、届出前から出店者と地元小売業者とで交渉を行うようになっていく。だが地元業者からの反発は止まらず、商工会が商調協を意図的に開かない、開いても審議を10年つづけて妨害《ぼうがい》するなど、中心市街地への出店は難しかった（林雅樹「わが国大規模店舗政策の変遷と現状」、「レファレンス」2010年9月号）。

書店業界でも1977年には鉄道会社、不動産、スーパーなどからの参入が起こり、紀伊國屋書店、丸善、三省堂書店、旭屋書店などが地方の有力都市に進出、対抗して地方書店も支店出店に及んで「乱世出版界」と報道された（『日販四十年のあゆみ』）。異業種参入の典型が鹿島建設の八重洲ブックセンターで、中小書店は激烈な開店反対運動を起こした。

一方まだ店らしい店もなかった郊外へは「人口に比して大型店が少ないから出店を認める」とされる傾向にあり、これによって郊外の開発が進み、人の流れが移っていく。それに気づい

日書連加盟書店の立地環境

(%)

1967年		1973年		1982年	
一般商店街	59.5	一般商店街	47.7	一般商店街	49.7
駅前（ターミナル）繁華街	19.3	駅前・バス停前	26.3	駅前・ターミナル	17.8
住宅地	5.0	一般住宅地	9.9	住宅地	10.4
団地	0.3	集合住宅地	3.2	団地	2.7
学校附近	10.9	学生街	3.5	学校附近	7.6
		スーパーマーケット、ショッピングセンターのテナント	4.1	百貨店・スーパー・SC内	5.9
工業地帯	0.6	工場地域	0.5		
農（漁）業地帯	2.6				
		官公庁・学校等の売店	1.0		
その他	1.1	その他	3.8	その他	5.9
不明	0.7				

1991年		1999年		2006年		2016年	
一般商店街	42.7	一般商店街	38.0	商店街	42.2	一般商店街	49.9
駅前・繁華街	19.8	駅前・繁華街	18.1	駅ビル・駅前	14.2	駅ビル	3.9
住宅街	11.4	住宅街	12.1	住宅地	17.8	住宅街	22.0
団地	2.2	団地	1.6				
学校付近	6.7	学校付近	6.9	学生街	2.0		
百貨店・スーパー等	5.2	百貨店・スーパー等	6.5	ショッピングセンター内	5.9	SC内	7.0
		ビジネス街	2.7	ビジネス街	2.0	オフィス街	3.3
郊外	6.3	郊外	10.4	郊外	11.2	郊外	10.9
その他・無回答	5.7	その他	1.7	その他	4.0		
		無回答	2.0	無回答	0.8	無回答	3.1

『全国小売書店実態調査報告書』1967年・1973年、「全国書店新聞」1991年9月26日・10月3日、『全国小売書店取引経営実態調査報告書』1983年、『全国小売書店経営実態調査報告書』2000年・2006年・2016年を元に作成

た中小小売業者が声を挙げたことで1979年に出店規制が強化され、1982年にもさらに規制強化が進んだ。だが1982年の大店法改正はむしろ既に出店していた大規模店舗同士の過当競争を抑止して経営効率を上げ、一方で既存の中小小売の売場効率悪化の一因になったと見られている（日本経済新聞社編『大店法が消える日』日本経済新聞社、1990年）。

こうして郊外の国道沿いに、大店法では地元の商工会などとの折衝が不要とされた500平方メートル以下のフランチャイズ型専門店――家電量販店、パチンコ、紳士服、ファミレスなどの飲食チェーン、カラオケ、靴屋、ホームセンター、自動車販売店やカー用品店、ホームセンター等々――が進出（西田善行「「東京都市圏」の縁をなぞる　国道十六号線と沿線地域の歴史と現状」、塚田修一・西田善行編著『国道16号線スタディーズ』青弓社、2018年）。

駅前中心市街地にあるファッションビルやショッピングセンターに専門店が出店した場合、坪あたり200～250万円の保証金、坪あたり2万円／月の家賃・共益費が求められ、多くの事業者は「採算が合わない」として出店を控えていた（「商業界」1994年5月号）。だがロードサイドに単独出店すれば保証金不要、月々の費用も安く、損益分岐点を低く設定できた。

郊外店が増えていく段階で、出店用地の所有者に建物を建ててもらい、土地、建物を一括して借り上げる「オーダー・リース方式」が導入され、安価な初期投資で新規出店ができた。書籍の支払いを開店から何年間か猶予《ゆうよ》して分割払いにするしくみもあり、新規出店をくりかえして売上を増やす書店チェーンが登場する（「全国書店新聞」1999年10月20日）。

かつて書店は駅前や商店街、学校の近辺など人の出入りが激しい場所が有利とされていた。ところが1970年代前半生まれの団塊ジュニア世代、戦後の第二次ベビーブーム世代を抱える若い家族が都市部の地価の高騰および大規模ニュータウン開発の動きと連動して、従来の駅前一等地から離れた郊外の集合住宅や一戸建てに住まいを移していった。

1980年代には、人々が自宅から徒歩圏内にある商店街で買い物を済ませるのではなく、クルマでロードサイドにある大型ショッピングセンターやレストラン、家電や家具の量販店に赴くライフスタイルが定着した。郊外型書店がファンシー文具やキャラクター商品、ビデオソフト、絵、ドリンクの自販機などを導入し複合化したのは、客単価を上げ、若い世代の関心を惹《ひ》きつけるためだった。クルマ移動ゆえの「買い物はまとめてできたらラク」というニーズに応え、「クルマに積めばいいから荷物が多少増えても大丈夫」という実情に対応したものでもあった。「書店経営」1986年6月号では、郊外型書店は「建物も本屋らしからぬロッジ風、欧風、ネオン、カラー照明を使って人目を引く。休憩所にテーブルや椅子、公衆電話ボックスやトイレまで自由に使えるムードのいい店が多い」と形容されている。新しい時事風俗だった。

1980年代後半から1990年代初頭の「書店経営」誌で紹介されている兼業商品・業態を見ると、

・テレホンカード（1986年7月号）
・お菓子（1986年9月号）

・ハンバーガーショップ（１９８７年3月号）
・コンビニとファミコンソフト（１９８７年4月号）
・アイスクリーム自販機（１９８７年6月号、7月号）
・家具やTシャツプリント（１９８７年8月号）
・カルチャーセンターやスイミングクラブ、ジム、サウナ（１９８８年9月号）
・カセットブック（１９８８年11月号）
・CDレンタル（１９８９年12月号）
・喫茶《きっさ》スペース、コーヒーコーナー（１９９０年6月号）

といった具合だ。リアルタイム世代でないと「何それ？」というものもあるだろう。

「テレホンカード」（テレカ）とは、公衆電話の利用時に使えるプリペイドカードだ。１９９0年代後半に携帯電話が普及する以前には、町じゅうに緑色の公衆電話が設置されていた。公衆電話機に10円玉か１００円玉を入れて電話番号を入力すると、相手に電話がかけられる。当時は一般家庭に電話線を引くためには電話加入権と工事費用（１９８9年に「施設設置負担金」に改称）を合わせて8万円かかり、月々の基本料金もかかったため、単身赴任やひとり暮らしの人などは自室に電話を引かず公衆電話から家族や友人に電話することがあった。出先から自宅、訪問先への連絡手段も、携帯電話やスマホがない時代には公衆電話しかなかった。テレホンカードは公衆電話で使えるもので、カードの表面にアイドルや人気マンガ、アニメのイラストなどをあしらったものがファンアイテム、コレクション対象として注目された。1980年代から1990年代には人気を集め、中古品売買も行われた。当時の書店や映画館では本や映画の関連商品のひとつとしてもテレカが販売されていた。

飲食店との兼業形態は、2010年代以降（再び）注目されたが、1980年代から1990年代にもハンバーガーショップやアイスの自販機、喫茶スペース、ファミレスとの複合店があった。神奈川県大磯町の大川書店が1989年に喫茶スペースを設けると「変わった書店」として地元新聞やラジオに取り上げられた。飲食との兼業ではないが、ファストフード店からヒントを得て、ドライブスルー方式で雑誌を買える店もあった。

カルチャーセンターは主に社会人のための民間の教養講座のことだ。1979年に芥川賞を受賞した重兼芳子《しげかねよしこ》が「カルチャーセンターの小説講座出身の主婦小説家」として報道されてブームが起こる。文化の匂いがしなかった郊外に、外国語や書道、手芸、絵画、音楽、陶芸、ダンスなどが学べる場所として立ち現れてきた、新しいムーブメントだった。

「カセットブック」は、もともとは本とアナログの録音用磁気《じき》テープ（カセットテープ）に音楽や音声を収録したものを組み合わせた出版物の形態を指していた。坂本龍一や佐野元春など、当時注目のミュージシャンがよくリリースしていた。ただ「書店経営」誌で言うカセットブックは、カセットテープに本の朗読や作家の講演、落語などを録音して製作して販売したものだ。今で言えばオーディオブックに近い。カセットテープとその再生機器であるカセットデッキは、音楽やラジオを録音し、聴くために広く普及していた。当時はクルマの運転中にカセットをかけることも一般的だった。また、１９７９年にソニーのウォークマンが登場して以降は「屋外で、イヤホンやヘッドホンを使ってカセットを聴く」が可能になった。つまりカセットは家で聴く需要《じゅよう》に加え、移動時間のヒマつぶしや学習用メディアとして注目された。１９８８年時点でカセットブック市場は約30億円で、１９８５年に新潮社が『小林秀雄講演　文学の雑感』をヒットさせて以降、年に約30％ずつ伸びていた（出版社系セルビデオは約１００億円市場）。だが当時はノイズキャンセリング機能の付いたイヤホンもなく、外で聴く場合、音楽はまだしも講演や朗読では騒音や風の音に負けて聞きづらい、といった理由でカセットブック需要はそれほど伸びず、一時のブームで終わった（出版教育研究所編『出版界はどうなるのか』日本エディタースクール出版部、２００２年）。ただし図書館需要はあり、この後、ＣＤへと形態を変えて著名な文人の講演や近代文学の名作の朗読、落語などの音声コンテンツが細々と作られていく。

ＣＤレンタル（レンタルＣＤ）も、２０１０年代以降生まれの世代には説明が必要かもしれない。日本では１９８０年にアナログレコードを販売ではなく貸し出す業態が登場し、１９８２年にＣＤが登場して以降はＣＤ貸出の店も増え、１９８０年代から１９９０年代にかけては書店と兼業の店も増えていった。ビデオレンタルと同じで「借りるときと返すときの２回来店が発生し、書籍や雑誌のついで買いが生じて客単価が上がる」「仕入リスクはあるが、人気の新作は回転率が高く、本を売るより利幅が大きい」のがメリットだった。あまり借りられなくなった商品は店で中古品として売られ、複合型書店には中古CD・ビデオ（DVD）のワゴンを置いている店も多かった。消費者視点で言うと、CDは買うとシングル1枚1000円、アルバムは2500円〜3000円が相場だったがレンタルならシングルは数十円から百数十円、アルバムでも300〜400円で何日か借りられた。流行の曲を聴きたいが買うほどではない人、使えるお金が限られている子ども・若者、たくさん音楽を聴きたい人などにレンタル需要があった。店からCDを借りてきてカセット、のちにはMDというメディアに録音したり、家庭にPCが普及して以降はPCにCDから音楽データを取り込んで保存したり、いつでも聴けるようにしてから店に返却した。スマホが普及し、SpotifyやApple Musicなどのサブスクリプションサービスや、YouTubeなどの動画サービスで安価に大量に音楽が見聞きできるようになる以前には、曲を「聴く」ために払わなければいけないお金が昨今より高かった。今ではCDは「推す」ために買うファンアイテムだが、かつては音楽を「聴く」ために買ったり借りたりする必要があった（今のCDが、昔のテレカのような位置にある）。

こうした複合化の流れを「書店経営」1992年10月号では「AVソフト、パソコンソフト、TVゲームソフト、電子出版物から美術品、バラエティグッズ、カレンダーなど」のメディアの多様化に対応することで書店は低価格な本だけでは望めない利益向上ができる、とまとめている。1992年に東販から社名を変更したトーハンは、たとえばCDレンタル代行も行う明響社による家庭用ゲームソフトの買取・販売のフランチャイズ「TVパニック」を子会社経由で書店に提案した。ファミコンソフトの中古販売は粗利《あらり》が高く（平均35%前後）、客単価アップにつながり、スペースは10～15坪あれば展開でき、来店客数が増えてゲーム関連書籍・雑誌の売上増にもつながった（「書店経営」１９９2年3月号）。

日販も１９８４年から本格的に取引書店にビデオ・ＣＤレンタルの啓蒙《けいもう》活動を行い、１９８５年には商品開発部を設置して研修会を開催、１９８６年にはビデオレンタルと書店の複合化で注目されたＴＳＵＴＡＹＡを運営するＣＣＣ（カルチュア・コンビニエンス・クラブ）と業務提携し、同年末には取引書店約２４０店がサービスを開始した（『日販四十年のあゆみ』）。

１９９０年にはセルビデオ、ＣＤ、ＬＤ、オーディオ生テープ（「生テープ」は録音・録画できるテープのこと）、ビデオ生テープ、ファミコン、ＳＡ機器、テレホンカード、キャラクター商品、ＣＤ-ＲＯＭソフトまでを扱う世界初のＡＶ総合流通センター「日販メディアセンター」をオープンし、五十嵐一弘社長（当時）は開設披露パーティで「日販は今後、活字文化から映像・音響文化にいたるまで、新たな事業分野を通じ、総合文化商社としてより豊かな高度情報社会の実現に邁進していく」と述べ、１９９１年には直営アートショップ「ヴィルダール」を開設し、書店の複合化支援を目的に映像ソフト版権ビジネスに参入、１９９９年には映画配給事業にも着手し、１００円ショップとの複合化「ファースト・ワン」の提案を開始。取次も積極的に書店の商材多角化を促した。

公取に対しては書店も取次も「著作物再販堅持」を掲げ、１９８０年代後半から２０００年前後までの再販見直し論議では「文化を守るために『定価販売』が必要」と主張していたが、当時の複合店では「レンタル落ち」した（貸出に使用されたあと、店舗で不要になったため販売された）中古ＣＤやビデオ、ＤＶＤをワゴンに並べて「割引販売」していた。

複合化による経営革命と「町の本屋」との意識のズレ

能勢仁『書店経営のすべてがわかる本』（山下出版、１９９６年）は「商品の複合化で書店の経営革命が起こった」と書く。１９８０年代中盤の書店の粗利率は平均21・5％だが、ビデオレンタル導入書店では40％。１９８０年代から２０００年代前半までは雑誌の黄金時代だったのに加え、レンタル業で書店への来店回数が底上げされ、「ついで買い」が大量発生した。

「書店経営」１９９７年10月号ではトーハン「平成９年度版書店経営の実態」を紹介しながら、売上高伸長率が書店専業店では前年比マイナス２・８％、ＡＶレンタル複合店は３・４％伸長、セルＣＤ複合店は１・９％伸長であり、粗利率は専業店21・７％、ＡＶレンタル複合店40・１％、セルＣＤ複合店26・６％と大差が付いていると強調、「年商２億円を超える店舗を維持していくためには、超大型専門店以外、複合店形態をとるしかない」と書く。

１９８０年代中頃から急激に店舗数を増やした郊外型書店の起爆剤は、複合化による書店経営革命だった。１９８７年刊行の日本出版販売『郊外型書店の実態 新版』によれば、郊外型書店の時間別売上高では「17時〜閉店まで」が全体の52％を占める。郊外型複合書店と24時間営業のコンビニ対策から、この時期、町の書店も営業時間を延ばしていった。「書店経営」1987年1月号は、今では市街地でも深夜2時まで開く書店もあると記している。町の本屋が夜7時か8時に店じまいしていた時代には、仕事帰りや塾の帰りに、あるいは友だちや恋人と「夜遅《おそ》い時間にふらっと本屋に行く」ことはほとんどありえなかった。だが1980年代後半以降には珍しくない消費行動になる。

しかし商店街にある町の本屋と郊外型書店の目線、意識にはズレが大きかった。

日書連は運賃や正味、本の定価をめぐって取次や出版社と闘争してきたが、郊外型書店の新興オーナーは雑誌やコミックを客寄せに使い、ビデオ・CDレンタルや中古ゲーム販売などで稼《かせ》いだ。出版物が儲《もう》からなくても、取次のパターン配本がひどくてもベストセラーが入荷しなくても、致命的な問題ではなかった。既存の町の本屋は、中心市街地のさびれを加速させる郊外の発展と複合店の躍進を快く思わなかった。町の本屋と郊外型書店が「本屋同士」共同歩調を取るムードは高まらなかったのだ。もっとも、1979年に公取が日書連に「出版社、取次、書店の事業者団体間での団体交渉は独禁法違反」と示して以降、新興書店が具体的な交渉力を持たない日書連に加盟するメリットをみいだすことはむずかしかっただろう。

『日書連五十五年史』や日本出版学会『白書出版産業2010』（文化通信社、2010年）、日書連公式サイトを元に日書連の組合員（加盟店）数の推移を描くと、1980年代中盤をピークに減少が始まっている。日書連は組合未加入書店を「アウトサイダー書店」と呼んだが、

日書連の組合員（加盟店）数

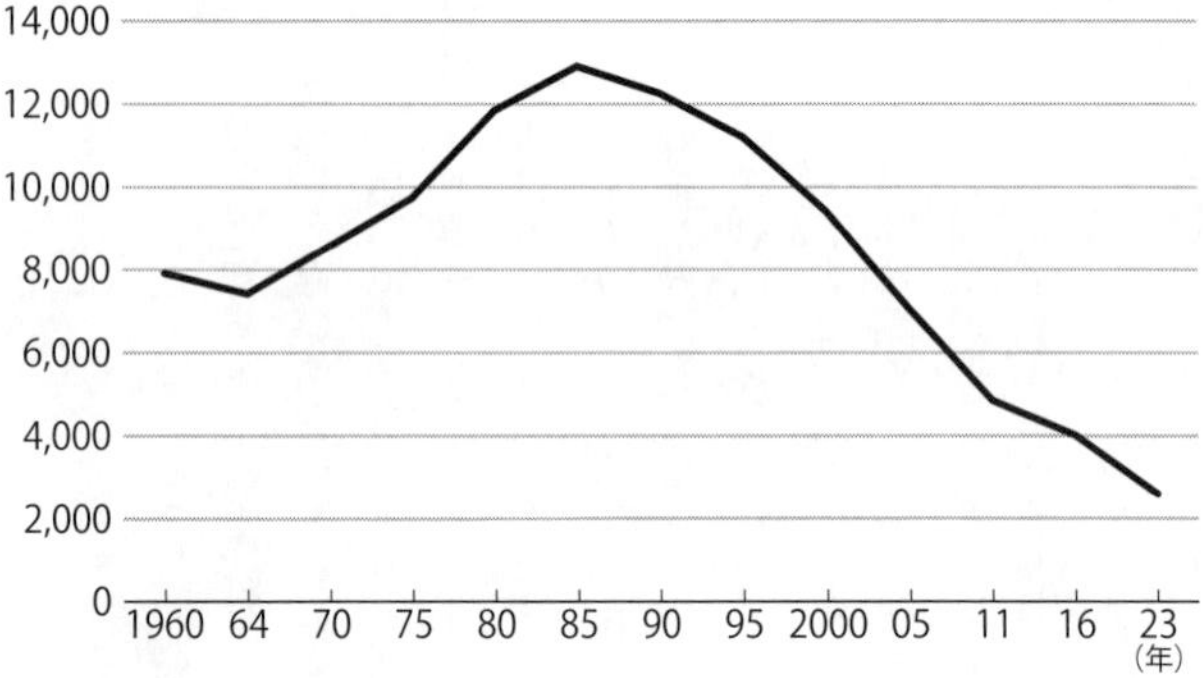

日本書店組合連合会『日書連五十五年史』（2001年）、日本出版学会『白書出版産業2010』（文化通信社、2010年）、日書連公式サイトより作成

1982年時点で推定7000〜8000店（日書連四十年史編集委員会編『日書連四十年史』日本書店組合連合会、1986年）。当時、日書連加盟店は約1万2000。業界団体の未加入者を「アウト」「アウトサイダー」と呼ぶのは書店業界に限ったことではないが、全国約2万の書店の4割をアウト呼ばわりは傲慢《ごうまん》に思える。

中小企業庁「商店街実態調査」で自らを「停滞《ていたい》および衰退している」とする商店街の比率は1970年度60・5％、1975年度67・8％、1980年度87・1％、1985年度89・9％（『大店法が消える日』）。全国で商店街や駅前一等地が空洞化して郊外へ人が流れ、市街地でも24時間営業のコンビニに書店経営の軸である雑誌の売上を奪われ、町の本屋は消えていく。

利用者目線に立つと、複合型書店などが台頭してきた時点では、少なくない地方在住民にとって郊外は「進んだ街」に映っていた。これは1980年代初頭に東北地方の人口5万人の市のはずれで生まれた私自身の実感も含めて言うのだが、多くの人が郊外との対比の対象としたのは大都市ではない。自分たちが生まれ育ってきた農村や商店街、市街地と比べていた。言い換《か》えれば、これ以上発展するイメージが持てない田舎だ。しかしそこから少し離れたロードサイドにはビデオやCDのレンタルもできる複合型書店のような文化的な施設ができ、全国的に有名なファミレスやファストフード店もできていく「発展する場所」という感覚があった。生活や文化が「良くなっていく場所」という幻想が多少なりとも持てた。

むろん本読みの感覚では、都道府県庁所在地クラスの都市部にある老舗書店や東京都内の有名大型書店と比べれば、大半の郊外型書店は雑誌とコミック、文庫本を中心とした「金太郎飴書店」だった。小田光雄は郊外で購買される出版物は「読み捨てられる宿命を負ったゴミ」と形容した(『〈郊外〉の誕生と死』青弓社、1997年)。

しかし、郊外型書店が台頭してくる以前に田舎の住人が日常的に利用していた、10坪から15〜16坪の狭い店内に教科書や文具も置いている学校近くの本屋やタバコ屋兼書店などと比べれば、郊外型書店のほうがはるかに品ぞろえがよかった。せまい店の奥

販売物の売上の割合　(%)

	郊外型書店平均	一般書店平均
雑誌	37.6	31.4
コミック	13.0	10.7
児童書	4.4	4.3
実用書	9.2	8.1
文芸一般書	6.5	7.1
文庫	9.5	9.3
新書	4.0	3.2
学参書	4.5	9.9
専門書	3.3	6.9
その他	8.0	9.1

日本出版販売『新版郊外型書店の実態』1987年、8頁

あるいは入り口付近で、機嫌の悪そうな中高年の店主がレジに座って立ち読みを監視し、本棚も天井まで届く高さで圧迫感があった「町の本屋」よりも、店内が明るくて広く、中学生でも最上段に手が届く高さの本棚が基本の郊外型書店のほうが、居心地がよかった。

郊外型複合書店からモール内大型書店へ

この後、日米構造協議を背景に、大規模小売店舗法（大店法）が規制緩和《かんわ》される。1990年には、大規模店舗の出店の表明から出店勧告までの出店調整期間が上限1年半に短縮される。また、1994年改正によって、事業者が原則自由に出店できる売場面積が500平方メートル以下（政令指定都市では1500平方メートル以下）から1000平方メートル未満に拡張される。すると全国各地にチェーン書店の大型店舗の出店計画が浮上し、地元書店は危機感を募らせた。

1998年には大規模小売店舗立地法（大店立地法）、中心市街地活性化法、改正都市計画法のいわゆる「まちづくり三法」が成立、2000年には大店法が廃止されて、地域関係者とほとんど対話・交渉なしに大型店舗を設置できるようになった。これによって2020年代現在でも郊外のイメージを形成している、イオンに代表される郊外型ショッピングセンター、ショッピングモールやアウトレットモールなどが誕生する（前掲西田論文）。

こうした施設に積極的に出店しているチェーン書店にイオングループの未来屋書店がある。

同社はもともと株式会社ブックバーンとして1985年に千葉県千葉市美浜区に誕生し、ジャスコの子会社としてロードサイドに積極的に展開し、全国の書店組合から出店反対運動を起こされていた郊外型・複合型書店の雄だった。

1990年代中盤からイオンの出店形態がスーパーのジャスコからショッピングモールへと大型化していくのに合わせ、ブックバーンはロードサイドからモール内への出店に転じる。そして商材も複合型から比較的本にしぼった形態へと転換。もっとも2000年代後半には文具や古本、トレーディングカードなどのホビーとの複合型店舗も増えていく（西尾泰三「書店の発想、小売りの矜持――未来屋書店は電子書籍とこう向き合う」、「ITmedia」2014年8月13日）。

書店がいくら複合化しようが、ワンストップで一通りの買い物ができるショッピングモールのほうがはるかに多種多様な商品・サービスを扱っている。そうなると、わざわざ本だけを目当てに郊外型書店に行く理由は薄れていく。

大店法関連の法律は、日本の書店業にも大きな影響を与えてきた。

1990年代以降の複合化商材のうつりかわり

いったん時計を1990年代まで巻き戻そう。

「何と兼業するか」はその後どのように変わったのか。

1992年には書店向け廉価《れんか》版セルビデオを展開した出版社・大陸書房がスタジオ開設など

多角化により資金繰りが悪化して倒産。一時期は書店の一角に棚を作るだけで売れたが、セルはきびしかった。対して郊外型書店を中心にレンタルはその後も根付く（1994年には日販の調査で書店の売上比率で文房具9・5％を超えてレンタルビデオが9・9％になった）。

とはいえレンタルも競合が激化し、最盛期の1991年にはビデオレンタル店が2万8500店、1995年には1万5500店と数年で1万店以上減少。

CDレンタルも1991年8月1日から「レンタル期間禁止制度」が導入されると売上が縮《しゅく》小《しょう》、セルCDに切り替える書店が増えた（「書店経営」1993年2月号）。期間禁止制度とは1984年に著作権法が改正された際に制定されたもので、国内レコード会社は新譜の発売後1年間はレンタル禁止にでき、その後29年間はレンタル事業者から使用料を請求できるという法的な建て付けだったが、これをアメリカのレコード会社にも認めることになった。

1990年代後半以降もトレンドは常にうつりかわっている。「書店経営」誌を見よう。

1998年8月号　特集　PCソフトは書店で売る時代
1999年2月号　特集　PCソフトは書店で売る時代〈実践編〉
同号　「書店でこそ売りたい！今、注目のキッズビデオのご提案」
2002年8月号　特集　DVDは書店で売ろう
2003年6月号　特集　電子辞書は書店で売ろう

2003年9月号　特集 日記・手帳を売り伸ばす
2006年1月号　トーハンがゲオと業務提携開始と告知。書店向け新ブランド「プラスゲオ」でAVレンタルとTVゲーム扱いでFC展開、直営店展開を行うと発表
2007年11月号　特集 書店の新商材AtoZ（NintendoDSソフトや電子辞書などを紹介）
2010年2月号　文具、知育玩具、ファンシー雑貨、廉価版CD・DVD、その他を紹介
2010年9月号　コミックのキャラグッズ、知育玩具、ブックカバー、レジまわりのお菓子類、文具、バーゲンブック等の催事用商材、フィギュア、Nゲージ等ホビー関係、手芸、アクセサリー関連商品、ポストカード、シール、美容、ダイエット関連商品を紹介
2012年2月号　トーハンが文具・雑貨、レンタルやTVゲーム、輸入菓子・食品、CD・DVD販売、デザイン文具の集合体として&Partnersに集約。一方レンタル市場は縮小傾向、低価格志向になったがゲオは2009年から旧作DVD100円セールを打ち出し好調と紹介
2014年3月号　一番くじが書店を変える
2014年8月号　一番くじ、限定版コミック（店頭予約）、知育玩具、シニアグラス（老眼鏡）、LED拡大鏡、印傳のような紙のブックカバー、ブックライト、ペネロペマーケット（本と文具の親和性を持った催事）、スヌーピー、ムーミン革小物、エコバッグ、パワーストーン、バーゲンブック、エコー・スマートペンを紹介

日書連加盟書店の兼業書店の取扱商品 (%)

	1967年	1971年	1973年	1982年	1991年	1999年	2006年	2016年
文房具	50.7	44.8	26.2	77.4	71.8	62.6	44.0	43.3
教科書	-	-	19.4	-	-	-	37.3	55.7
教育機器	-	-	7.0	-	-	-	-	-
教材	-	-	-	-	-	-	-	19.9
煙草	11.5	-	5.2	17.2	15.4	15.5	12.2	-
雑貨	-	10.8	-	-	-	16.1	10.0	12.6
洋品類	3.4	1.9	-	2.1	2.1	-	-	-
楽器類	12.8	10.5	3.3	6.3	4.8	-	-	-
運動具	6.3	4.9	0.7	2.9	1.7	-	-	-
玩具	-	6.9	-	-	-	-	-	-
古書	3.0	2.0	-	2.5	1.7	2.8	1.0	-
貸本	-	-	-	0.3	0.2	0.2	0.2	-
喫茶・食堂・レストラン	0.9	1.2	1.0	1.7	2.0	1.3	0.7	-
お菓子・パン	-	-	-	-	-	-	4.9	-
飲料品	-	-	-	-	-	-	4.3	-
VTR(ビデオテープ類)	-	3.2	-	-	-	-	-	-
CD・ビデオ・AVレンタル	-	-	-	-	15.0	8.7	3.9	2.2
CD・ビデオ・AV販売	-	-	-	-	-	33.3	18.9	8.1
ゲーム・パソコンソフト販売	-	-	-	-	-	8.2	3.9	-
学習教室	-	-	-	-	4.2	2.4	1.6	-
取次業務(宅配・DPE等)	-	-	-	-	-	26.3	12.5	-
薬局	-	-	-	-	-	-	0.6	-
その他	14.0	12.4	10.7	28.2	29.2	17.2	12.8	14.9
無回答	-	-	-	-	-	-	3.8	1.9

『全国小売書店実態調査報告書』1967年・1972年・1973年、『全国小売書店取引経営実態調査報告書』1983年、「全国書店新聞」1991年9月26日・10月3日、『全国小売書店経営実態調査報告書』2000年・2006年・2016年より作成

2015年4月号　特集 書店のイベント・フェアで集客力を高めよう！ Part.1
2016年6月号　最盛期には約3万店あった文具店が経産省の商業統計「紙・文具小売業」の事業所数7254にまで減少した一方、この10年の文房具への消費支出額は総務省家計調査によるとほぼ横ばいの6800円前後で、商機あり

「書店経営」は2019年3月号で休刊するが、1980年代中盤から30年にわたって複合化商材の紹介をし、それらを自社（トーハン）が取りあつかっていると書店向けにアピールし続けてきた。取次や書店の多くが、非再販商品・サービスと兼業してきた。

「郊外型」複合書店の時代の終わりと「独立系」兼業書店への注目

CD・DVDレンタルやゲームなどの販売との複合型書店は、2010年代以降、急速に色あせていく。Netflixが2015年、Spotifyが2016年に日本に参入。これらのサービスは月1000円程度で多種多様な作品を見放題、聴き放題だった。TSUTAYAやGEOは複数枚をパックでレンタルすると1枚あたり50円とか100円になる「○枚○○円」を打ち出し価格競争に励んでいたが、ストリーミングの登場以降、さらに値下げした。だがそもそものレンタル需要が激減、つぶれるか業態転換する店舗が増えていく。ゲームもダウンロード販売とオンライン上でのセールが登場し、中古ゲーム売買の旨味も減った。

1990年代後半から雑誌が売れなくなって人々の来店回数が減っていった書店業だが、レンタルビジネスがしぼんでいくと、ますます人々は書店に行かなくなった。

郊外型・複合型書店チェーンも、兼業商材の魅力が失われると書店業が儲からず、市場が年々縮小する現実に向き合わざるをえなくなった。1980年代以降、新規出店する書店の坪面積は増え、店の維持にかかる固定費も高くなっていた。だが2000年代以降は1980年代とは異なり「革命」と呼べるほどの新たな魔法の杖は現れず、チェーン書店も撤退《てったい》していく。

一方、「町の本屋」に回帰したように市街地に店を構え、坪面積も小さく、固定費を切り詰めた「独立系書店」で「兼業」形態が注目されるようになる。たとえば2012年には内沼晋太郎が東京・下北沢にビール片手に本を選べる書店「B&B（Book&Beer）」をオープンし、毎日イベント開催をウリにした。2016年には東京・荻窪に元リブロ池袋店勤務の辻山良雄によるカフェとギャラリーを併設《へいせつ》したTitleが開店した。

チェーン書店も新しい業態を模索《もさく》する。CCC（当時。現・蔦屋書店）は「森の中の図書館」「大人のTSUTAYA」をコンセプトに、カフェを併設した大型新刊書店・代官山 蔦屋書店を2011年に開始。目端の利いたセレクトの本や音楽、しゃれた雰囲気の店で注目を集め、国内30店舗規模に拡大（2025年現在）――もっとも、それをはるかに上回る勢いで全国のTSUTAYAは閉店しつづけている。かつて山ほどCD・ビデオ・DVDを借りた人間としては、さびしいかぎりだ。

＊

兼業書店、複合型書店は1980年代と2010年代に特に注目されたが、いつの時代も書店業単体では儲からず、つねに兼業先が模索されてきた。文具や雑貨を置き、飲食を提供し、イベントに力を入れる形態を「純粋」な本屋ではないとする見方は浅はかだ。専業書店では成り立たない本体価格やマージン設定なのだから、「本のついでに、客単価が高く、粗利の良い別の商材を買ってもらう」兼業書店こそが、まっとうなありようだったとさえ言える。

第六章まとめ

◆利益率が低い書店業では、別の商品・サービスとの兼業を行うのは長きにわたって当たり前の選択肢だった。書店は時代の変化に合わせ、兼業商品を変えてきた。

◆市街地への大型店舗出店を規制する大店法の1973年制定、1979年改正を背景に郊外に大型スーパーが出店し、モータリゼーション（自動車の大衆化）とともに郊外の開発が進むと、ロードサイドに書店が登場する。1980年代中盤にビデオ・CDレンタルとの兼業が発明されると、利益率が劇的に改善され、郊外型書店は爆増する。郊外型書店には書店業に対して必ずしも誠実ではない店もあったが、坪数は駅前の中心市街地、商店街にある5〜15坪程度の町の中小書店より大きく、品ぞろえも充実していた。郊外の発展によって従来の市街地、商店街は空洞化し、町の本屋も客を失う。書店の立地や規模に関する競争の条件・ルールも、国の競争政策、法規制の影響を受けてきた。

◆町の本屋は1980年代後半から2000年代にかけて年間1000店規模で閉店。郊外型複合書店も2010年代中盤以降にSpotifyやNetflixなどが台頭するとレンタルビジネスが崩壊、閉店が相次ぐ。兼業書店の歴史は忘れ去られ、2010年代に登場した独立系書店において兼業の重要さが語られるようになる。しかし近年は1980年代から2000年代までのような「おいしい」兼業先がない。

コラム6
信認金制度

見計らい配本と関わる制度に「信認金」（保証金）がある。

『業務日誌余白』によれば、1926年前後に起こった円本ブーム以降、店売だけでやってきた小売書店が外売員をふやして読者獲得《かくとく》にはげんだ結果、売上は桁《けた》外れに上昇したものの、ツケ払いだったため代金の回収につまずいた。取次は売掛が焦《こ》げ付いた小売書店がつぶれるリスクから、信認金制度を強化した。新刊書籍の委託にあたり、書店が取次に金200円以上の信認金を先に納め、その範囲内で新刊の見計らい送品をするようにした。書店に未払いが生じたり、倒産したりしたら取次は信認金からさっ引く。逆に言えば、書店業をやめないかぎり返金しない。信認金制度は戦中、日配時代にはすたれたようだが、戦後の1947年、インフレから運転資金が枯渇《こかつ》した末期の日配が資金源を小売書店に求めて信認金制度を設立。この制度は「取次がカネだけ取りに来た」と書店から不評だったため、今度は取次への売掛金の支払いが優良な書店に対する「書店報奨《ほうしょう》制」（入金報奨）を設けてご機嫌取りをはかったが、日配の斜陽化は止まらなかった。

東販や日販の時代になっても、この信認金制度は引き継がれた。取次にとっては書店が増えるごとに信認金という名目で現金が入ってくる。それを設備投資などに回せるし、仮に書店がつぶれても信認金から清算費用をまかなうことで書店からの未払金の取りっぱぐれが避《さ》けられる。一方、書店を新規に立ち上げる個人にとっては重い金銭負担となった。本の雑誌編集部編『「本屋さん」読本』（本の雑誌社、１９８９年）では、書店の開業資金として最初の商品仕入に８００万円、信認金（保証金）２６００万円、内装工事が１坪５万として４２５万、ＦＡＸなどの通信機器に50万、広告・宣伝費１００万、文房具類など雑費が20万で合計約４０００万円が必要だとされている。

２００８年の業界紙の記事でも新規に書店を出店し、取次と口座を開くには推定月商の３ヶ月分の保証金が必要で、現金がなければ不動産に根抵当をつけなければならず、連帯保証人を３人要求されるとある（「新文化」２００８年７月24日）。

ところが大手書店のリブロを退職した辻山良雄が２０１６年１月に開いた本屋Titleは、日販と口座を開く際に支払った信認金は「売上見込みの原価２ヶ月分」で、辻山の発言から推察するとおそらく３００万円未満だと思われる。近年では小規模書店ではかつての数分の一になっているようだ（「新文化」２０１６年１月14日）。

とはいえたとえば韓国では信認金制度がなく、出版社や総販（韓国の取次）と書店との契約は、店頭で売れたあと仕入先へ支払いが発生する本来の「委託販売」が一般的だ。日本ではほとんどのフェーズで書店側が「先にお金が出ていく」取引条件である。

第七章　スタンドと鉄道会社系書店

かつて、駅の売店が日本でいちばん本を売るチェーンだった時代があった。

キヨスクは１９８５年まで紀伊國屋書店を抜いて売上金額1位で、１９８６年度に2位に転落した。当時キヨスクは１８１０余りの国鉄（現在のＪＲ）の駅で営業し、雑誌・書籍の売上高は５００億円以上。好立地な上に、店舗《てんぽ》数は約３０００。キヨスクは大半が１・５〜2坪で、標準店舗では週刊誌40、隔週《かくしゅう》・月刊誌が１３０、コミック・文庫・新書・ノベルズ・地図帳が計１００点。売れるものしか置かなかった。ある大手雑誌版元では同社雑誌の鉄道弘済会《こうさいかい》のシェアは男性週刊誌（コミック含む）が15〜20％、女性週刊誌では10％弱、総売上金額の7〜8％。だが大都市では私鉄と地下鉄の相互乗り入れによる国鉄利用客減少とコンビニ増加が響いて年々シェアを落としていく。１９８０年頃にはすでにキヨスクの3割が不採算店だったが、国鉄は公共の利益に資するべき団体であったため、利用者の利便性を優先させて存続させた（『出版流通図鑑』）。

鉄道弘済会は、１９８７年の国鉄分割民営化に伴い、1財団と6つの株式会社（北海道キヨスク、東日本キヨスク、東海キヨスク、西日本キヨスク、四国キヨスク、九州キヨスク）に分割、現在ではいずれもJR各社の子会社である。民営化後にキヨスクは赤字店舗の廃止、店舗の集約化が進み、主力商品の雑誌や新聞の部数が減少すると、さらに数を減らしていった。

1990年代以降生まれの世代には、駅の売店で飛ぶように雑誌や新聞、文庫やコミックスが売れていた時代を想像するのはむずかしいだろう。だがかつて駅の売店での雑誌売上は大きかった。そして鉄道弘済会は仕入、配送、小売すべてをこなす取次兼書店機能を持っていた。

書店が本以外の商材、サービスを加えて複合化する場合もあれば、他業種が本を取り込む複合化もある。鉄道会社と本の関係は後者の典型だ。

日本の郵便制度のはじまりは1871年（明治4年）。郵便を使って発行所から小売店である新聞売捌《うりさばき》所が新聞を扱うようになり、のちに雑誌取次が登場した。雑誌は都会では駅のターミナル、地方では食料品や日用雑貨などを主に扱う「よろず屋」（何でも屋）で、スタンドに近い欧米型の雑誌販売がなされていた。近代初期には出版社兼取次兼新刊書店兼古本屋のような形態など、事業形態や取引のしかた、売られる場所が雑然としていた（柴野京子『書物の環境論』弘文堂、2012年）。

近代物流の発達は鉄道とともにあり、幹線鉄道網の全国拡大によって明治20年代後半から30年代に出版物流の高速化・大量化が可能になる。そして明治30年代〜40年代に「車中読書」「移動する読者」が誕生する。当時の書籍は新聞・雑誌と比べ価格が高く、駅売店での販売には向かなかった。乗客への提供は貸本か列車への備え付けで、長距離列車の旅行客向け「列車図書室」として実現した。車中販売も行われ、旅行読書市場の成長によって書物の小型化が促進される（永嶺重敏『〈読書国民〉の誕生　明治30年代の活字メディアと読書文化』日本エディタースクール出版部、２００４年）。鉄道会社にとって出版物は、旅客が移動で感じる退屈を紛らせてくれる重要なアイテムだった。

駅の売店と雑誌・書籍が蜜月《みつげつ》だったころ

１９３２年（昭和７年）に設立された鉄道弘済会が上野駅・東京駅構内に売店を10店開いたのがKiosk（キヨスク、キオスク）の始まりとされる。弘済会は、当時事故が多かった鉄道会社の国鉄共済組合が、負傷者や殉職《じゅんしょく》者の遺族救済のための仕事づくりとして始めた事業だ。弘済会の売店では１９３３年（昭和８年）から雑誌を専門業者から仕入れて「キング」「少年倶楽部」など約30誌をあつかい、戦後は１９４６年から日配を通して仕入れていた。１９４７年には時刻表の出版事業を開始、１９５８年に弘済出版社（現・交通新聞社）を立ち上げる。

１９４９年に日本国有鉄道（国鉄）が設立されて以降も駅構内での飲食物や新聞・雑誌販売を継続、戦後取次の誕生後は取次および各出版社と直接取引でも仕入れるようになる。

１９５０年代後半に出版社系週刊誌の創刊ブームが起こると、弘済会は全週刊誌発行部数の35％を販売し、このころから取次ルートと別に弘済会独自の流通ルートを確立していく。１９

60年頃、公序良俗に反する表現を含んだ「不良週刊誌」追放・不買運動が起こって週刊誌の一時的な売上不振になるや、今度は文庫や新書判、軽装本（当時ベストセラーを次々叩き出していた光文社カッパブックスなど）といった持ち運びがしやすい書籍に力を入れ、年間売上高4000万円から9500万円に売り伸ばす。

弘済会は1961年から売れ残った雑誌の表紙と伝票だけ出版社に返送して運賃を節約し、現地で古紙業者に渡して処分する「表紙返品制度」を導入したが、これは弘済会以外の小売では1970年に北海道で実施されたのが初だから、弘済会の取り組みは早かった（『日本雑誌協会二十年史』1981年）。

1968年頃からマンガ雑誌に連載されたマンガ、劇画がコミックス単行本で発売されはじめ、夏休みなど行楽シーズンには週刊誌並みに売店で売れるようになる。1970年代後半にはタウン誌（若者、とくに女性向けに都市や地域ごとの情報を中心とした雑誌）がキヨスクの雑誌の2割を占め、スーパーカー・ブームにともなって自動車情報誌は1ヶ月平均10万部を売り、週刊マンガ誌連載作品がアニメ化などの成功によってコミックスの売上が1975年約4億円から1979年には約17・2億円に、文庫も1975年約1・6億円から1979年13・2億円に伸びた（鉄道弘済会会長室五十年史編纂事務局編『五十年史』鉄道弘済会、1983年）。

駅の売店、スタンドと雑誌の「早売り」問題

町の本屋は、鉄道弘済会が経営するキヨスク、および即売をはじめとするスタンドによる「早売り」、雑誌の「同一地区同時発売」協定違反とも戦ってきた。

「即売」とは、新聞・雑誌・書籍を駅の売店や市中スタンドへ取次販売する専門業者だ。大正時代に発生し、毎日新聞の販売店・川頭春陽堂（1916年創業、のちの東都春陽堂）が販路拡大のため人通りの多い場所に直営露店を出したのがはじまりとされる。1921年の新聞社系週刊誌「サンデー毎日」「週刊朝日」創刊以降、販売物に雑誌を加えて駅構内へ進出。

戦後は新聞・雑誌の活発な刊行と首都圏の交通網の拡大に伴って東京の即売業者は新聞社系の専売4社に系列化された。東都春陽堂（毎日新聞社系）、啓徳社（読売新聞社系）、滝山会（朝日新聞社系）、東京即売（東京新聞社系）は4大即売または即売4社と呼ばれた。

即売は戦前には路上販売の卸を主体としたが、戦後は私鉄と地下鉄の発展にあわせて駅売店への卸主体に変わっていく。とくに各社のスタンド販売を後押ししたのは、1950年代後半の出版社による週刊誌「週刊新潮」「週刊文春」などの創刊だ。

即売4社の販路は、駅売店からさらにはホテルや会館、遊技場（パチンコ屋）などの売店、酒屋や駄菓子屋、薬局、タバコ屋、雑貨屋などの軒先《のきさき》のスタンド、駅前や繁華街の露店・路上販売、のちにはスーパーなどにまで広がっていった。

1971年段階では週刊誌の販売シェアは書店が55%、弘済会（＝JRの駅の売店）20%、市中スタンド25%。本屋以外が半分近くを取っていた。

即売4社以外にもスタンドへ卸《おろ》す事業者は存在しており、専門業者は約20社、スタンドを傘下に収めている書店も書店全体の2～3％いたという（「文化通信」1971年9月16日）。1973年にはスタンドの数は全国で10万台超あった（「新文化」1973年2月22日）。

1970年代半ばに入ると、即売各社がコンビニとの取引を開始。だがコンビニ各社が本部制を確立し、全国フランチャイズ展開に乗り出すと雑誌・コミックの帳合は即売から大手取次（のダミー会社としての日本出版貿易など。当初大手取次は書店からの反発をおそれてコンビニには別会社を使って卸していた）に変更されていく。結果、コンビニやスーパーに押されて次々にスタンド事業者が倒産、1982年には推定4万台まで減る（「新文化」1982年10月14日）。

しかしさらにそのあとコンビニがスポーツ紙や競馬紙を扱い始めるとふたたび即売会社との取引が必要になり、1985年には即売4社の売上構成は駅売店が60～65％、コンビニが25％前後、市中スタンドが10％、路上販売が数％になる（「新文化」1985年5月30日）。即売とコンビニは競争相手であると同時に取引相手でもある、複雑な関係にあった。

ともあれ1970年代が駅の売店やスタンドの全盛期で、町の本屋と衝突《しょうとつ》した時期だった。

日本の書店業界では、戦前から発売日協定前の販売等を禁止する規定がある。1936年1月に東京雑誌販売業組合が始めたとされるが、戦後初めて発売日調整が問題になったのは1949年1月、日配閉鎖《へいさ》問題の最中の混乱期だ（『日書連三十年史』）。このとき雑誌発売日調整委員会が発足し、「同一地区同時発売」を確認することで沈静化した。

それからしばらくは問題化されなかったが、1958、59年ごろから、週刊誌創刊ブームを背景にスタンド新設が相次ぎ、取次間での取引先争奪《そうだつ》競争、出版社によるスタンド業者への接近もあり、1960年頃から雑誌の早売りが目立つようになる。ただ当時の日書連は荷造《にづくり》・運賃費用負担や正味引き下げに取り組んでおり、早売りへの対応はあとまわしになる。

だが雑誌運賃負担撤廃の実現を受け、1968年からようやく早売り問題に本格的に取り組む。1970年には日書連の東京都組合などから「スタンドの早売りは再販契約上、野放しにできない」として規制の声が高まる（「全国書店新聞」1970年6月15日）。この「雑誌発売日不公正是正運動」を受けて出版社団体の雑協、取次団体の取協、書店団体の小売全連による三者協約が交わされる。当初、出版社団体である日本雑誌協会（雑協）は「同一地区同時発売の原則には賛成」と言いながらも「雑誌を取次に渡したあとの輸送と発売時期の問題なのだから、取次・小売間の問題」だと消極的な姿勢だったが、取協から「版元が加わらなければ意味がない」と請《こ》われるなどして協約締結に至った（『日本雑誌協会二十年史』）。

だが協約が結ばれても早売りは是正されなかった。売店やスタンドからすれば「届いたらすぐ売る」方がラクなのに、町の本屋の都合に合わせて「待って」売らないといけないのは理不尽だ。取次が手配している運送会社にも「同一地区同時発売」を実現するには細かい配送時間の調整が必要になり、負担がかかる（取次はその分、運賃が上がる）。客だって早く売ってほしい。しかし町の本屋は、雑誌の正味が77掛《がけ》に下がったのに、インフレによる人件費上昇で雑誌の配達が不可能になり、「売上の柱を取られてたまるか！」と不満を爆発させた。

発売日協約には「流通機関による発売差はやむを得ない」という条文があり、弘済会は「書店より駅売店に先に本が届くのだから問題ない」という理屈だったが、書店側は「協約には『同一地区同日発売』ではなく『同一地区同時発売』と書いてある」として是正を迫った。

また、取次が書店に雑誌を卸す時間帯と取次系列のディーラーに卸す時間帯に明らかに差があり、自社系列のスタンドを優遇している事実を、雑誌を配送するトラックを追跡して突き止め、「取次が書店よりも先に配本しているのは『優越的地位の濫用《らんよう》』にあたり、独禁法上アウトではないか」と言って取次を落とした（「全国書店新聞」1970年6月15日）。優越的地位の濫用とは、あきらかに強い立場にある事業者が、取引の相手方に対し、その地位を使って不当に不利益を与えることだ。取次は町の本屋よりも優位にあるのに、自社系列の販売店（スタンド）を優先的に扱う状態を書店に呑《の》ませるのは不当だ、と批判したのだ。

当時、首都圏以外のほとんどの地方ではスタンド、即売も基本的に取次を通していた。首都圏以外は取次と弘済会に同一地区同時発売を守らせれば、書店側の勝利と言ってよかった。

書店サイドは話し合いを持つだけでなく、大々的に反対集会やデモをし、日本雑誌協会の本部や早売り現場の店先に押しかけ抗議した。こうしたヤクザ顔負け（？）の妨害《ぼうがい》活動によって1973年には弘済会につづき即売も雑誌の同一地区同時発売に合意。1975年には発売日励行本部・実行合同委員会が規約修正案を承認、雑誌早売りの問題は終結を見せる。

ただし1980年に公取が雑誌の発売日励行に関する事情聴取を始め、1981年には指導がなされている。要点は以下だ。

1．出版社が雑誌発売日を指定し、販売業者に守らせることは問題もあるが一応了解する

2．販売業者の代表で構成している発売日励行委員会が罰則を設けて取り締まることは違法。独禁法第8条第1項に定めた事業者団体の禁止行為「一定の取引分野における競争を実質的に制限すること」にふれるおそれがある

3．発売日励行委員会はあくまで「趣旨啓蒙《しゅしけいもう》機関」として行きすぎのないようにして欲しい

公取は1979年に日書連に「団体での一律の条件交渉は独禁法違反」と示したのに続き、1981年には「事業者団体が同業者に対して競争を制限するよう取り締まるのは違法」と改めて示し、対外勢力への「行きすぎ」た実力行使に及んできた日書連はさらに力を失った。

鉄道会社傘下書店VS町の本屋

早売り問題以外でも、鉄道会社と町の本屋は衝突していた。

鉄道弘済会は出版物の売上伸長を受け、1973年から駅の構内や周辺に「売店」ではなく「書店」を出店しはじめる。しかも仕入は取次を通さない、出版社からの直接仕入れも行った。

町の本屋は黙《だま》っていなかった。「全国書店新聞」1973年2月15日では、国鉄駅構内に4500の出版物を扱う売店を持ち、週刊誌総発行部数11億77万冊のうち2・3億冊を販売する

鉄道弘済会が資本力と地の利を使って首都圏の駅ビル、ショッピングセンターに一般小売書店を出店しはじめており、農協の書店業進出とともに対策を必要とする、と警鐘《けいしょう》を鳴らしている。「営利を主目的としない特殊法人（財団法人）たる弘済会が、なぜ民業の書店を圧迫するのか」「弘済会は取次協会の会員でもあって（当時の）再販契約上、取次は小売行為ができないはずだ」「取次も兼ねているということは、出版社からの仕入正味は一般小売書店に比べて7％以上条件が良いはず」と小売全連（のちの日書連）は弘済会を批判した。

弘済会は「早売りは譲《ゆず》らない」「吉祥寺駅弘栄堂書店（弘済会が全額出資）をはじめ全国20軒の出店計画があるが、弘済会は創立趣旨からいって毎年福祉事業に20億円寄付しなければならず、それには恒常的な関連事業に進出しなければならない」「『民業圧迫』と言われるが、株式会社弘栄堂書店は株式会社なのだから民業に決まっている」と突っぱねた（「全国書店新聞」1973年5月1日）。

同年には京王電鉄も府中駅前に書店を出店するなどの動きが起こり、全連は阻止闘争を展開するも、出店中止には至らなかった。この時期には西武鉄道系列の池袋西武デパートに300坪の書籍売場ができ、東武鉄道も書店進出を試みたほか、マンション建設販売大手ニチモプレハブが「東西書房」藤井寺店を出店するなど、商売柄、土地やテナントを持ち、立地に有利な事業者による書店業への異業種参入が相次いでいた。

だが新規出店の妨害手段を書店団体はもたない。鉄道会社による出店戦略は2000年代頃まで続く。村上信明『書店業新時代』（新文化通信社、1994年）には京王電鉄系の啓文堂書店の林雅之・営業部長（当時）が「うま味のある商売とはいえません」「ほかに貸した方が親会社としては儲《もう》かります」と語っている。それでも直営書店を出店するのは「駅構内や駅前に必要な店は何か」という顧客《こきゃく》アンケートで書店がベスト3に入っていたからだ。小田急電鉄傘下のブックメイツ（BOOKMATES）も「当社の中で一番儲からない事業」と語り、儲からないので正社員雇用は不可能、店長すらパートだった。昔からある書店からすれば「儲からないならなぜ出店して売上を奪うのか」という話で、誰も幸福になっていない。

2000年代に入っても啓文堂書店出店で京王井の頭線・久我山駅前の久我山書店が窮地《きゆうち》に陥《おちい》り、小田急線狛江駅前にブックメイツが出店したことで地元書店・狛江ブックセンターの売上が落ちたことなどが報道されている（「朝日新聞」2006年2月15日朝刊）。

1970年代には大企業に町の本屋が「集団」で戦い、条件を呑ませたこともあった。だが1981年に「事業者団体が同業者に対して競争を制限するよう取り締まるのは違法」と示される以前／以後では書店団体が取りうる対抗手段が変わってしまった。2000年代の書店対鉄道会社の戦いでは書店側は「個人」にならざるをえず、伍《ご》するのは不可能だった。

利用者からすれば鉄道会社傘下でも地元資本でも駅前書店は「地元の本屋」と認識され、啓文堂書店などが閉店すれば「町の本屋がなくなった」と感じられていることだろう。

鉄道弘済会は2018年には新聞・雑誌の取次業から撤退《てつたい》、小田急ブックメイツは2020

年までに全店閉店。京王電鉄傘下の啓文堂書店は2025年に紀伊國屋書店に事業譲渡された。

しかし狭い意味での「町の本屋」は鉄道資本の書店よりずっと早く、とうの昔に消えていた。

第七章まとめ

◆1970年代には市中のスタンドや駅の売店での雑誌の早売りによって町の書店は生命線である雑誌需要《じゅよう》を食われていた。週刊誌の売上の約半分は書店、もう半分はスタンドと弘済会という時代だった。書店は死力を尽くし1975年に改めて「同一地区同時発売」を業者や取次に呑ませる。公取が書店団体に介入する以前の時代だったから、妨害・示威行為、事業者団体の交渉が実施できた。1981年には不可能になる。

◆鉄道会社は1970年代初頭から系列書店を展開し、町の本屋と衝突した。鉄道会社からすると1980年代以降は、駅構内や駅前一等地に書店を構えても儲からないが、住民からの需要は高い「やらざるをえないもの」との位置づけだった。2000年代頃まで鉄道会社系書店の新規出店によっても町の本屋は追いやられ、2010年代以降には「採算が合わない」として鉄道系書店も数を大きく減らしている。

コラム7

出版物のPOSの精度を高めるのはなぜむずかしいのか

取次によるコンピュータを使った配本の稼働《かどう》は1968年からだ。まず日販が雑誌の人力配本から脱却を図り、書籍は1971年から新刊のパターン配本の「電算化」が始まった（日本出版販売株式会社社史編集事務局編『日販70年のあゆみ』日本出版販売、2020年）。

取次が1960年代からシステム投資していたのに比べると、出版社や書店は1980年代に入るまで積極的ではなかった。1978年頃から「出版資料情報センター」構想が浮上し、出版情報の一元化、統一コードが必要だと語られ、出版社も1981年に日本でもISBNコードを導入する。

だが決まったあとも「本の総背番号制だ」と言って嫌う人たちがいた。この時期、出版業界紙「新文化」は出版情報センター構想やISBNの導入に批判的な記事を長期的に掲載している。「コンピュータによる合理化は大量販売にだけ役立つ」「コンピュータ産業の下に出版を置くのは反対だ」云々《うんぬん》。しかし、個別の商品に業界全体で共通のコードを付けて受発注や在庫管理をしやすくすることになぜ抵抗するのか。戦前の統制的なやり方の記憶や口伝《くでん》が残っており、それと重ね合わせて反発していたのだろう。196

０年代後半に学生運動をしていた全共闘世代の出版人、それから左派系出版社の人たちは、産業界的な価値観、「経営管理」のような考えを嫌ってもいた。

　また、書店は本に挟《はさ》まれている「スリップ」（補充スリップ）と呼ばれる著者名や書名が書かれた紙（注文票にもなっている短冊《たんざく》）を顧客への販売時に抜き取り、それをまとめて出版社に送ると数に応じて報奨《ほうしょう》金（歩戻し。ボーナス）がもらえたから、書店も出版社もスリップで販売状況を把握していた。スリップは売れた本を補充する際の発注の手間を減らすために大正時代から試みられ、本格的に補充に使われるのは岩波書店が岩波文庫に入れるようになった１９３０年（昭和５年）以降とされる（『書棚と平台』）。

　さらにスリップ回収による販売実績調査と報奨金を兼ねた施策は、１９５３年にオーム社が、特約店が売った常備の補充注文冊数を日販に記録させ、書店ごとに毎月１回定期報告してもらい販売資料とした事例などが時期的に早いと言われている（須長文夫・相田良雄・柴田信『出版販売の実際』日本エディタースクール出版部、１９７８年）。

　今のＰＯＳレジでは小売店で何かが売れたらすぐにその情報が取次・出版社に共有される。スリップは書店が一定期間貯めたあとで出版社に送り、そこから出版社の担当者が枚数を確認するまでタイムラグがあった。ただ、スリップでも販売状況の把握はできたから「なぜ手間とお金をかけてまでＩＳＢＮだかＰＯＳだかを導入しなければならないのか」とＩＳＢＮ導入による一点一点の書誌データの登録、ＰＯＳを使った販売管理のコンピュータ化への懐疑的な声が大きかった。

しかし出版業界でも推進派は、ＰＯＳ導入で個々の書店の即時かつ完璧なデータを入手できるようになり、雑誌・書籍の売上動向をパターン化し、適正な配本が可能になると見込んでいた（ぱる出版編集部編『出版・書店　これからどうする』１９８６年）。

そのために重要なのは、出版社、取次、書店が共通する書誌データベースを作り、相互に情報を開示・共有しあって販売効率の精度を高めることだった。出版社が書籍や雑誌の書誌情報や在庫情報を登録し、取次と受発注や在庫データ、物流状況を共有し、書店がＰＯＳを導入して小売店での売行、市中在庫（書店にある本の在庫）のデータが取次・出版社に共有される「出版ＶＡＮ」（Value Added Network：付加価値通信網）が成立してこそ、ＰＯＳの効果は最大化される――理屈上はそういう算段だった。だが、出版社と書店が直接つながることに取次が反発し、取次は自らの主導にこだわった。

結果、各取次が開発したＰＯＳレジを導入する書店もあれば、日書連が１９９０年から稼働を開始させたバードネット（BIRD-NET）の導入書店もあり、これらは相互にネットワーク化されていなかった。また、初期の日書連ＰＯＳ、取次ＰＯＳは情報収集しても、データは取次やＶＡＮセンターに流れたものの、書店が自店で見られるのは１ヶ月後と、分析に使うにはデータ更新が遅《おそ》すぎた（「全国書店新聞」１９９８年3月25日）。出版社も、１９８０年代後半でも本にＩＳＢＮコードを記載《きさい》しない会社が１００以上存在し、そんな状態で大金をかけて導入して客注が早く届くようになるのか、配本が良くなるのかと多くの中小書店が懐疑的だった（「日販通信」１９８７年３月号）。

その後も出版ＶＡＮ構想は牛歩の歩みで、キリがないから詳細は省く（星野渉『出版産業の変貌を追う』青弓社、２０１４年に詳しい）。少しだけ触れるなら、２００２年に日本出版インフラセンター（ＪＰＯ）ができて取次・日販と出版社団体・書協（日本書籍出版協会）のデータを結合させてデータベースを作ることになり、また、ＩＳＢＮ導入にかかわった流対協（出版流通対策協議会。現・日本出版者協議会）の次の世代が、書名や著者名だけでなく表紙や目次や著者プロフィールなどといった「中身」の情報もデータベース化し公開・提供するサービス「版元ドットコム」を作った。

ただいずれにしても、セブンイレブンのＰＯＳレジのような高度に効率的な単品管理システムを日本の出版業界は自ら築くことができなかった（第二章、第十一章参照）。


取次を擁護《ようご》するわけではないが、書店業のパターン配本やＰＯＳ管理、ＶＡＮの精度を上げるのは、コンビニやスーパーと比べてむずかしい。

まずＳＫＵ（Stock Keeping Unit：在庫管理の最小管理単位）が違う。ＳＫＵ、つまり取扱アイテム数がコンビニは３０００、スーパーは1万、大型総合スーパーで10万程度と言われており、各小売店はそのアイテム数を管理できればよい。一方で書店は1坪で最低でも500～600冊といわれ、10坪の小型書店でも5000～6000点、100坪の書店なら5～6万点が店頭在庫にある。もちろん売れ筋の本は同じタイトルのものを何冊も在庫として持つが、それにしてもSKUがコンビニやスーパーと比べて多くなりやすい。

そのうえ書籍の年間出版点数は1980年代初頭で約3万、2000年代以降は7万点台であり、それらすべてを書誌データベースに登録し、出版社および取次の在庫情報とリンクさせないことには迅速な客注対応もできない。

さらにコンビニで買うような食品や日用品とは異なり、一度買った書籍を二度買う人は普通いない。だから「欠品が出たら基本的にすぐ補充注文をする」で済む世界ではない。新商品の点数は多く、店頭での入れ替わりはコンビニより激しい。

また、人々の多くが買う食料品や日用品は、ほしかったものがなければ別のメーカーのもので代用する。しかしそのむかしは「親に『ジャンプ買ってきて』と言ったら月刊ジャンプを買ってきて『全然違うだろ!』ってなった」という話が「あるある」だったように、実用書はともかくフィクションや専門書などでは「代替品があれば用が足りる」わけではない。前に出した本が売れた作家でも、次の本が見向きもされないことも、その逆もあり、売行の事前予測はむずかしい。雑誌なら継続購読がめずらしくないからまだマシだが、書籍で「コンビニ並みのPOSレジ」実現は難易度が高い。

出版業界は流通業者や小売が単品管理するためのコスト、手間がかかり、精度を高くするために実現すべき機能は商品カテゴリーや個別の店ごとに事細かい。そのわりに本は安く、利幅は薄く、投資回収の見込みが立ちづらい。地獄のような業界だ。

2024年からの国策書店振興をめぐって、経産省は、RFIDタグを本に導入すれば「どこにどの銘柄《めいがら》が何冊あって、どこの書店でいつ、どれくらい売れたのかも分かり」「無駄のない仕入れが可能になる」「RFIDの装着にご協力いただき、返品率を下げてほしい」と語り、万引き対策にもなるとも語っている（「新文化」2025年1月30日号）。ISBN、POS、VAN導入のときと語り口がまったく同じである。やらないよりはやった方がいいだろうが、そんなバラ色の施策など存在しない。

第八章　コンビニエンス・ストア

コンビニエンス・ストアでは、道路や駐車場に面した大きなガラス沿いに雑誌コーナーを設けてきた。これは雑誌を見ている客の姿が目に入ることで店のにぎわいを伝えて入店しやすくし、また、強盗などの犯罪を抑止するためだとされる。コンビニの雑誌コーナーは、近年では店の片隅《かたすみ》に少しある程度の店が多くなったが、かつてはガラス沿い一面に広くスペースを割《さ》くのが一般的だった。雑誌だけでなく、コミックス単行本や、コンビニ用に再編集された簡易な装丁《そうてい》の廉価《れんか》版マンガなども２０１０年代前半頃までは売れていた。

初期の日本のコンビニの歴史をまとめると、

１９６９年　大阪府豊中市にマミイが開店。コンビニの草分けとなる

１９７３年　西友ストアがファミリーマートの実験第１号店を埼玉県狭山市に開店

１９７４年　セブンイレブン、東京都江東区に１号店を開店

１９７５年　ダイエーがローソンの１号店を大阪府豊中市に開店

となる。「書店経営」１９７２年１月号では「コンビニに関心が高まっている」と書かれて

いたが、当時は「新奇な業態」を紹介するという切り口で、書店は敵対意識を燃やしていない。だがそこから10年で劇的に状況が変わっていく。

セブンイレブンを立ち上げたのは、東販の出版科学研究所在籍時にイトーヨーカ堂（現セブン&アイ・ホールディングス）に取材に行って気に入られ、転職した鈴木敏文だ。町の本屋との対立は、セブン以前から前哨戦としてヨーカ堂直営書店出店問題があった。たとえば「全国書店新聞」１９７６年６月15日は、ヨーカ堂のような総合スーパーが直営で乗り出せば中小書店は壊滅的打撃を受けると指摘し、組合が取次に訴《うった》えたと報じている。同年６月25日でも、ヨーカ堂は「テナントに地元書店を優先しているが応募がない」と言いながら年内に６店舗《てんぽ》を直営で出店予定だ、と批判している。同紙が初めてセブンイレブンを大きく取り上げた記事は１９８０年３月25日「急成長とげるセブンイレブン」だろう。セブンイレブンの中で雑誌は全売上の５％を占め、取次は東販系の日本出版貿易（いずれも当時の話）、「地域の共存共栄」を標榜して既存の零細《れいさい》小売店をオーナーにし、直営をほとんどせずチェーン展開、と警戒している。

仙台市では既存の書店に隣接して雑誌、コミック、ムック、文庫、新刊書を扱うミニ書店機能を持ったコンビニの開店が相次ぎ、書店では品薄の商品が山積みになっているとして、宮城県組合が取次に送品等の不公正取引是正を申し入れた（「全国書店新聞」１９８１年８月25日）。

１９８２年夏には日販のデータでコンビニルートが２８３億円、前年比97％増と脅威《きょうい》的な伸びだと判明する。セブンイレブンは同年からＰＯＳシステムを導入し始め、１９８３年には全店に導入。鈴木はＰＯＳから得たデータをマーケティングに使い始める。

「全国書店新聞」１９８３年2月15日号では、仙台市にはコンビニが市内２０３店と、たった1年半で店舗数が8倍におよび、市内書店は売上が60％ダウンした、と書かれる。

　１９７３年に制定され、１９７９年、１９８２年に規制が強化されていく大規模小売店舗法（大店法）は一定以上の面積の「大規模店」の出店を規制対象にした。だから一店一店は小規模なコンビニの多店舗出店戦略は規制の対象外だった。ここに目を付けたダイエーはサンチェーンやローソンを傘下《さんか》に抱え、イトーヨーカドーはセブンイレブンを傘下に、出店攻勢を強める。コンビニチェーン、なかでもセブンイレブンはドミナント戦略と呼ばれる特定地域への集中的な出店方法を特徴とする。コンビニのドミナント戦略は、多店舗出店によってその地域の需要《じゅよう》を根こそぎ吸い取り競合が入り込む余地をなくす目的と、同一エリアにある程度まとまって店舗数がないと配送効率が悪い（物流コストが割高になる）という事情から採用された。

「コンビニへの雑誌配送急増で書店への雑誌到着が遅れている」として宮城県の書店が声をあげ、組合が県に陳情《ちんじょう》したことで１９８３年夏には県当局がコンビニ出店規制に踏み切る。議会に対して条例制定等の陳情を行う動きは福島県や北海道でも起こるが全国的には広まらず、宮城県内でも「新規出店」に影響が及んだだけで既存店は抑制できなかった。

　１９８３年には日書連の出店問題委員会がコンビニ対策でＳＡ（ストア・オートメーション）特別委員会を設置、セブンイレブンのＰＯＳレジシステムへの対抗が喫緊《きっきん》とされた（『日書連五十五年史』)。1983、84年の「全国書店新聞」ではコンビニ対策として営業時間を延長し、店舗照明を明るくし、本の取扱点数を増やす、そして書店もデータ管理を基本とした自主仕入が必要だ、と語られている(1984年1月25日、9月25日、10月25日など)。

さらに、書店組合がコンビニ対策で情報収集をするなかで、セブンイレブンの雑誌の正味が書店よりも1%条件の良い76掛《がけ》と判明。コンビニは一店一店は小さいから大店法の規制は受けない一方で、フランチャイズ・チェーン(FC)本部は大多数の店舗を束《たば》ね、傘下の店舗全体では巨大な売上を有するがゆえに、取次に対してFC全体で統一された好条件を勝ち取れた。対して中小小売の集まりながら、それぞれは別々の個人や法人で構成される日書連などの書店団体は、1979年に公取に「事業者団体同士の交渉や横並びの取引条件設定は禁止」とクギを刺されて以降、こうした交渉力を持ちえなかった。

日書連は東販、セブンイレブンと話し合いを持つ。正味は解決せず、配送遅延問題は書店とコンビニとは別輸送方式とすることで決着。だがこれは悪手だった。書店との別輸送化により、24時間営業のコンビニへの雑誌配送は深夜または未明着が普通になって雑誌早売りが常態化し、さらに客を取られたからだ(『日書連五十五年史』)。

1987年にはコンビニ大手の約3000店に、出版社8社の新刊文庫が並ぶ(『日販70年のあゆみ』2020年)。同年にはバーコードのシール提供から始まり、やがてセブンで扱う全雑誌に直接バーコードを印刷、文庫にも広がった。バーコードが出版物に付くようになったのはセブンイレブンの強い要請がきっかけだ。全商品をＰＯＳ管理していたコンビニにとって、バーコードのない書籍・雑誌は都合が悪かった。流対協（出版流通対策協議会。現・日本出版者協議会）はバーコードに長く反対するも、新潮社はメリットが大きいと判断して１９９１年から単行本にもバーコード表示を始め、他社も追随《ついずい》した。雑誌や文庫を買う客層がバーコードを通じてＰＯＳで見えてくると、コンビニの客層を狙った出版企画が増加する（山田淳夫『消える本屋』アルメディア、１９９６年）。

１９９１年には日販ＣＶＳ流通センターが全面稼働《かどう》を開始、１日15万冊処理できるようになる。当時、コンビニ向け取引は売上高で日販全体の10％、取引店舗数で約７０００に達し、さらに伸びる可能性があったことから、日販もコンビニ向け雑誌発送部門を完全に分離、独立させた（『日販50年のあゆみ』日本出版販売、２０００年）。

トーハンは１９９３年に非常勤取締《とりしまり》役にセブンイレブンの鈴木敏文会長を迎える。当時のコンビニでは出版物は米飯類、ソフトドリンクに続いて売上第3位（全体の9～10％前後）。客の3分の1は雑誌コーナーに立ち寄り、雑誌のついでに他の商品を買う可能性が高い点が好都合だった（『消える本屋』）。

コンビニは、書店に歩み寄らなかった。「毎日新聞」１９９１年6月11日東京夕刊では、首都圏のコンビニで小学生が月曜発売の「少年ジャンプ」が日曜午後9時半過ぎに入荷するのを待ち構えて買っていくさまを報じている。雑誌の「同一地区同時発売」は公取も承認している、と書店側は吠えたが、コンビニ側は「客に買いたいと言われたら売らないわけにはいかない」と反論。1970年代に弘済会《こうさいかい》やスタンドには大挙して抗議したり、雑誌発売日協約違反だとして罰金制裁などの実力行使に及んだりしていた日書連は、コンビニには同様の行動に出られなかった。1981年夏に公取から「雑誌発売日協約違反かどうか、文句を付けたり罰則を科していいのは出版社だけ」と警告されたからだ。コンビニに限らず、出版社側が「問題なし」としている限り、町の本屋は政治家に訴えるくらいしかできず、実質的には何もできなかった。

集英社や講談社らも警告を行った結果、1994年になって首都圏のコンビニで「ジャンプ」「マガジン」「サンデー」の発売を発売日当日の午前5時以降とする取り決めができる――これ以前は午前0時には販売していた（『消える本屋』）。とはいえそれ以外の雑誌の発売日前日配達・販売はおさまらなかった。また、週刊少年マンガ誌も、午前5時は町の本屋の開店時間より早く、朝の通勤・通学時にコンビニで雑誌を買われてしまう状態はつづいた。

（なお、スタンドや弘済会、コンビニと町の書店が争った「同一地区同時発売」を定めた雑誌発売日協定によって出版物は夜中や早朝配送が必須になってきた。これは取次が配送会社の運送コストを買い叩けた時代にはそこまで問題にならなかったが、2010年代以降に運賃高騰と雑誌需要の減少が深刻化すると取次の収益を圧迫する一因になった）

1992年にはセブンイレブンの出版物売上が1000億円を突破し、金額ベースで出版物小売業界のトップになる――もっとも、1992年時点で紀伊國屋書店は32店舗、セブンイレブンは約５３００店舗。１９８５年まではキヨスクが雑誌・書籍の売上高日本一だったが、セブンイレブンが紀伊國屋を抜いたことは、スタンドや駅売店からコンビニへと雑誌・文庫販売の流れが移ったことを示している。

週刊誌は発売後４日、月２回刊は７日、月刊誌は10日、文庫本は２週間で返品するようセブンイレブンは指導した。データ上、それ以上置いても売れないためだ。『消える本屋』には「次の発売日を待って返品している書店はバカ。回転率の悪い商材を扱う気が知れない」と語るコンビニ経営者が登場する。効率化を徹底《てってい》したコンビニが、雑誌市場をどんどん食っていく。

小田光雄『出版社と書店はいかにして消えていくか』（ぱる出版、１９９９年）は、１９８３年から１９９６年にかけて出版物販売額は１・７倍に成長、CVS《コンビニ》ルートの売上はその間で10倍になって１９９５年には５３００億円、出版業界の全売上の20％、雑誌の全売上の33％を占めた一方で、書店の売上シェアは１９９１年の77％から１９９５年には69％に下がったと指摘する。

ただ、１９９０年代には、まだまだ本屋の存在感も強かった。

１９９４年の毎日新聞社「第48回読書世論調査」ではコミック週刊誌（ジャンプやマガジン、サンデー、チャンピオンのこと）や週刊誌（週刊文春や週刊新潮など）をどこで買うかを尋ねているが、いずれも本屋が２割強、コンビニは１割前後、売店は５％程度。

本屋とコンビニは待ち合わせ、たまり場、暇《ひま》つぶしの場所にもなっていた。兵庫県内でのア

週刊誌をどこで買うか		(%)
	コミック週刊誌	週刊誌
本屋	21	25
コンビニ	9	10
売店	3	5
買わない	46	38

毎日新聞社「第48回読書世論調査」1994年より作成

ンケートでは１９９７年時点で「放課後に立ち寄る場所」について、中学生は「どこにも寄らない」29・６％、「コンビニ・スーパー」11・４％、「本屋」８・１％、高校生は「コンビニ・スーパー」25・０％、「本屋」21・３％（「毎日新聞」１９９７年５月20日地方版／兵庫、朝刊）。

町の本屋をつぶしたコンビニが「街の本屋」を猛《もう》アピール

書店ルートの出版物の販売額のピークは１９９５年で１兆８４０２億円、ＣＶＳルートは２０００年で４９１１億円と数年のタイムラグはあるが、以降はともに坂道を転がるように縮小《しゅくしょう》していく（日販『出版物販売額の実態２０２３』）。ところが２０００億円を切ったころから、コンビニが本の取りあつかいをアピールし始める。

２０１４年には「セブンイレブンは街の本屋」をキャッチコピーに、店頭やネットで注文した雑誌・書籍の取り寄せ・取り置きが、送料・手数料無料でできるサービスがはじまる。この時点で国内書店数は１・４万を割り込み、一方セブンイレブンの国内店舗数は１・６万強（「エコノミスト」２０１４年８月19日号）。セブンイレブンは２０１７年に雑誌を定期購読すると店頭で受け取れる「雑誌お取置きサービス」も始めた。当時の商品本部マネジャーは「街の書店

出版物販売額の推移

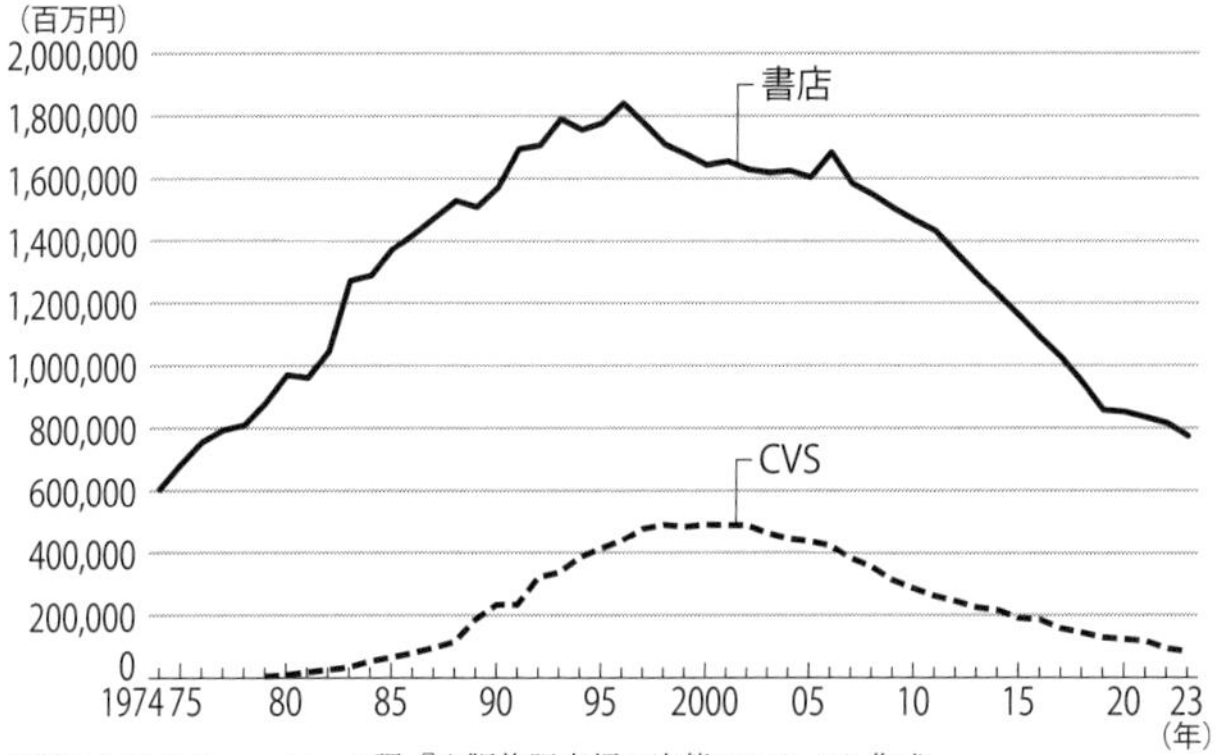

日販ストアソリューション課『出版物販売額の実態2024』より作成

が減っていて、特に発行部数の少ない雑誌は『ほしいのに手に入らない』というケースをお聞きします。そうした暮らしの不便を解消するため、私たちは本や雑誌の販売に力を入れているんです。やり方次第で雑誌はまだまだ活気づくと思いますよ」と語っていた（「サンデー毎日」2017年10月22日号、吉岡秀子「コンビニのツボ」）。

ローソンも2014年に文庫本やビジネス書などを並べる書籍専用棚の設置を始め、2020年には約4800店舗にまで拡大。書店大手の文教堂と協力した書店併設《へいせつ》コンビニや、人口比で書店が少ない地域へは「LAWSONマチの本屋さん」を出店。ファミリーマートも書店併設型コンビニを手がけている。

町の本屋を減らして暮らしの不便をもたらした一因はコンビニにあるが、自らそう語ることはない。そしてコンビニへの出版物流をめぐってかつて町の本屋と摩擦《まさつ》を起こした取次のうち日販は２０１５年からコンビニルートが赤字となり、２０２2年度は32億円の営業損失を計上し、２０２５年にファミリーマート、ローソンの流通から撤《てつ》退《たい》、トーハンが一部を引き継ぐが1万店は配送なしとなる見通しだ。

中小零細小売事業主としてのコンビニオーナー

コンビニ店主としてフランチャイズに加盟していったのは、１９７０年代以降、新たに台頭してきた総合スーパーなどに押されて将来展望がひらけなくなった酒屋や米屋などの小規模小売店主たちが少なくない。

零細書店の店主とコンビニ店主の置かれた境遇《きょうぐう》は似ている。

コンビニ加盟店ユニオン＋北健一『コンビニオーナーになってはいけない』（旬報社、２０１8年）によると、セブンイレブンに加盟するには研修費50万円、開店準備金50万円、自己資本（実質的には本部に預《あず》ける保証金）１５０万円の最低２５０万円が必要で、契約を結ぶと「オープンアカウント」と言って発注した商品の仕入代金などが３００～７００万円分、借金（本部からすると与信）となるという。書店業も開店にあたって信認金（保証金）を取次に預け、仕入費用が一気に発生する状態からスタートする。

なお、村上信明『出版流通とシステム』によれば、１９８０年代初頭時点で書店の開業資金（首都圏2等地テナント店舗25坪、売場20坪）は、入店保証金（25坪×50万円）１２５０万円、内装・書棚（20坪×25万円）５００万円、備品（レジ・電話・空調）２００万円、開業雑費（外装看板、広告宣伝、包装紙、サービス品）１５０万円、商品手当（20坪×55万円×80％〔20％は常備・長期〕）８８０万円、計２９８０万円だった。コンビニの開店費用は１０００万円未満、書店はその3倍。これでは書店よりもコンビニを開こうと思う人もいただろう。

また、木村義和『コンビニの闇』（ワニブックスPLUS新書、２０２０年）では、コンビニ加盟店オーナーは十分な収入を得られず、人件費をおさえるため一家総出で限界まで働き、儲《もう》からないのでバイトの時給は最低賃金になる、とある。書店でも似た話が少なくない。

コンビニでは食べものの消費期限切れによる「廃棄《はいき》ロス」費用は加盟店負担で、どれだけ売れ残りが出ようが本部が加盟店に対して少しでも多く売った方が儲かるシステム（「コンビニ会計」と呼ばれる独自の原価計算のしくみ）のため、本部は加盟店に大量発注を仕向けるという。これは取次の見計らい配本を思わせる。

さらにコンビニでは万引きされると店舗がその分を負担する一方、本部はオーナーに補塡させるので「利益」になる。書店も万引きされると書店が損をするだけで出版社と取次は1冊売れたのと同じ利益を得る。だから出版社は万引き対策に本気で向き合ってこなかった（『消える本屋』）。

コンビニ各社本部は、繁昌《はんじょう》した加盟店の近くにさらに出店して同じエリアの客をうばうことができる（同一エリア内に同一チェーンの店を出店しないという「排他的テリトリー」を認めない）

契約を加盟店に求めている。コンビニのFCオーナーは本部の都合で近隣の同業者同士で需要の食い合いを強いられ、本部は既存店を守ってくれない。これも取次と書店の関係に似ている。

町の本屋の店主と近隣のコンビニオーナーは、似たもの同士だった。だがそこに連帯はなく、生まれたのは憎悪だけだった。

第八章まとめ

◆1980年代に入ると、コンビニエンスストアが脅威となる。コンビニ一店一店は小規模なフランチャイズ・チェーンであるため、大店法の規制が適用されず、町の本屋の近くにも次々に出店した。一方でFC本部は、傘下の店舗全体では巨大な売上を有するがゆえに、取次に対してFC全体で統一された好条件を勝ち取った。こうした交渉力を、小規模店の集まりだが別々の個人や法人で構成される書店団体は持ちえなかった。

◆各地の書店組合が地元政治家にコンビニ出店規制の陳情をし、一部は条例制定に至ったが、全国規模の法制化にはつながらなかった。

◆コンビニは雑誌やコミックス、文庫という回転率の高い商材のみをあつかったから、書籍の物流は赤字だが、雑誌で高い利益を出してきた取次にとっては、雑誌が売れた時代には良い取引相手だった。一方、雑誌やコミックス、文庫を主力商品としていた町の本屋の売上はうばわれ、1992年にはセブンイレブンが売上金額ベースで出版物小売業界のトップに立つ。

◆コンビニは24時間営業のうえ、発売日協定遵守《じゅんしゅ》に消極的だった。1970年代のスタンドや弘済会との闘争とは異なり、1981年の公取の指導によって書店団体は協定違反の同業小売の商売を阻害《そがい》する直接行動を封じられ、有効な手立てが打てなかった。

コラム8

書籍の客注と新刊予約注文の歴史

書籍の客注や新刊の事前予約を受け付けた数を、早く、確実に書店に入荷することがむずかしい点は長く課題とされてきた。どんなあゆみだったのか整理してみよう。

書協は１９７６年５月に近刊図書情報「これから出る本」（月2回発行）を創刊、同誌は書店店頭に置かれるようになる（２０２３年12月で終了）。当初は発行部数87万部弱。このとき初めて「一般読者向けの新刊案内」が「定期的に発信」されるようになる。それまでは「日販通信」「出版ニュース」などに新刊情報が掲載されていたが、出版社や取次から書店に向けたものだった。「これから出る本」以降、書店は発売前から注文部数のとりまとめを行えるようになる――が、「注文を受けても物流がともなわないのではかえって信用を損《そこ》なう」として予約注文と物流の一致（事前予約分の満数出荷）を日書連は書協と取次に求めた（「全国書店新聞」１９７６年２月25日）。

しかし出版社や取次は書店からの事前注文に応えなかった。「買い切りでいいから小書店にも仕入れさせろ、われわれは専門化して仕入の目を養って対抗する」（「全国書店新聞」１９７６年12月25日）と町の本屋から責任販売制待望論が生じても、一向に実現されなかった。

どころか客注や補充の注文を出しても書店と取次、取次と出版社の間で「頼んだ／聞いていない」「送った／届いていない」「頼んだはずの本が今どこにあるのかわからない」といった配送ロスもしょっちゅう起こった（「全国書店新聞」1976年11月25日）。

取次は何をしていたのか。日販は1965年時点で電子計算機を使って伝票事務などを行う構想を示すなど、コンピュータ化を進めていた（「日販通信」1965年1月号）。しかしそれらはほとんど、書籍の単品管理を推し進めるためのシステムではなかった。

1979年時点で書店から届くスリップ（注文伝票、短冊《たんざく》）は日販では1日20万枚、東販は1日25万枚・30万冊分。そのうち25％が客注だった。つまり東日販だけで1日11万枚以上、年間4000万冊以上の客注があった。にもかかわらず、一挙配送が可能な雑誌と比べると書籍を各店に単品で発送しても儲《もう》からないため、雑な扱いに留まった。

なぜ客注してから書店に届くまで3、4週間もかかるのか。当時はすべての注文処理がアナログだった。書店から取次まで注文伝票が届くまで数日、伝票整理にさらに数日。取次の管理倉庫に在庫があっても配送コストを考えると客注は3日から1週間分まとめて出荷せざるをえず、取次から各書店に届くまでにまた何日かかかる。在庫がなければ補充を出版社に連絡し、出版社が取次に出すまで数日余計にかかった。

1979年までは書店の補充注文と、客注注文の伝票さえ分かれておらず、この年に初めて客注専用伝票ができた。ところが分けるようになっても注文品の入荷速度は大差なかった（「全国書店新聞」１９７９年８月５日、１９８１年３月５日）。

１９８０年代から書店の「ＳＡ」（ストア・オートメーション）化という概念が語られ始めるが、最先端ツールのひとつがＦＡＸ（ファクシミリ）だった。１９８１年に日本電信電話公社（電電公社。これが民営化した会社がＮＴＴ）が通信料金の安いファクシミリ通信網を開始し、１９８５年の電電公社民営化と同時に電話機やファクシミリ端末装備の接続が自由化されると、急速にＦＡＸが普及し始める。ＦＡＸは静止画像を送受信するシステムだ。コピー機で紙に書かれたものをコピーするような感じで、スキャンして通信で相手に送り、受信する側の機器では紙に印刷されて出てくる。出版社や取次が新刊情報などを書店にＦＡＸで送り、書店が注文冊数を書いて送り返すかたちで本の受発注に使われた。ＦＡＸなら瞬時に取次に届く。ゆえに書店への本の入荷の迅速化が期待された。

ところが１９８６年の日書連「書籍の客注品入荷状況調査」では、客注品の注文伝票を取次に送ってから入荷するまで全国平均で17日（「全国書店新聞」１９８６年10月23日）。

１９９０年には取協が「書籍は取次全体で年間１９２億円赤字」だと公表。こんな状態で取次が書籍の単品管理や客注迅速化、新刊予約販売のシステム開発を本気でできるだろうか。問題は取次の資金力、開発力だけではない。書籍の単品管理ができる流通取引システムを作るには書誌データベースが前提になるが、版元が自ら登録する習慣がほとんどなく、図書館業界や取次まかせだった。

第九章　書店の多店舗化・大型化

個人経営の零細《れいさい》書店は多店舗《てんぽ》経営チェーン書店、大型店とも戦い、敗れてきた。

戦前、昭和初期の書店では全国各地に書店組合が存在し、「組合に入り、定価販売しないと本を卸《おろ》さない（商売させない。店を開かせない）」という規定があった。また組合は新規申込者に対する距離規定も設け、既存店と商圏《しょうけん》が食い合わないよう調整した。

ただし1929年には定価販売の足並みをそろえるために、距離規定については行きづらい「4階以上に売場を設けること」を条件として、百貨店の書籍部は既存店との間の距離制限規定の例外とする（近くに店を設けてもかまわない）といった緩和《かんわ》条件を設け、今まで加入できなかった人々を組合員に加えている。だが1934年頃に百貨店が次々に新設されると、改めて店内書店の出店反対運動が起こる。しかし東京の出版社や取次は「百貨店にも書籍商組合加入を認めるべし」と態度を表明したため、組合側は1938年に、坪数は25坪以内、書籍の配達および外交販売（外売）をしないことなどを加入条件として渋々《しぶしぶ》認めた（『日本出版販売史』）。

これは余談だが、百貨店はかつて書店を最上階に置き、雑誌目当てで来る客を一番上まで運ん

日書連加盟書店の経営形態　(%)

	1967年	1969年	1991年	1999年
個人経営	53.1	45.6	46.8	39.1
有限会社	23.8	25.2	26.7	29.4
株式会社	16.5	20.2	22.8	27.6
合名会社	1.2	0.8	0.6	0.8
合資会社	5.0	7.7	2.5	2.2
その他	0.1	0.4	0.1	-
不明	0.3	0.1	-	-
無回答	-	-	0.5	0.9

『全国小売書店実態調査報告書』1967年・1970年、「全国書店新聞」1991年９月26日・10月３日、『全国小売書店経営実態調査報告書』2000年より作成

でそこからだんだん下に降りてきて全フロアが目に入ることを「シャワー効果」と呼んで、集客手段のひとつとして語っていた。だが書籍商組合側が戦前、「客がすぐ行ける低層階に本屋を置くな」と迫った歴史を見ると、シャワー効果はあとづけだったのではないか。

戦後、独占禁止法が定められると、事業者団体の禁止行為として「一定の取引分野における競争を実質的に制限すること」「一定の事業分野における現在又は将来の事業者の数を制限すること」が定められ、書店組合による新規出店を制限する規定、試みは無効になる。

小売全連による「全国小売書店経営実態調査報告書」の第1回（１９６７年）時点で個人経営の割合は53・１％（のちに１９７１年の第3回調査時には44・6％と低下していくが、１９９９年でもまだ個人経営の書店が加盟店の4割弱ある）。１９７３年には10坪未満の店が全体の約40％、20坪未満で約75％。当時の「個人経営の小規模書店」のイメージが付いただろうか？　「正味は低く、本の値段は安くて儲《もう》からないのに近隣にチェーン書店や大型店が出店してきたらひとたまりもない」――町の本屋がそう考えるのは自然なことだった。

ところが、１９６０年代中盤以降、以下の動きが起こる。

日書連加盟書店の売場面積の割合

1967年 坪数	割合(%)
5未満	15.9
5以上	25.2
10以上	21.7
15以上	13.8
20以上	11.3
30以上	6.5
50以上	3.3
100以上	1.3
不明	1.0

1969年 坪数	割合(%)
5未満	14.6
5以上	23.8
10以上	22.8
15以上	21.6
30以上	8.4
50以上	4.8
100以上	2.9
不明	1.0

1971年 坪数	割合(%)
5未満	11.5
5以上	22.0
10以上	18.4
15以上	15.5
20以上	12.8
30以上	8.1
50以上	6.0
100以上	5.2
不明	0.4

1973年 坪数	割合(%)
5未満	12.9
5以上	30.2
10以上	21.8
15以上	10.7
20以上	10.7
30以上	6.2
50以上	7.0
その他	0.5

1982年 坪数	割合(%)
5未満	7.4
5以上	20.9
10以上	21.5
15以上	15.6
20以上	14.2
30以上	7.2
40以上	3.7
50以上	3.3
70以上	2.2
100以上	1.5
150以上	0.6
200以上	0.7
無回答	1.2

1991年 坪数	割合(%)
5未満	4.3
5〜9	13.0
10〜14	19.2
15〜19	14.2
20〜29	16.2
30〜49	14.7
50〜99	11.9
100以上	4.9
無回答	1.7

1999年 坪数	割合(%)
5未満	3.3
5以上	9.4
10以上	14.5
15以上	13.2
20以上	14.9
30以上	10.4
40以上	6.8
50以上	6.7
70以上	7.5
100以上	5.2
150以上	2.6
200以上	2.0
300以上	1.5
500以上	0.6
無回答	1.4

2006年 坪数	割合(%)
10以下	17.3
11〜20	29.7
21〜40	23.2
41〜60	8.7
61〜80	5.4
81〜100	4.5
101〜150	4.8
151〜200	1.8
201〜300	1.5
301〜500	1.3
501〜1000	0.4
1001以上	0.1
無回答	1.2

2016年 坪数	割合(%)
10以下	19.3
11〜20	26.9
21〜40	21.9
41〜100	17.4
101〜200	7.5
201以上	4.4
無回答	2.6

『全国小売書店実態調査報告書』1967年・1970年・1972年・1973年、「全国書店新聞」1991年９月26日・10月３日、『全国小売書店取引経営実態調査報告書』1983年、『全国小売書店経営実態調査報告書』2000年・2006年・2016年より作成

1. 東京、大阪など出版活動の中心地の既存大書店の大型化と多店化
2. 中央既存中堅書店や、地方有力書店の増改築と多店化
3. 鉄道弘済会《こうさいかい》の書店経営への進出
4. 他業種からの新規参入

1と2は1965年前後から、3は1969年に東京・吉祥寺に鉄道弘済会傘下の弘栄堂書店が開店してから、4は1973年から問題化していく。紀伊國屋書店が3500坪の本店ビルを新築したのは1964年。このあたりから多店舗化・大型店化がじわじわと進む。

1973年にはイトーヨーカ堂取締役《とりしまり》（当時）鈴木敏文が「ヨーカ堂のショッピングセンターに十書店が入っているが、スーパー内に書籍、雑誌売場を開設しても近隣書店の売上減の様子は見られない」「売り逃していた」と語り、スーパーは積極的に出版物をあつかうようになるだろう、と言っている（『日書連三十年史』）。実際、流通大手のヨーカドー、ダイエー、マイカルやジャスコ（いずれも現イオン）、西武傘下（当時）の西友は全国に数十から百数十店舗単位の書店チェーンを築く。なお「近隣書店の売上は減らない」は鈴木の言い分で、「全国書店新聞」上ではスーパーや百貨店内の書店新設で売上が何％減ったという町の本屋の投書や取材記事がいくつも掲載されている。

また、1963年の小売全連「生協、農協、スーパーマーケット等に関する要望書」には「今やその触手を一般書籍雑誌にまで伸ばして乱売の具に供せんとする状勢」、『ブック戦争の

記録』（1977年）には「スーパーに至っては割引販売なしには出版物はその取扱商品たり得ない」とある。『出版年鑑《ねんかん》』の記述も合わせて見ると、1960年代から1980年代に再販契約を結んでいない一部のスーパー、百貨店が雑誌や辞典類を中心に値引き販売していたことは間違いない。

当時「流通革命」と呼ばれた大型小売店の台頭を「町の本屋」（全連／日書連）は警戒したが、そうは思わなかった書店経営者たちもいる。「書店経営」1969年6月号では「書店における店売の実態　アンケートとルポによる調査」（アンケート総数350通、回答数111通）が掲載されているが、同時期の小売全連の調査とは様相が異なる。

「全国書店新聞」を購読している小売全連の加盟店は20坪以下が約75％を占める零細事業者、東販「書店経営」の購読層は20坪以下の小規模事業者も約25％いるが、中・大規模事業者が約75％とちょうど比率が逆だ。1969年時点では100坪以上の書店は相当な「大型書店」、書店業のなかでは大資本だが、全体の約18％もいた。

したがって「書店経営」は安易な出店政策はいさめつつも、大型化と多店舗化を検討している側に向けた記事が掲載されていく。たとえば同号では、小売業は立地によって決まり、駅前や交通量の多い買い物中心地では大量販売ができる、書店経営でも「良い場所」「広い売場面積」は必須条件、大型書店は「チェーン経営という新兵器」も獲得《かくとく》し、大型ビル、駅ビル、百貨店、ショッピングセンターなどへの出店作戦も活発になってきた、としている。

東販帳合書店の従業員規模

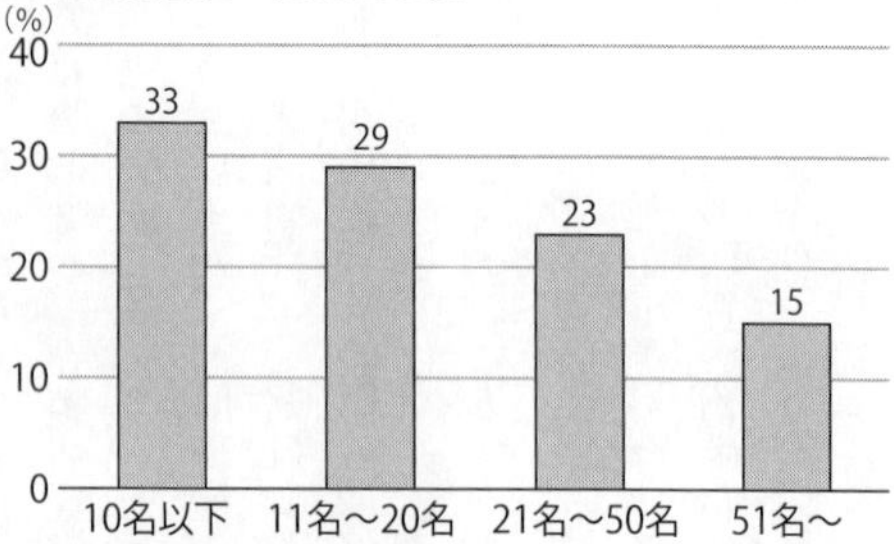

東販帳合書店の売場面積

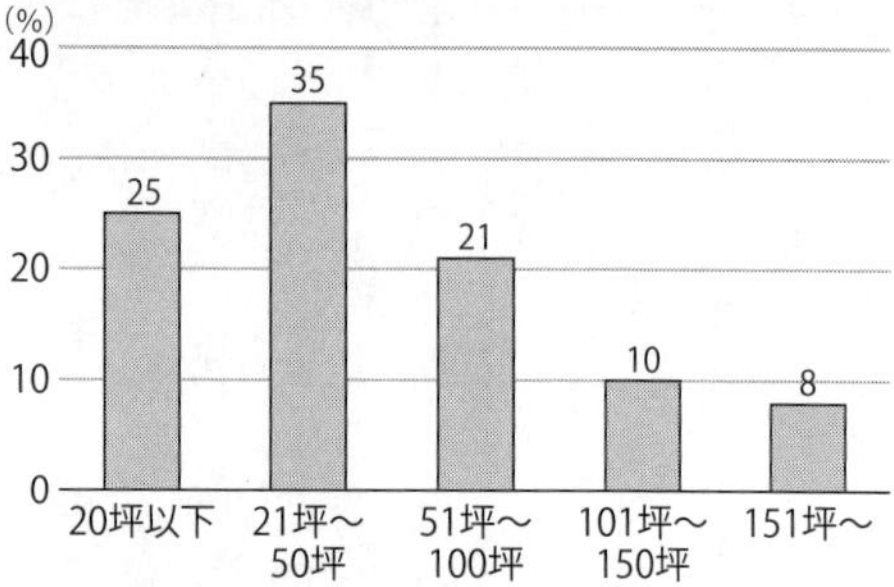

東販帳合書店の店売・外売の割合

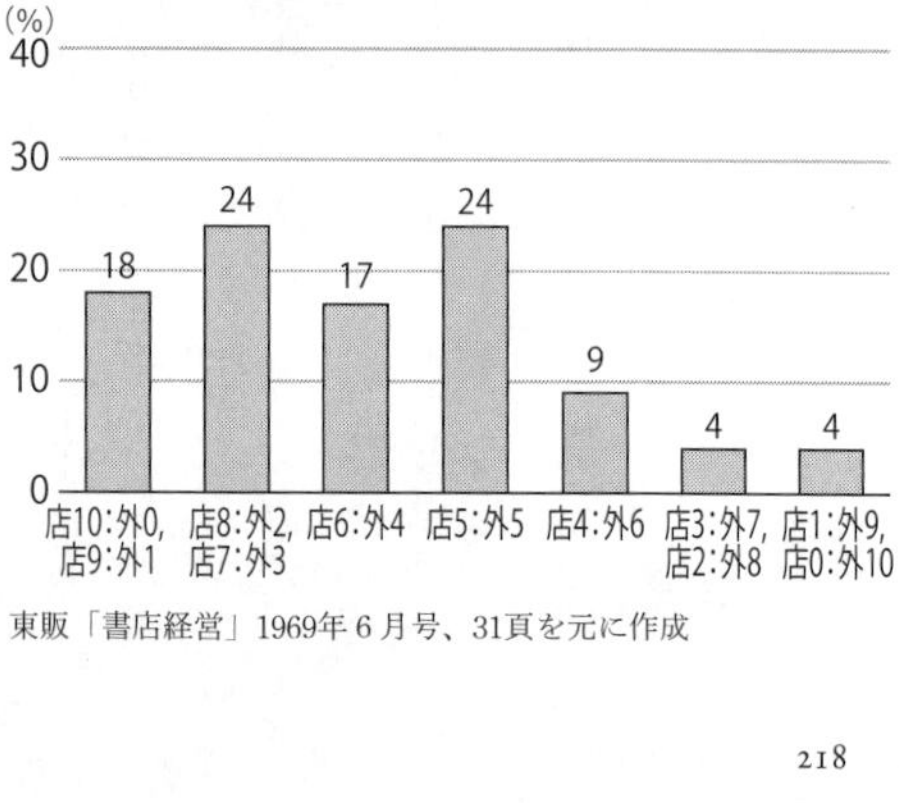

東販「書店経営」1969年６月号、31頁を元に作成１９７０年３月号では、ショッピングセンターへの書店の出店条件として「保証金（建設協力金）」「敷金《しききん》」「賃料及び共益費」がかかり、保証金は10～15年、オーナー側に預《あず》け金となるが、費用負担が大きく、全国的にみて出店者は少ない、と書かれている。

中小書店に出店は不可能だった。「全国書店新聞」１９７７年２月25日には、百貨店や大型スーパー内に書店を出店するというので「地元優先」を信じてテナント公募の説明会に行くと、１５０～２５０坪規模の大型書店が予定され、保証金は坪あたり１００万円以上、家賃は売上の10%、共益費は坪あたり６５００円、広告代が売上の１%等々がかかり、初期投資だけで億を超える、とある。「地元優先」は口だけで「応募書店がなかった」と言って直営書店を出店する腹づもりだ、というのが日書連の見立てだった。

「書店経営」１９７０年８月号でも、書店の大店舗化トレンドがあるが書店を巨大化、高層化して成り立つのは大都市だけ、ショッピングセンターへの出店も高額な家賃がかかるので人口の多い地域でないとムリ、書店は上のフロアに持っていかれるため、通りに面した地元書店に勝つには相当の面積が必要、と注意する。大規模店舗に書店を置く場合は「上のフロア」にしろと言ったのは戦前の書店組合だが、回りまわって自分たちに降りかかってきたとも言える。

１９７１年２月号では「チェーン政策としての出店」が説かれ、５月号では、これまで書店は自己資本でやるのが理想だったが、借金しないと大きくなれない、また、店も買った方が得か、借りた方が得か考える必要があると説く。

一方の「全国書店新聞」は１９７３年11月10日で、大阪の旭屋書店の銀座進出などが地元書店と摩擦《まさつ》を起こし、最近は紀伊國屋書店の大阪、札幌、岡山、広島進出および三省堂書店も自由が丘、三鷹、池袋、札幌、西船橋などへ進出、書店界の二極分化に拍車をかけ、大書店進出に伴う中小書店の影響が深刻化している、と報じる。その後も１９７６年には新潟市への紀伊國屋書店出店、鹿児島への旭屋書店出店、福島県郡山市の西友ストアーへの直営書店出店、1977年には阪神甲子園駅への阪神電鉄系アイビー書房出店、東京都府中駅前への京王帝都電鉄（当時。現・京王電鉄）の啓文堂書店出店などで問題化した。

日書連は近隣に大型書店の出店が知らされると出店反対、売場面積削減運動を展開。だがほとんどは300坪予定が280坪になるなど10～20坪程度の縮小《しゆくしよう》を勝ち得た程度だった。また、1973年に制定された大店法では、専門店舗は店舗面積500平方メートル以上が規制対象となったが、1坪が約3・3平方メートルだから、「大型書店」と言っても、およそ150坪以下の場合は法規制の対象にはならなかった。

これらの100～300坪規模の大書店の登場によって、10～25坪程度の地元書店の売上は30～70％減り、淘汰《とうた》が起こる。1978年に新規・増改築した書店は約1650、売場面積は約2万8600坪も拡大、全国チェーンによる大型店出店ラッシュは一段落したが、地方有力書店の出店・増床やスーパー、百貨店の直営店や売場新設はまだまだ目立っていた。ただし、この時期でも30坪以下の書店が全体の80％近くを占めている（『書店』）。

1979年に大店法が改正されて地元の商工会議所との協議で反対が強いと大型店の出店がほぼできなくなった1980年代に入ると、「書店経営」が1980年10月号で全国に32店ある「道路に面した駐車場付き、深夜営業という従来にない営業形態」を紹介するなど、都市部の大型店出店から郊外型複合書店にトレンドが移る。

たとえば1898年創業の文教堂は、1980年代には100坪前後の郊外型を主体に年間十数の出店攻勢をかけ、1993年末には124店舗に伸長した（村上信明『書店業新時代』）。

1977年刊行の『日書連三十年史』では、書店数は増え続けているが初版部数は増えず、中小書店には減数配本、大規模店へ傾斜《けいしゃ》配本されている、と取次を批判している。昭和40年代（1965～74年）以降は「どんな書店（小売店）でも同じ条件で取引をする」という出版物販売同一条件の基本があやしくなり、昭和50年代（1975～84年）には出店問題によって配本の偏《かたよ》りなどが一挙に拡大、このままでは都市型産業になり書店のない町村も生まれ、出版文化は減退していく、と。家賃が高い都市部の書店もきびしくなり、空洞化していくことまでは見通せなかったようだ（なお「出版物販売同一条件の基本」などは存在せず、日書連が言っているだけだ）。

郊外型複合書店の多店舗経営は、「本好き」からすると雑に映り、とはいえ「商売」としては理解もできる手法も見られた。たとえば千葉市の郊外型書店タカヨシブックセンターは「普通小売業は、二〇店舗、三〇店舗と出店すれば、販売量が多くなるのだから問屋からの仕入条件は断然有利になり、スケールメリットが出せます。ところが、書店という業種はそうはいかない。多店化しても、ほとんどスケールメリットがありませんね。だったらローコストを追求するしかありません」として、店長はパートタイマー、手間がかかる客注は断り、建物も極力軽装にしていた（『書店業新時代』）。1980年代は複合化による経営革命のさなかにあり、本を雑に扱っても、雑誌で客寄せし、ビデオ・DVDレンタルやCDレンタル・販売、ゲームの販売などで儲ければ成り立った（なお株式会社タカヨシホールディングスはタカヨシブックセンターの店舗を2007年にすべてゲオへ売却し、書店業から撤退《てったい》）。

ただ、「書店業は多店化しても仕入条件が良くならない」との言い分は正しくない。大手チェーンの正味は76掛《がけ》（書店マージン24％）で、さらに年間の取扱原価（本の仕入金額から返品の取引額を引いたもの）に対して2％超のリベート（書店に対するキックバック）が取次から設定され、実質的に書店マージンが26％程度だからだ。また、正味体系自体が中小書店と大手では異なり、中小では価格の高い人文書は80掛、医学書は90掛もある「定価別段階正味」が多い一方、大手書店では価格に関係なく「一本正味」のことが少なくないと報道されている（「新文化」2008年7月24日）。

大店法改正とメガ書店の台頭

1991年の日書連「全国小売書店取引経営実態調査報告書」では「経営者の年齢」は平均55・0歳、60歳以上36・5％。売場面積別の集計では5坪未満で60歳以上が57・6％、逆に売場面積が大きくなると経営者の年齢は下がる。立地環境別では「学校付近」「一般商店街」が、相対的に年齢が高い。5坪未満の店では書籍比率20％以下が52・9％、100坪以上では70％以上の店が書籍比率60％超。60代以上が経営する小規模書店ほど、雑誌頼みだった。

１９９２年「書店経営白書」によれば１９９０年の平均売場面積は20・5坪、これが１９９４年には平均面積35・3坪。小さい店はつぶれ、１００〜２００坪の店も珍しくなくなる。

１９９４年には大店法の見直しがあり、１９９５年には１０００平方メートル未満の出店が原則自由化、閉店時間や休業日数規制も緩和され、大型書店登場を促した。１９９６年には紀伊國屋書店が１４００坪の新宿南店を出店、１９９７年にはジュンク堂書店池袋本店が約１０００坪でオープン。都市部に次々大型出店があり、１９９６年の増床は26万平方メートルとなり、１９９７年には書店の店舗数がピークとなる約２・２万に達する。１０００坪クラスの店を出店した代表的な書店がジュンク堂と丸善だ。

小田光雄『出版社と書店はいかにして消えていくか』（１９９９年）は、１９８０年代から１９９０年代末までに商店街の書店を中心に１万店が閉店、郊外店を中心に１万店が出店して入れ替わり、総坪数は１９７６年27万坪から１９９６年１２４万坪となるが、書店の売上総額は８０００億円から１・８兆円と２倍強にすぎず、商品回転率は年間７・８回転から２・５回転に低下、と指摘。続編『ブックオフと出版業界』（ぱる出版、２０００年）でも、１９９５年から１９９８年にかけて廃業《はいぎょう》店が数としては上回っているが新規出店の大型化により書店坪数は増加し、廃業店は25〜30坪の中型書店、新規店は77〜99坪の大型店に集中と書く。

東京出版販売株式会社、出版科学研究所『東京都小・中学校生徒及びその家庭の読書世論調査Ⅲ　読書環境としての家庭』（１９５８年）では書籍や雑誌をどこで買うのかという質問に対

あなたの家では書籍や雑誌を購入する書店は主に次のどれに該当しますか（複数回答可、1958年） （%）

近所の書店	77.9
駅売店	4.1
勤務先（学校）の近所	11.3
その他	11.7

東京出版販売株式会社、出版科学研究所『東京都小・中学校生徒及びその家庭の読書世論調査III　読書環境としての家庭』1958年、18頁より作成

利用している書店（複数回答可、1996年） （%）

自宅最寄りの書店	49.5
駅などの売店・スタンド	11.6
通勤・通学途中の書店	25.3
品揃えの豊富な大規模書店	54.0
コンビニエンスストア	30.0
郊外にある幹線沿いの書店	5.2
無店舗・通信販売	4.0
無回答	8.5

中小企業事業団「需要動向調査報告書（余暇生活関連I書店編）」1996年より作成

探している本が書店にない場合どうしますか（1996年） （%）

書店で注文する	49.1
他の書店で買う	42.4
出版社に注文する	1.5
宅配サービス	0.6
あきらめる	6.5

日本書店商業組合連合会「消費者の書籍・雑誌の購買に関する意識調査」1996年より作成

して「近所の書店」が77・９％で最多。それが中小企業事業団「需要《じゅよう》動向調査報告書（余暇生活関連I書店編）」（１９９６年）では利用書店トップは「品揃えの豊富な大型書店」54％。「自宅最寄りの書店」は49・５％。

１９９６年時点では「探している本が書店にない場合」に「書店で注文する」49・１％、「他の書店で買う」42・４％（日書連調査）。同年のトーハン調査では「あらかじめ決めた本を購入する時」は67・８％の人が「品揃えの豊富な大規模書店」で買うとしている。在庫が充実したオンライン書店の台頭以前は、人々はほしい本が明確なときには大型書店に行った。

紙の出版市場は１９９６、９７年をピークとして減少しはじめ、年間千店規模での廃業はつ

書店の使い分け（複数回答可、ただし2つまで） (%)

	あらかじめ決めた本を購入する時	定期的に読む雑誌を購入する時	立ち読みしたい時に	何となく本が欲しい時に	何か(散歩・買物等)のついでに	ひまつぶしに	待ち合わせに	その他	無回答
品揃えの豊富な大規模書店	67.8	14.6	14.1	38.7	11.2	8.8	1.2	1.2	4.5
通勤・通学途中の書店	36.1	31.7	20.3	38.2	8.9	12.7	2.6	0.7	7.6
自宅最寄りの書店	39.4	25.4	14.1	34.6	22.5	11.1	1.0	0.3	9.8
郊外にある幹線沿いの書店	24.3	13.5	16.2	35.1	18.9	12.6	3.6	0.9	21.6
コンビニエンスストア	19.5	28.6	22.1	23.4	25.0	23.1	4.4	0.3	7.8
駅などの売店・スタンド	14.6	22.4	4.1	26.0	9.8	30.1	13.0	2.0	15.4
無店舗・通信販売	26.7	31.4	2.3	7.0	4.7	5.8	1.2	3.5	34.9

トーハン「書店経営」1996年9月号、17頁より作成

づく。一方で2000年代に入っても書店の大型化は止まらない。

2004年頃には500〜600坪、ものによっては1000坪を超える「メガ書店」（メガブックセンター、書店のメガストア）が次々オープンし、1990年代前半には十数店だったが110から120店になる。出版業界に関する調査会社アルメディアの調査では1000坪超に限っても2004年時点で32店（都内7店）、うち11店は2000年以降に開店。読売新聞は「年間約7万点と新刊点数が増えて広い売り場面積が必要になったのに加え、バブル崩壊による賃料の低下、大店法の規制緩和などもあり、書店の巨大化は時代の流れだ」と報じた（2004年10月15日夕刊）。

この現象は、先行して1990年代のアメ

書店の開閉店数

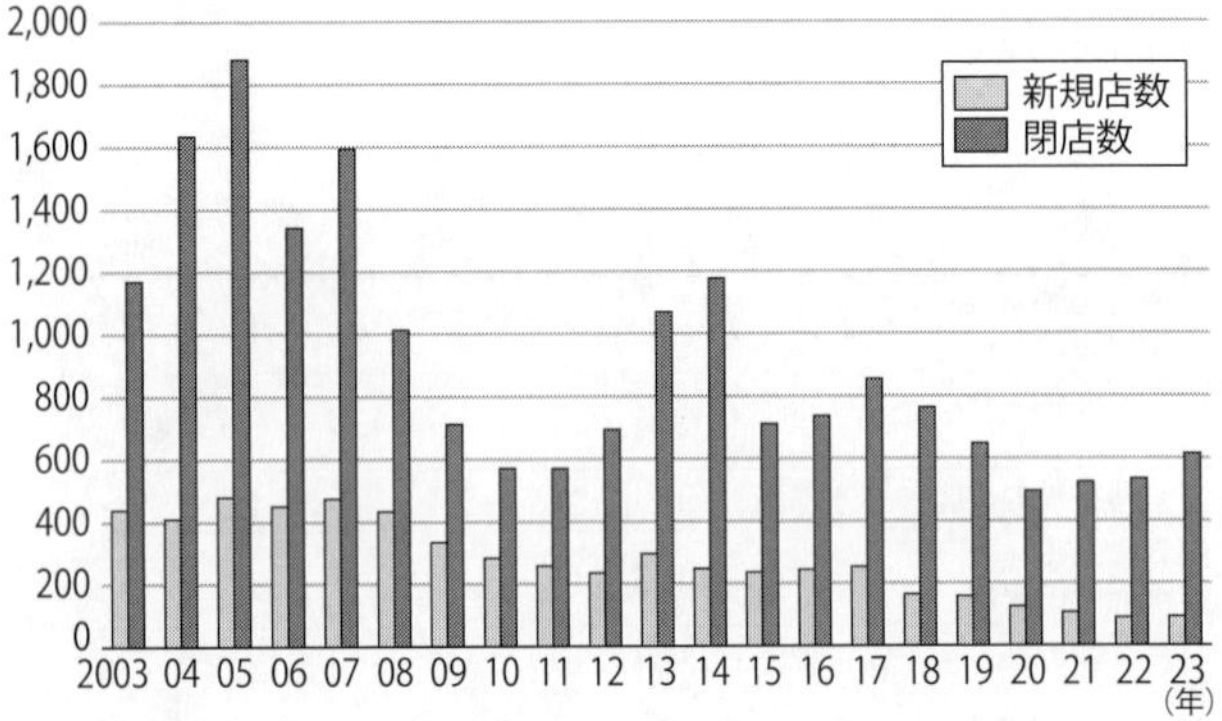

JPO（日本出版インフラセンター）書店マスタ管理センター調べより作成

リカでバーンズ&ノーブル（B&N）とボーダーズが巨大書店チェーンとして急成長したのを模倣《もほう》した面もあった（能勢仁『これからの出版業界のすべてがわかる本』山下出版、１９９８年）。全国書店数は２０００年は2万１６５４軒、２０１０年は１万５３１４軒。一方で売場面積は1店舗平均で約２３０平方メートルから約３３０平方メートルに増えた（アルメディア調査）。

　大手書店の再編は進み、２００８年に丸善が、２００９年にはジュンク堂書店が、大日本印刷の子会社になった（２０１５年2月に合併）。トーハンは２０１３年に阪急電鉄系のブックファーストを子会社化。大規模書店はイオンなどの大手流通グループによるショッピングモール内の書店や、ジュンク堂をはじめとするナショナルチェーンを中心に地方中核都市にも次々出店した。「読売新聞」２０１２年10月24日朝刊では、１９５５年頃に秋田市中通のＪＲ

書店の総店舗数と坪数計

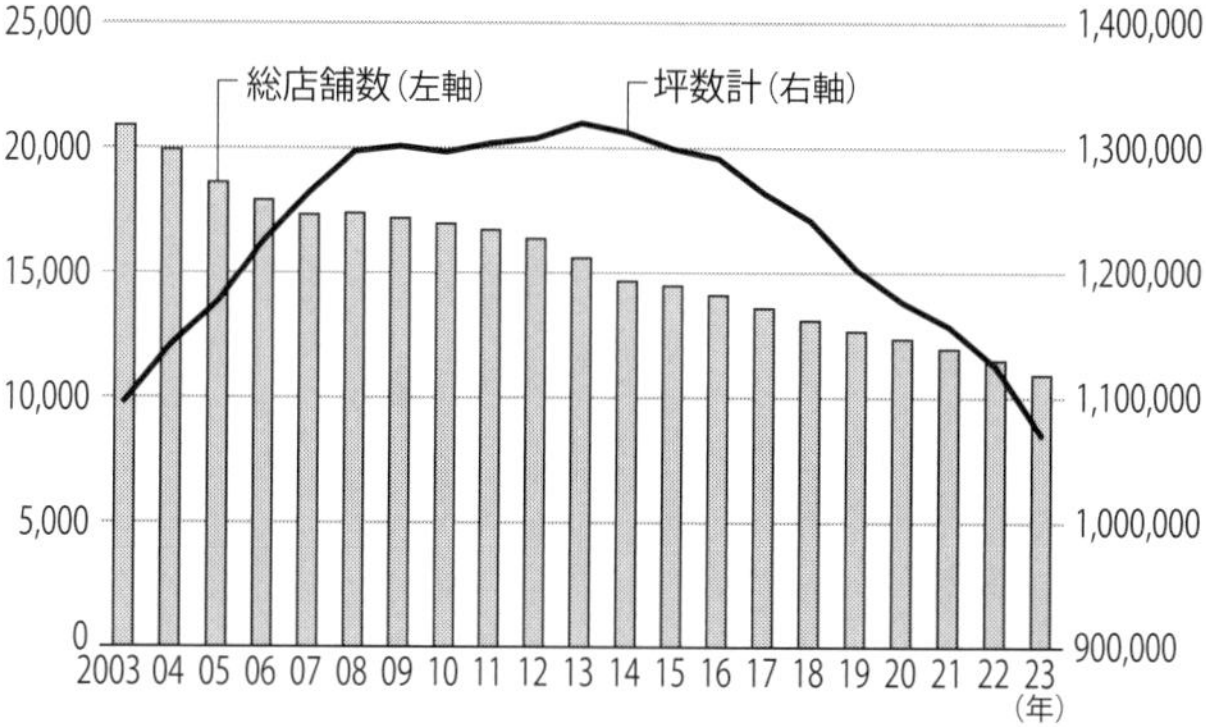

JPO（日本出版インフラセンター）書店マスタ管理センター調べより作成

秋田駅近くに開店した「加賀谷書店本店」が閉店、その原因は近隣にジュンク堂書店や宮脇書店が大型出店し、売上が20年前の4分の1に減ったためだとしている。

伊藤清彦『盛岡さわや書店奮戦記』（論創社、２０１１年）や松本大介『本屋という「物語」を終わらせるわけにはいかない』（筑摩書房、２０１８年）でも、岩手県の地元資本のさわや書店が児童書専門店モモを立ち上げたが２００３年にイオンの郊外ショッピングセンターができ未来屋書店が出店して大打撃を受け閉店、２００６年に７３０坪のジュンク堂書店盛岡店ができて人員引き抜きと売上減少があり、上盛岡店が閉店したと書かれている。

２０１０年代以降になると、勢力を伸ばしてきたモール内書店やナショナルチェーンも次々に閉店。「毎日新聞」２０１５年2月27日朝刊では、仙台駅周辺では大型店のジュンク堂書店仙台本店やあゆみ

BOOKS仙台店、駅ビルで約40年間営業してきたブックスみやぎが閉店、首都圏でも新宿駅前・小田急百貨店内の三省堂書店新宿店が姿を消したと報じた。

2015年にはリブロの池袋本店が閉店し、芳林堂書店が自己破産。

八重洲ブックセンターは2012年以来5期連続の最終赤字となり、トーハンからの出資を受け、2018年にスタートした東京駅・八重洲エリアの再開発計画に合わせ2023年に建物の解体に着手した。2024年にグランスタ八重洲店として新装開店したが、売場面積は72坪。かつて1500坪規模でオープンしようとして日書連の反対に遭《あ》い、750坪に縮小した超大型書店の嚆矢《こうし》は、今やその10分の1以下の規模だ。もっとも、跡地に建つ超高層複合ビル内にもともとの店舗と同規模で出店する計画があるようだが。

2015年7月9日開催のシンポジウム「本屋に行こう@東京」(活字文化推進会議主催、読売新聞社主管)の来場者アンケートでは「本をどこで買うことが多いか」の質問に大型書店を挙げたのは約4割、Amazonなどのネット書店が約3割(「読売新聞」2015年7月29日朝刊)。

2010年代以降には、2000年代までの書店間競争を勝ち抜いてきた者たちからも「Amazonに客を取られた」「ネットやスマホの台頭で本が売れなくなった」と語られるようになる。しかしその前からリアル書店同士の骨肉の争いがあり、中小書店はつぶれて消えた。

第九章まとめ

◆戦後「書店組合に加入しないと出版物の商取引ができない」「書店を新規出店するには近隣書店の合意が必要」といった組合規定は違法とされ、戦前には書店間でお互いに商圏を食い合わないよう保ってきた距離制限が無効になる。取次は取引がすでにある書店からの陳情《ちんじょう》でも聞き入れることなく、新規に出店する小売店（チェーン書店、スタンド、売店、コンビニ等）と口座を開き、同一商圏での競争が激化した。

◆1970年代から大手書店はチェーン店化を進め、ショッピングセンターや大型スーパー内に出店したほか、SC運営会社による直営書店も登場した。1990年代から大型店舗出店に関する法改正が進み、チェーン書店が経営する「メガ書店」も現れる。大型書店は立地も品揃えも取引条件も良く、近隣の中小書店を駆逐した。

コラム9

共同倉庫構想の挫折史

迅速で効率的な書籍流通のためには、出版社・取次・書店横断の巨大物流センター、共同倉庫が必要だという話がたびたび浮上してきた。

いまでもトラックの積載率向上、店舗《てんぽ》数最大化、効率的なダイアグラム構築のために取次横断の共同配送（共配）は行われている。首都圏の取次作業所に本を集めて各社乗り合いで地方の中継地点まで運び、そこから各地の書店やコンビニへ個別配送（個配）する。また、返品も2002年に取次5社共同出資で作った出版共同流通により処理を迅速化させてきた。2020年にはトーハンと日販が雑誌返品業務の協業をはじめ、2025年夏から書籍返品も開始する（「新文化」2024年4月4日）。ただしどちらも「その場所に在庫を持ち、本の注文を受けて運び出すまでも含めて最大効率化する」ための「物流センター機能」ではない。

出版業界では、共同倉庫構想は何度も立ち上がっては頓挫《とんざ》してきた。

たとえば「出版流通センター構想」を1964年頃から国鉄と取協、書協、雑協が検討していた。国鉄飯田町貨物駅構内に地下2階、地上9階の流通センターを建設し、出版物の集荷・荷造、コンテナ輸送、共同倉庫を備える計画だ。だがこれはオイルショックや国鉄の新規投資抑制政策によって廃案となる。

渋滞《じゅうたい》の悪化による運送効率低下が問題になると、通産省が物流改善策の一環として1976年に設立した「出版物流通合理化総合委員会」が出版業界各セクターへヒアリングした上で共同倉庫システムの報告書を書いている（「新文化」1977年6月30日）。結論は「共同倉庫を業界は必要としているが、導入は困難」だった。理由は、
①大手取次や版元は現状でも支障がない（ニーズがない）
②中小版元には共同倉庫のニーズに関する話し合いが少ない（資金的余裕もない）
③版元にとっては自社契約の倉庫と共同倉庫の二重在庫になる
というのが主なものだが、そもそも書籍は取扱点数が膨大《ぼうだい》なうえに大半は少部数在庫で特殊本・専門書も多く管理が難しい、在庫の有無の確認、注文、出荷、配送状況などの情報（ステータス）の操作・更新・共有が難しい、費用負担の主体が明確でない、とりまとめをするリーダーがいない、なども挙げられている。

1990年代には須坂構想、ジャパンブックセンター（JBC）として書籍の大規模流通センターを長野県須坂市に作る計画が浮上した。もともとジャパンブックランド（JBL）として、長野県を中心とする書店チェーン平安堂の代表（当時）平野稔が構想したもので、当初は須坂市に延べ6万平方メートルに及ぶ巨大共同倉庫を備えた流通基地や印刷所などの出版関係施設を集積、並行して出版業界で汎用的に使える書籍データ

ベースを構築、在庫情報と連動させて利用者に開示し、少部数の書籍の注文流通（客注）効率化を図ると謳《うた》った。出版物を超巨大な共同倉庫に入れ、そこから各取次が取引書店に配本して書籍流通の課題を解決する算段だった。平野は１９９１年５月に取引先の東販を訪れ、通産省、長野県、銀行、取次、主要版元を奔走《ほんそう》し、１９９２年１月に須坂市に事務所を開設。資本金１００億円以上の第三セクター方式でジャパンブックランド（株）を設立するのが平野の夢だったが、各社の調整が図れず、まず物流センター「ジャパンブックセンター（ＪＢＣ）」として共同倉庫建設で１９９３年に合意。だが１９９５年になっても出版社の共同倉庫になるのか、取次まで加わった書籍流通センターになるのかさえ決まらない。１９９６年には株式会社ジャパンブックセンターが資本金１億円で発足。当初は須坂市、二玄社、新潮社、トーハンで分担し、のち資本参加する会社を増やしていくも、平野の目標・資本金１００億円企業にはほど遠い。社長は出版社団体・書協の理事となる二玄社社長・渡邊隆男だったが、書協は専門書や少部数出版の中小版元だけで運営する共同倉庫をイメージし、平野の構想とズレがあった。書協もトーハンも業界内に働きかけ、まとめる動きに欠けた。試算した出入庫の手数料に版元の賛同が得られず、公的資金導入も経産省から「ＪＢＣを中核企業と認めることは不適当」とされ、民間有志の協力も得られなかった。ＪＢＣは２００２年11月に解散を決議する（『平安堂八十年の歩み』平安堂、２００７年）。

第十章　図書館、TRC（図書館流通センター）

戦後日本では、本屋と図書館の関係は決して良好とは言えなかった。

日本では教育基本法の下に社会教育法と学校教育法が制定され、社会教育法の下に図書館法が1950年、学校教育法の下に学校図書館法が1953年に公布・施行される。公共図書館は、学校教育以外の青少年や成人に対して行われる教育活動「社会教育」の一翼を博物館や市民向け講座などとともに担うものとして、学校図書館は学校教育の一翼を担うものとして位置づけられている。

公共図書館と学校図書館は、法的にも予算や人事も別である。

なお、公共図書館は公立図書館と私立図書館に分かれ、前者が都道府県立図書館や市区町村立図書館、後者は雑誌を所蔵・閲覧できるサービスを提供する大宅壮一文庫（東京都）のような私設の図書館のことだ。

戦後の公立図書館は、GHQによって民主主義を育てる基盤《きばん》として期待され、アメリカをモデルに新しい図書館像が示された。戦前の図書館は閉架が基本だったが開架が基本になり、来館者の調べものや資料探しに関する質問に答えるレファレンス・サービスや視聴覚資料の提供も示された。ただしGHQは社会教育の場として公民館により期待をかけ、1946年時点では3398館あった図書館は、多くが公民館に転換され1950年には972館に激減（石井敦・前川恒雄『新版　図書館の発見』NHKブックス、2006年）。また、GHQの占領は1952年で終わり、潤沢な図書館予算は打ち切られる。図書館法ができたはいいが、その理念を実現する予算が1950年代の地方自治体にはない。きびしいスタートだった。

そもそも公立図書館や学校図書館の予算はどう決まるのか。一例をあげると、自治体の役所の社会教育課（生涯学習課）や学校教育課の係長クラスがその年の図書館の活動、図書館職員からの要望などを踏まえて次年度の予算案を策定し、課内で課長・部長の査定を受ける。

次に、図書館長と教育委員会の教育長が査定し、教育委員会全体の予算配分のバランスを調整（教育委員会は学校教育だけでなく、公立図書館を含む社会教育もあつかう。公立図書館も学校図書館も原則「教育予算」からの支出で運営される）。

教育委員会の査定を経た予算案を、社会教育課や学校教育課の課長、部長が役所の財政課の局長クラスに提出する。社会教育課や学校教育課の人間が財政課からの疑問・質問にうまく答えられないなど、「市民のために必要」という合理的な説明がつかないと財政課に判断されると削られたり、宿題として持ち帰って再検討したりするプロセスを経る。

その後、財政課から各課に予算が通達される。財政課がこの予算案を首長に説明し、首長が議会にかけて承認されれば正式に予算になる。

このように現場に近いところからボトムアップで決まる通常予算の枠とは別に、首長がトップダウンで「教育政策を充実させる」「図書館に力を入れる」と打ち出し、枠外の特別予算を付けるケースもある（首長や議員が働きかければ、枠内でも財政課が予算を確保するよう動く）。自治体や時代によって差はあるが、おおよそこうした人たちが関わり予算が決まっていく。

1950年代には、少ない予算で図書館はどこから本を買っていたのか？　当初は基本的に地元の組合加盟書店だ。図書館から組合または書店に注文を出し、書店が出版社―取次―書店という「正常ルート」（当時の呼び方）を使って本を入手し、それを図書館に納品していた。

のちに日野市長として都道府県立図書館並みの資料費と全国屈指の館外貸出数を日野市立図書館で実現することになる、当時の日本図書館協会事務局長だった有山崧《たかし》は「出版―取次―小売の関係位《くらい》不合理なものは少ない」「悪循環《じゅんかん》と無駄の奈落であり、知的文化財たる出版物に関係してかくも無明《むみょう》地獄があることはそれ自身一つの皮肉」と書き、「正常ルート」によって悪書があふれていると批判した（「日販通信」1952年9月上旬号）。

書店は見計らいで取次から送られてくる書籍や雑誌を新刊中心に回していく流通形態になったが、図書館は開館から数年のあいだはとくに、新刊に限らず各分野の基本書や年鑑《ねんかん》のような資料、専門家から評価の高い本を蔵書していく必要がある。ところが地元書店のなかでも小規模な店には店売分すら人気の新刊や少部数の専門書が確保できていないことが多い。まして図書館分の新刊は店頭にない。基本書や資料、良書も心もとない。だから書店から客注として取次に発注する。すると届くのに1ヶ月かかり、そこから装備、目録作成作業（後述）が発生する。あるいは1ヶ月経って「品切れ」とわかる、発売前から予約したのに買えない、注文自体が取次・出版社との伝言ゲームのなかでウヤムヤになる、勝手に減数出荷される、すべてそろえる必要がある全集が歯抜けになる、あとから「取次不扱い」と言われる（直接注文以外受け付けない出版社・本だとわかる）、等々が横行した（日本図書館協会出版流通対策委員会編『図書館と出版流通　第1集』1981年）。毎年図書館の予算は決まっており、基本的には年度の期間内に消化しなければならない。だが注文した本がどのくらい・いつ入手できるか定かではない。図書館が「正常ルート」の異常さに怒るのもムリはない。

1958年時点で都道府県立図書館は平均蔵書冊数約12・4万冊、年間受入冊数7937冊、年間図書費約232・6万円。市区立図書館は1自治体あたり蔵書約2・3万、年間受入冊数1529冊、年間図書費約51万円。年間50万ということは、月換算では4万円強。当時は米10kgの平均小売価格が870円、インスタントラーメン1袋35円、缶ビール1缶（350㎖）75円。現在の物価の約4分の1だから、当時の4万円は今なら16万円分相当だ。それをいくつかの書店に分散して発注していた。その程度の売上では、書店が図書館の不満に真摯に向き合い、対取次、対出版社で共闘する機運が全国的に高まるはずもなかった。

1963年には日本図書館協会編『中小都市における公共図書館の運営』（通称『中小レポー

ト』）が書かれ、大きな影響を与える。中小レポートは人口5万から20万の都市をモデルに「中小公共図書館こそ公共図書館の全てである」と宣言。地域住民に身近な市町村の図書館こそが重要で「大図書館は、中小図書館の後楯《うしろだて》として必要」と主張し、それまで主流だった大図書館中心の図書館観からの転換を果たした。中小レポートは、5万の人口にサービスするには年間最低5750冊の購入、当時の書籍価格では年262万8000円の予算が「最低」の図書費だと強調した。しかし当時人口5万人台の市の図書館では年50万円未満が平均的な資料費で、「どう実現していくのか」の見通しを示していないと批判された（オーラルヒストリー研究会編『中小都市における公共図書館の運営』の成立とその時代』日本図書館協会、1998年）。

とはいえ中小都市でも公共図書館を求める声は高まり、設置市数は徐々に増加、資料購入費も増えていく。市区立図書館の資料購入費は1965年4・4億円、1974年35・8億円。1960年代後半まで、公共図書館の利用者の大部分は受験勉強のために座席を使う人たちで、それが一般市民を図書館から遠ざけていた。東京の日野市立図書館が初めて（勉強に使える）閲覧室のない図書館をつくったとき「学生を締め出すのか」と非難を受けたほどだった（『新版図書館の発見』）。

また、1970年代前半には「市区立」図書館の設置率は60％台後半になるが、当時、基礎自治体の市区町村の中では町がもっとも多く、次に村、市・区はもっとも少なかった。1972年時点では「町立」図書館の設置率は10・8％、「村立」図書館は1・9％。

市立図書館の数と設置率

1961年	市数	556
	図書館をもつ市数	343
	設置率	61.7%
1968年	市数	563
	図書館をもつ市数	366
	設置率	65.0%
1975年	市数	643
	図書館をもつ市数	447
	設置率	69.5%

『市民の図書館 増補版』日本図書館協会、1976年、26・154頁より作成

市町村立図書館の設置率（1971年）

	市・区	町	村
市町村数	628	1992	721
設置市町村数	423	216	14
設置率	67.4%	10.8%	1.9%

石井敦・前川恒雄『図書館の発見 市民の新しい権利』NHKブックス、1973年、32頁より作成

1972年の日本図書館協会編『図書館白書』によると、日本は人口ひとりあたり蔵書冊数はデンマークの13分の1、アメリカの3分の1、貸出冊数は英国の5分の1、デンマークの30分の1、アメリカの15分の1。

日販から刊行された『出版流通問題の国際比較』（1972年）では英国の書籍の半数は図書館向けで、利用率の高い本を図書館は何冊も購入し、破損するほど読まれれば買い換《か》え、同一書名の本が「高価だが丈夫な図書館向け」と「簡易な装丁《そうてい》で安価な個人向け」という二つの市場を対象に成立しているとまとめられている。対して日本の公立図書館、学校図書館は市民の書斎になっていない、ハードカバーも文庫も個人向けにしか作られておらず中途半端だ、と。後年、作家や出版社から批判される複本（図書館が同じ本を複数所蔵すること）を1972年には日販は肯定していた。最大の問題は図書館の規模が小さく、予算が少ないことだ、自治体は財政支出を増やせ、と訴《うった》えていた。

「日販通信」1976年2月号の日販副社長・後藤八郎と紀伊國屋書店専務・松原治（いずれ

も肩書きは当時のもの）の対談では、松原は「図書館に買われると書店の売上が減るという書店がいるが、そうじゃない」、後藤は「図書館で本を揃《そろ》えられたら個人に売れなくなるなんてことは絶対にない」と語っている。永江朗『新宿で85年、本を売るということ』（メディアファクトリー、2013年）によれば、紀伊國屋書店は1950年代から「兼業商品」である洋書を大学の研究者や図書館に営業をかけ「外売」（外商）で自社の規模を拡大し、1960年代の大学設立ラッシュの恩恵を受けた書店だから、図書館予算増額に反対するはずもなかった。

清水英夫・金平聖之助・小林一博『書店』も、全国1200の公共図書館の図書購入費合計が七十数億円では「低文化国家」だと批判する。出版社団体である書協の理事長（当時）下中邦彦も「文化国家という以上はもっと図書館を整備する」働きかけを国にするのが書協の重要な仕事のひとつだと1972年に語っている（『続・書籍正味問題のすべて』新文化通信社）。

公共図書館が地域政策の中で、公民館やコミュニティ施設と並んでではなく「独立」してフォーカスされるのは、大都市抑制・地方振興を打ち出した1978年の第三次全国総合開発計画（三全総）に関連した調査からだ。三全総の高次都市機能整備計画、モデル定住圏計画、新広域市町村圏計画の中で図書館が取り上げられ、広域行政の対象として図書サービス提供システムの推進・整備がはかられていく（大串夏身『図書館政策の現状と課題』青弓社、1985年）。

装備費負担問題と図書館流通センターの誕生

「全国書店新聞」１９６７年８月15日では「出版社―取次―書店」の「正常ルート」を脅《おびや》かす諸流通ルートのひとつとして「日図協《にっときょう》ルート」が挙げられている。版元→大取次（東販、日販など）や日本図書館協会事業部→公共図書館・学校図書館という流通ルートだ。日本図書館協会は自ら書籍を仕入れ、図書館に納入する書籍販売および目録カード頒布《はんぷ》事業を行っていた。「目録カード」は図書館の情報システムがコンピュータ化された今では見かけなくなったが、１９９０年代頃までは、図書館の中でどの本がどの場所にあるのかの情報をカードに手書きして管理していた。目録カードには著者名、書名、それらの読み方のローマ字表記、出版社名、発行年、日本十進分類法の分類に基づく請求記号（たとえば「日本人作家の小説」なら「９１３・６」などの情報）、分野名（「社会科学」など）、ページ数、本の大きさが記されていた。筆者は１９９０年代後半に高校の図書委員として目録カード作成もしたし、アナログのカードの情報をデジタル管理できるようにＭＡＲＣ（後述）の書式に合うようデータ入力もしたが、どちらの場合でも目録作成には手間がかかる。

日書連が公共図書館納入問題を取り上げるのは「全国書店新聞」１９７７年12月25日掲載の投書からだ。そこでは１９７０年頃から学校図書館や公共図書館への納入本の「装備」費用は書店持ちが当然視され、１９７６年には装備費用が１冊50円から65円に増え、粗利《あらり》を削っていると不満がつづられていた。

図書館は個人への本の販売とは異なり、「装備」なしでは扱えない。日本十進分類法に基づき本を分類し、それを本の背に記したシールを貼り、汚損を予防するために透明のブックカバーフィルムを貼り、かつてであれば貸出カードを本の表３部分（裏表紙の裏面）に付けるなどして、ようやく図書館の本として使えた。当時は、

・日本十進分類法に基づく本の分類および標目の決定
・基本カード（目録カード）の作成
・ラベルの記入、貼り付け
・借りた人間の名前や貸し出した日付、返却日を記録するブックカードの記入と、そのカードを入れるブックポケットの本への貼り付け

が納入書店に求められた。さらに自治体によっては定価の一割引きでの納入を迫られ、条件が悪すぎると書店は不満をあげた（『日書連四十年史』）。

官公庁や学校に対しては、再販契約書上も値引きが許容されてきた。税金の効率的・適切な支出を目的にしばしば入札が行われるためだ。削れる予算は極力削りたい自治体は、図書館納入を希望する書店に相見積もりを出させ、装備無料で本の割引率が高い事業者に依頼することがめずらしくない。出版業界では「本は定価販売」「書店のマージンは低く、本の価格は安い」は常識だが、役所の人間にはそうとも限らない。町の本屋は「よそにとられるくらいなら、ほ

とんど儲《もう》けは出ないが引き受ける」くらいの条件で納入するケースが少なくなかった。

日本図書館協会の事業部門は1970年代後半までに約1億円の赤字を計上し、負債総額が約2億円に達していた。自治体からの値引きの要求に加え、書誌目録の作成や装備のコストがかさみ、通常の出版流通のマージンを上回るためだった。

そこで1979年、図書館流通センター（TRC）が設立される。

日図協が出版社・取次に事業部門の再建計画を説いて新会社への出資協力を要請、講談社の服部敏幸を代表取締《とりしまり》役社長に招き、取締役副社長は日本図書館協会の彌吉光長《やよしみつなが》、代表取締役専務に学校図書サービス代表の石井昭、取締役は平凡社・下中邦彦、新潮社・佐藤亮一、偕成《かいせい》社《しや》・今村廣、誠文堂新光社・小川茂男という布陣で設立した。

実質的な経営手法は、1961年に石井昭が設立した図書館向け専門の販売会社・学校図書サービスから引き継がれた。石井は書店経営を経て、学校図書館への外売営業を発展させて「学校図書サービス」社を起業、日本で初めて背ラベルやブックポケットなど貸出用の装備をつけた図書の納品を開始。書誌目録や整備ニーズも満たした。公共図書館における日図協ルートのような役割を学校図書館向けに、より効率的に行っていたと見ればいいだろう。同社は当時日本で唯一、小中高大学、専門図書館、公共図書館にルートセールス（販売エリアを限定した訪問販売）を行った事業体でもあった。

さらに重要だったのは、学校図書サービスは顧客《こきやく》（学校図書館）側の注文を想定してあらかじめ在庫を持つことで「すべてが客注」であるために生じる図書館流通の課題に応えた点だ。同社は1974年に児童書出版社と共同出資で在庫管理と出荷業務を担当する株式会社図書流通を設立、取次の学校図書館向け商品の在庫と出庫を代行した。図書流通は、学校図書サービスが持つ過去の売上情報をもとに出版社から確保する初期の在庫数や補充数を決め、仕入の精度を高めた。このモデルがTRCでも採用され、両社は1993年に合併して株式会社図書館流通センターとなる（佐藤達生「図書館流通センターとはなにか」、今まど子・高山正也編著『現代日本の図書館構想　戦後改革とその展開』勉誠出版、2013年）。

TRC側の本や資料では「町の本屋との共存共栄」であるかのような記述がなされているが、日書連側から見たTRCの記述は大きく異なる。

TRC創立から間もない1980年、「全国書店新聞」は4月25日と5月5日に「座談会　図書館流通センターへの疑問」を掲載。当初のTRCは1週間に200〜300冊の現品見本を図書館に持っていって選書をしてもらい（図書館の選書ではこれを「見計らい」と呼ぶ）、必要な本を装備して定価で公共図書館に納品――つまり装備費用はTRCが負担していた。

一方、外売要員を雇える余裕がなく、基本的には店売りで手一杯の弱小書店の多くに、公共図書館まで新刊見本を毎週持っていく余力はなかった。そのうえ装備費用は1冊220円もかかるようになり、図書館からは「書店に目録カードを作らせると分類がめちゃめちゃになる」との苦情もあった。日書連は「学校図書館を荒し回った学図サービスの石井さんが専務でやるわけですから、何をやるかわからない。装備のサービスと納本を一本にして荒し回るだろう」と、敵意をむき出しにしている。石井の側も書店経営者時代から「夜間営業禁止」などを横並びで求める書店組合と衝突《しょうとつ》していた。

日図協の累積《るいせき》赤字を解消するために版元、取次が「公的事業」として支援すると聞いていたのに、TRCは東販から本を仕入れ、新設図書館の納入では優先的に「書店」として参加し、出版社から取引条件も特別優遇されている、と1980年に日書連がTRCに抗議する。だが日書連から提起された図書館納入や装備費の自治体負担についての規約づくりをTRCは否認。その後も地元書店とTRCとの衝突が相次いだ。石井は「TRCは当初から収益事業を目的として設立された」とくりかえす(『日書連四十年史』『日書連五十五年史』)。

TRC MARC

TRCは目録を電子化することでも図書館からの受注を勝ち取った。

1982年に汎用書誌データベースTRC MARC(MAchine Readable Cataloging)の発売を開始し、1990年には公共図書館約850、大学図書館約120、専門図書館約50にまで伸ばす。図書館の資料管理はコンピュータになじみやすく、MARCの登場以降、目録を内製する図書館はなくなり、今ではコンピュータを導入した図書館の7割強でTRC MARCを採用。目録カード時代には一枚一枚手書きカードを各館に用意する必要があったが、コンピュータで作成したデータベースは一度入力したら各館にそのデータを提供し、定期的に更新すれば済むので、圧倒的に手間と人件費が減った。

ＴＲＣは日図協から書籍16万点のデータを引き継ぎ、半数以上はコンピュータファイルに入力済み、残りは東販の経費負担で入力。この基礎データに加えて、以後の新刊データからＴＲＣ ＭＡＲＣが作製され、ＴＲＣ ＭＡＲＣはトーハンの書誌情報検索システムＴＯＮＥＴＳのデータとしても利用された（『出版流通とシステム』）。

目録が図書館にとってどれだけ重要かは、これも公共図書館史上の重要文献とされる竹内紀吉『図書館の街　浦安』（未來社、１９８５年）のなかに「買うと決めた本がＭＡＲＣ化されており、いま入手できるものであることが本の内容に先立つ。さらに、たんに目録の正しさに信頼があるだけでは足らず、データが物流（図書購入上の流れ）と一体化されている必要があった」とあることからも明らかだ。ＴＲＣ ＭＡＲＣは竹内ら図書館運営者が望んでいたように、書誌データと在庫情報を一致させた点が画期的だった。

ＴＲＣによる図書館への本の販売システムの全体像は、ＴＲＣの代表取締役を務めた尾下千秋『変わる出版流通と図書館』（日本エディタースクール出版部、１９９８年）にくわしい。ＴＲＣでは取引図書館の98％の物流を単品管理し、受注から納品までの流れを３ヶ所でチェック、受注した本がいまどこにあるかを1冊ずつ知ることができるという。ＴＲＣは学校図書サービスの「自らあらかじめ在庫を持つことで客注に迅速に応える」方式を発展させた。新刊情報を

図書館への本の流れ

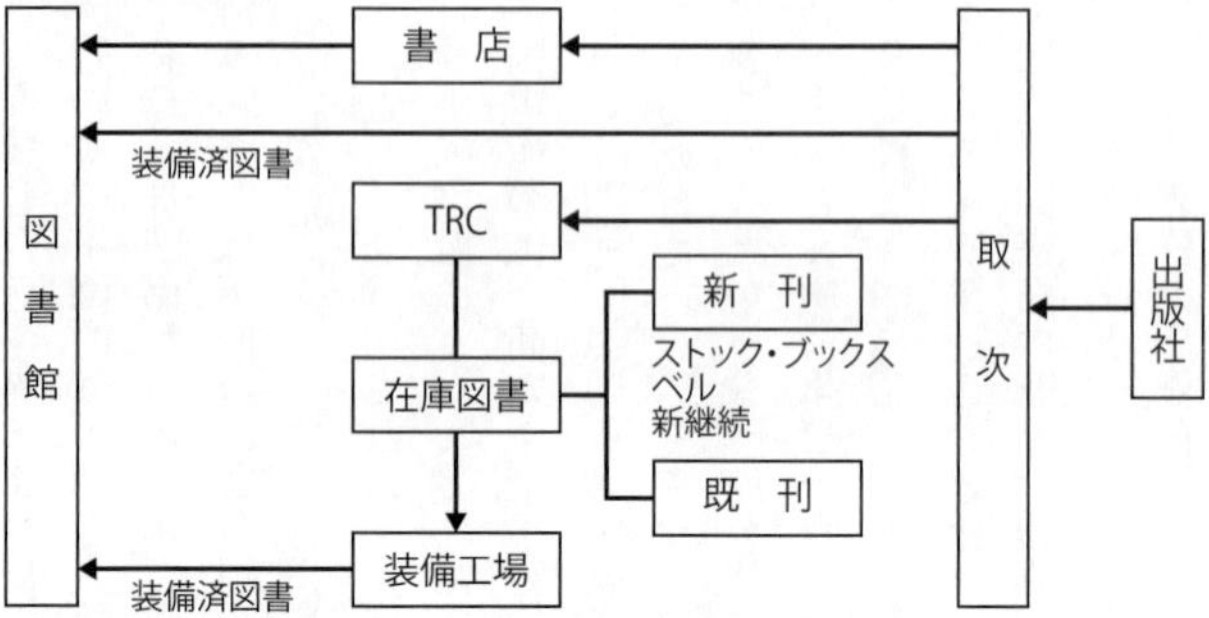

『別冊本の雑誌13 図書館読本』（本の雑誌社、2000年）より作成

事前に入手し、図書館が購入すると予測される部数を出版社との直取引または取次経由であらかじめTRCが確保、MARCと在庫情報を組み合わせ、図書館に知らせて注文を受ける。これによって、客注しても実際に本が届いて初めて在庫があったとわかり、品切れの場合は品切れを知らせる短冊《たんざく》（注文票）が戻ってきて初めてそうだとわかり、品切れの連絡すらない本はどうなったかわからない「無駄の奈落」「無明地獄」から抜け出したのだ。

TRCが新刊書を確保するための物流システムは3つある。

1．話題書や売れ筋本を対象とする自動送本の新刊急行「ベル」システム

2．図書館が必要としそうな本を在庫する「ストック・ブックス」（SB）システム

3．定期刊行物や逐次刊行物を確実に納品する「新継続」システム

話題の新刊の確保はほかの書店との競争になるため、ＴＲＣは出版社から買い切って一定部数確保する。１９８３年に始まったベルシステムは、確保した新刊を申し込み（会員制）によって自動的に図書館に送本する。ベストセラーは地方書店への配本が少なく、地方の公立図書館が確保しづらいという問題を解決するために生まれたしくみだ。現役図書館員などの選書協力委員の推薦によって利用度の高い本や話題書がベルに指定され、図書館側は利用したい分野を文芸書、児童書など5カテゴリー21グループ30コースの中から選ぶ（２０２５年現在）。

ＳＢは「ベル以外の本の納期が遅《おそ》い」というクレーム解消のために始まった。一般的な客注はいつ入荷するかわからないが、ＳＢならＴＲＣに在庫があるから3週間後には装備付きで確実に納品。こちらの在庫はＴＲＣが委託（ほかの書店同様の返品条件付買切）で確保したものだ。

新継続は、全集や叢書などを第1回配本時にたとえばＴＲＣが１００部で申し込みをしたら、最終巻まで取次、出版社とＴＲＣで協力して確実に納品する。

どれも当たり前にできそうに思うかもしれない。しかしたとえば定期配本は日書連の「全国小売書店経営実態調査報告書」の２０１６年版でも、「取次が雑誌の定期配本数を勝手に減らすので予約分が確保できずに困る」との声が複数寄せられている。

装備、ＭＡＲＣ以外にも、図書館の購買には独特の特徴がある。尾下の本を参照すると、

①購入資料は一般書か児童書か、またどういう分野の図書か

②購入資料は新刊書か既刊書か、またその割合はどの程度か

③どんな購入手段をとっているか、また購入時期はいつか
④フィルム・コートや背ラベル、バーコード・ラベルなどの貸出装備は自館装備か委託かといった分類で購入資料を仕分ける必要がある。また、小中高大、公立など図書館の種類によってもニーズや発注方法、望まれる納品の仕様など購入の特質が異なる。

図書館販売では、学校図書館は55％がカタログ販売、残りが展示会や巡回販売車による売上、公共図書館は75％がカタログ販売で8％が新刊見計らい、残りが客注だという。現物を見ず選書する割合が高く、カタログが重要になる。TRCの代表的なカタログが「週刊新刊全点案内」だ。

いろいろな注文方法が出てきたので、図書館の選書のしかたについて混乱した人もいるかもしれない。多くの図書館にはそれぞれ選書基準があり、それをもとに「週刊新刊全点案内」などのカタログを正規職員で回覧するなり、図書館への見計らいで現物を見るなりして、図書館職員で意見をとったあとで、選書委員会において予算の範囲内で決定する（規模が小さい図書館では選書委員会がない場合もある）。これがベースだが、特定ジャンルの選書をTRC（が依頼した公益財団法人図書館振興財団が選んだ新刊選書委員会）にゆだねるベルのようなしくみもある。

TRCはこれらに加えて図書館の管理業務効率化、セキュリティ向上のために重要で、蔵書にあたって必須となるが、装備の手間、コストがかかるICタグ付き納品もデフォルトにした（本の学校編『書店と読書環境の未来図』出版メディアパル、2014年）。

値引きと装備だけなら町の本屋が入る余地はあろうが、ここまで図書館ニーズに応える施策を組み合わされては、ＴＲＣに勝てる見込みは薄い。

書店くじ対策で作られた公正競争規約が装備・MARC問題に応用される

ＴＲＣは１９７９年の設立早々から「装備との抱き合わせ」、１９８２年のＴＲＣ ＭＡＲＣの提供開始以降は「本・装備・ＭＡＲＣとの抱き合わせ」によって、図書館への納本を町の本屋から奪っていった。

装備費用は本の定価の17〜19％、一般的な書店の書籍マージンは22％前後だから、装備を無料で請け負えば粗利は3〜5％。値引きを求められるとふつうは赤字になる。ではＴＲＣはなぜ赤字にならずに済んだのか。ひとつには、取次も使ってはいるが、出版社と直接取引をして買切で仕入れ、取次の手数料分を浮かせたこと。もうひとつがＭＡＲＣの販売だ。ＭＡＲＣの販売にはスケールメリット（規模の経済）が生じる。データ作成コストは納入館数が１館でも１００館でも変わらないが、作成コストを超える規模の売上（納入館数）になれば、あとは高い利益率で販売できる。２００５年に石井昭は、ＴＲＣ ＭＡＲＣは作成コストが月1億円（年12億円）、販売価格は1館あたり年額１４０万円と語っている。ということは全国８５８館以上の納入でペイする（『ず・ぼん11』ポット出版、２００５年）。ＴＲＣ公式サイトによれば日本の公共図書館３２９２館のうち２９３５館がＴＲＣ ＭＡＲＣを使っている（２０２４年6月現在)。つまりMARC事業での利益は(2935−858)×140万円＝年間29億780万円と推定できる(これはあくまで簡易的な試算で、実際は作成コストも販売価格も変化している)。

MARCは一度導入すると、定期的かつ継続的に更新する必要がある。図書館は新しいデータを買いつづけなければならない。しかもMARCには著作権がある(他社のMARCを勝手に流用して作成することはできない)。いったんどこかのMARCに決めると、運用に使うソフトウェアも含めて切り替えが面倒になるから、図書館は信頼が置け、便利そうな(無難でハズレを引かなそうな)MARCをえらぶ。いったんえらばれたMARCの販売元には、定期更新のたびお金が入る。ただ、図書館でのコンピュータ利用黎明《れいめい》期には、TRC MARC単体では利便性も必要性も実感してもらいづらかったがゆえに、「装備費用無料」を組み合わせて売り込んだのではないかと思われる。

この「装備・MARC抱き合わせ販売」への日書連の対抗策は、アクロバティックなものだった。やや長くなるが、順を追って説明したい。

第四章で触れたように、1979年に公取から部分再販、時限再販を認めるように行政指導が行われ、1980年から出版業界は新しい再販契約書に移行する。

それまでの再販契約では「景品をつけるのは割引と同じ」と解釈して書店団体は禁止してきたが、公正取引委員会は1975年頃から「景品付き販売は再販とは違う」と言い出す。

背景のひとつにたとえば「書店くじ」問題があった。書店が「お買い上げ○円につき1枚贈呈」として景品などが抽選で当たるくじを大々的に実施したのは、戦後では1951年の全国雑誌週間での「雑誌くじ」220万枚発行による増売の成功が嚆矢《こうし》だろう（『小売全連二十年史』）。その後しばらく空いて1974年に日書連が読書週間に「書店くじ」を復活させると、くじ250万枚発行と盛況を得る。以降、追随《ついずい》して「本を○円買うとくじがもらえる」方式で販売し、その店だけで使える図書引換券や「現金が当たる」とする書店が目立ち始める。ほかにも景品や還元率等がエスカレートしてきたため、日書連は「実質的な割引」と問題視した。

しかし公取は『割引類似行為』『景品付き販売』を規制する条文は景品表示法（景表法）上の問題で、独禁法マターではない。したがって小売と取次の間で交わす再販契約にはなじまない」として新しい再販契約書の条文からの削除を要求（「全国書店新聞」1980年3月25日）。同時期、出版社側でも雑誌の懸賞《けんしょう》賞金や高額景品、書店員への直接リベートなどが公取から問題視されていたこともあり、出版4団体（書協・雑協・取協・日書連）は、景表法第31条に基づいて認定を受けた事業者団体が自主的に設定する業界のルール「公正競争規約」を制定しようと動き出す（『日本出版取次協会三十年史』）。

公正競争規約とはなにか？　景表法の条文そのままで解釈すると、くじ付き販売は個々の書店がやる場合、最高額はだいたい1万円まで、団体として共同でやる場合は10万円まで。本を買った際にプレゼントする粗品の提供（「総付景品《そうづけ》」「ベタ付き」）。よくあるのはしおり、ボールペン、クリアファイル、ブックカバーなど）は、本の価格が1000円～50万円未満なら景品は取引額の10%までの物品なら良い。これが「国が定めた」基準だ。

ただし景表法では「そうは言っても業界ごとに商慣習等々が違うでしょうから、各業界で適正な景品提供の限界を決めて協定や規約を作れますよ」としている（公取がすべての業界からの個別の訴えをいちいち判断するのが人手の関係でむずかしく、各業界内の自主的な努力と相互監視を必要としたからでもある）。この「業界独自基準」が公正競争規約だ。これを実現するべく日書連の息がかかった公正競争規約委員会が立ち上がる。

出版物小売業（書店業界）の公正競争規約案は、業界内の議論や公取とのやりとりで紆余曲《うよきょく》折《せつ》があった末に、くじは個別でやる場合は景品（当たり）の金額は3000円まで、景品総額は取引予定額（くじ実施期間中の売上の予想金額）の2%まで、または100万円以内、提供できる粗品の金額は取引額の2%まで、さらにはこうしたくじや景品類の提供は年間70日間を超えてはならない、というものになった。

ただ、公取はこれを認める条件として、
1．規約はあくまで規約加盟会員に対する規約。アウトサイダーを規制・指導する性質のものではない
2．認定した後にすぐ制限告示を出すことはしない
とした（「全国書店新聞」1981年4月5日）。

「制限告示」（業種別景品制限告示）とはなにか？　公取（のちには内閣総理大臣）が景表法第4

条の規定に基づいて、必要があるときには特定の業種に適用される制限または禁止を定める告示である。公取は「これはすぐは出さないよ」とした。

つまり、出版小売業界の公正競争規約は「出版物小売業公正取引協議会」（日書連などが作った「公正競争規約委員会」から規約成立後に移行した団体）に未加入の個人や事業者には「制限告示」が出るまでは効果が及ばず、景品表示法上の制限しか受けない。

したがってたとえば、１９８２年に東北のある大学構内で書店（生協ではなく出入りの書店で、かつ公正競争規約のアウトサイダー）が本を定価の10％相当のクーポン券付きで販売した際には、2％まで（公正競争規約）ではなく10％まで（景表法）基準が適用され、書店団体は再販契約・景表法いずれからも攻め落とすことができず、半年かけて現地を何度も訪れ説得するしかなかった（『出版年鑑』１９８３年版）。

話が長くなったが、ここで図書館向けの本の装備費用に話が戻る。

こうした景表法の議論が、装備費用問題に応用されるのだ。

本の装備費用は定価の17～19％相当だが、ＴＲＣは装備を無料提供して納本している。これは「景品類の提供」にあたるおそれがあり、ＴＲＣは出版物小売業公正取引協議会には入っていないが、景表法基準の「定価の10％まで」という基準すら大幅に超えている。したがって法的に問題があり、図書館納入時に本と装備費は別途契約（請求）が望ましい、と法律論で対抗した（「全国書店新聞」１９８３年８月25日）。

日書連はもともと「図書館への納本業者が装備費用を自腹で負担するのは実質的な値引きで、定価販売を定めた再販契約違反」と解釈していた（地元の書店も自治体から装備費負担を求められて応じるケースはもちろんあったが、本来、装備費は別途実費で求めたいという考えだった）。しかし、公取は「装備の費用負担は『値引き』（そのもの）ではない」として、「再販契約違反」と騒ぐ日書連の見立てを退けた。そこで「『値引き』でないなら、装備の無料請け負いは景表法上の『割引類似行為』『景品付き販売』になるはずだ。そしてそれは定価の10％を超えた景表法違反の過剰サービスだ」というロジックを編み出した。この時期にほかの問題で景表法について詰めていなければ「『装備』は『景品』だ」という発想には至らなかっただろう。

1986年には書店団体から陳情《ちんじょう》を受け共産党・小笠原貞子参議院議員が公取にTRCの装備費用無料サービス、MARCとの抱き合わせ問題の申し入れを行う。TRCは公取の聴取を受けて「本だけを購入するより、本を図書館用に加工し、MARCもつけて一体化したほうがユーザーは安く購入でき、消費者保護につながる」と論陣を張る。

また、図書館への本の納入が政治問題化したことで、各地の役所で「図書館の本は現地書店から買うように」と行政指導がなされた。これを受けてTRCはふたつの販売戦略を採用する。

1　フルセット方式

TRCが現品（本の現物の調達・納品）、MARC、装備をすべて行い、現地書店には「のれん料」（手数料）として本の定価の2〜5％を払う。TRCは商品を取次経由または出版社から直で仕入れて装備し、目録カードやＭＡＲＣをつけた完成品を、書店または書店協同組合へ正味95掛《がけ》で卸《おろ》し、書店から定価で図書館に納入させる（という体裁《ていさい》にして実質的な仕事はすべてＴＲＣが行い、装備が完了した本をＴＲＣから図書館に直送する）。

2　ハーフセット方式

現品は取次または書店から購入し、ＴＲＣが目録カードやＭＡＲＣを提供し、装備を行う方式。現品、装備、ＭＡＲＣを分離して行う。

1のフルセット方式は、ＴＲＣが出版社や取次から本を確保し、図書館から注文を受け、工場に発注して装備が完了した本を図書館に納品するまでの実作業をほぼすべて請け負っている。しかし自治体がうるさいので「図書館は地元書店から本を買っている」という体裁を取るために、町の本屋に本の定価の数％分の手数料を支払って「出版社→ＴＲＣ→町の本屋→図書館」という流れを見かけ上、実現したものだ。「町の本屋が全部自分で仕事をしても、よくて定価の5％くらいしか利益が出ないですよね？　本の調達、装備、図書館へ納品する手間がかからないのだから、これで『ＴＲＣと地元書店が共存共栄』ということで手を打ちましょう」と言いたげな料率設定になっている。

日書連は「ＴＲＣはフルセット方式とハーフセット方式で価格差を付け、図書館からすると価格が下がれば本を多く買えることから、フルセット方式の実質抱き合わせ販売に移行するよう圧力をかけている」「ＴＲＣ　ＭＡＲＣを採用するとその後、新刊はＴＲＣに発注される」と批判した（「全国書店新聞」1988年10月27日）。書店組合アンケートでは「TRC主体で談合を強要され、断ると図書館側に悪い宣伝をする」との声もあった（同年7月20日）。しかもこの後、TRCは書店に支払う手数料を徐々に削り、あるいはこの問題のほとぼりが冷めたころに「すべてTRCに注文したほうがお得ですよ」と営業して切り替えを促していたことも、町の本屋の声として残っている。

地方自治体の首長や行政の図書館担当者が代わると、前任者の方針はしばしば覆《くつがえ》される。新任者が図書館や地元企業の重視（町の本屋からの納入）に興味・こだわりがなかったりすると「コスパが良くなって一括で任せた方がラクなら全部TRCで良くない？」となることもある（これはそうなるようTRCが体制を整えたからこそだが）。

1990年に公取は、TRCに対して装備やMARCの価格を明示するよう指導し、「MARCだけ購入したい館には、その場合の値段を公表せよ」と示した。以降、TRCは全国図書館に本と装備とMARCを別々に購入した場合の定価と、一体化した場合の定価を知らせるようになった（『変わる出版流通と図書館』）。

しかし結局、セットで買った方が安い上に利便性が高く、日書連がMARCを持たず、書誌データと物流の一体化機能を持たないことには変わりがなかった（日書連が学校図書館向けに安く使える「日書連MARC」を作ったのは2002年）。

図書館無料貸本屋論争と指定管理者制度

「文藝春秋」２０００年12月号掲載の林望「図書館は『無料貸本屋』か」をきっかけに、２０００年代以降、出版界と図書館界が衝突する「公共図書館＝無料貸本屋」論争が起こった。図書館が同じ新刊本を大量に貸し出すために売上に影響している、と作家を中心に公共図書館が批判された。

　１９６５年には公共図書館数７７３、年間貸出冊数８７６万冊だったのが２００４年時点では２８２５館、貸出冊数６億９６９万冊。１９７０年代には「図書館予算が少なすぎて『文化国家』とは言えない」と出版界からも声があがっていたのに、いざ図書館が増えると「売上を奪うな」と反発された。

　丸善や紀伊國屋書店、そしてＴＲＣのように図書館向けの事業を展開している会社を除けば、書店も図書館批判側に回ることが少なくなかった。なぜなら過去20年にわたって成長してきた図書館市場の多くをＴＲＣに持っていかれたからだ。町の本屋が図書館の本の納入を全国的に引き受けていたなら、書店は「本屋も図書館も重要だ」と論陣を張っていただろう。

公共図書館の主な統計

	1965年	1985年	2004年
図書館数	773	1,633	2,825
職員数（人）	4,988	11,484	14,664
蔵書の年間増加冊数（万冊）	128	1,115	2,046
貸出冊数（万冊）	876	21,714	60,969

石井敦・前川恒雄『新版 図書館の発見』NHKブックス、2006年、22頁より作成

さらに2003年の地方自治法改正で公の施設の管理・運営を民間企業やNPO法人などに委ねる「指定管理者制度」が導入され、自治体はコスト削減のために図書館の外部委託を進めた。代表例としてTSUTAYAを展開するカルチュア・コンビニエンス・クラブ（CCC）が2013年に運営に乗り出した佐賀県の武雄市図書館がよく語られる。武雄市図書館などのいわゆるTSUTAYA図書館は、入館者数の大幅増加などポジティブな面もあった一方で、TSUTAYA傘下の古本チェーンから本を仕入れるなど数々の問題が発生した。

しかしTSUTAYAが図書館事業を始める以前から、1996年に福岡市総合図書館が図書館業務の本格的な外部委託に踏み切った際にはTRCが図書館業務を民間企業が受託した初のケースになっている。2000年代初頭にはTRCや鹿島建設などが作ったSPC（特別目的会社）が三重県桑名市の市立図書館でPFI（Private Finance Initiative：民間の資金やノウハウの活用によって公共施設の運営等にかかるコストを縮減する方法）を使って第1号民間主導図書館運営を受託。そして2003年の地方自治法改正を踏まえて日本で最初にこの法律を図書館に適用した北九州市が2館の指定管理者に指定したのもTRCだった。

日書連は「TRCが本を納入していた図書館の指定管理者に、TRCがなるのは問題だ」（TRCが図書館の運営者となり、その図書館がTRCから本を買うのは利益誘導が過ぎる）と声をあげ、一部の自治体もこれを認識して「地元の書店から買うように」と指定管理者に条件として伝えている。にもかかわらず実態は「地元の書店から買っている体にして少額の手数料を書店に支払い、実質的にＴＲＣから納品させる」手法を採用している（「フルセット方式」）、との批判もある。

２０２５年３月現在、ＴＲＣが受託する図書館の数は公共図書館５９５、学校図書館９０４、大学図書館2、その他施設（博物館など）20。２０２４年６月時点で日本の公共図書館の２９３５館がＴＲＣ ＭＡＲＣを使っている（ＴＲＣ公式サイトより）。

吉井潤による公立図書館の図書購入先の調査（２０２２年）によれば、「自治体内の地元書店または書店組合から購入している」に「はい」と答えた図書館の割合は74・４％。つまり地元書店から買わない図書館が全体の25・６％。

また、「はい」と答えた館の「全購入数に占めるおおよその購入割合」も「1～25％未満」が最多で46・１％。これは「はい」（地元書店から購入している）と答えた館のうちの46・１％なので、「いいえ」（地元書店から購入していない）も含めた全体では34・３％分にあたる。

つまり「地元書店からまったく買わない」25・６％＋「ちょっとだけ買う」34・３％＝59・9％と全体の約６割の図書館が、地元書店から図書購入費予算の25％未満分しか本を仕入れていない。そして地元書店または書店組合以外からの主な図書購入先の最多は、図書館流通センター（ＴＲＣ）で61・２％（吉井潤『事例で学ぶ図書館情報資源概論』青弓社、２０２３年）。

２０１６年調査では、割引をせず装備が施された状態で図書が納品されている公立図書館が41・９％、割引も装備もない図書館が22・９％。装備付きの定価購入（装備費を実費で請求し

公立図書館の図書の購入先：「自治体内の地元書店または書店組合から購入している」

	館数（館）	割合（%）
はい	599	74.4
いいえ	206	25.6
合計	805	100

「自治体内の地元書店または書店組合から購入している」に「はい」と回答した館の全購入数に占めるおおよその購入割合

	館数（館）	割合（%）
1–25%未満	276	46.1
25–50%未満	57	9.5
50–75%未満	25	4.2
75–100%未満	186	31.1
100%自治体内の地元書店または書店組合から購入	45	7.5
その他（1%未満）	8	1.3
その他	1	0.2
無回答	1	0.2
合計	599	100

「100%自治体内の地元書店または書店組合から購入」していない図書館の主な図書購入先

	館数（館）	割合（%）
取次	20	2.6
大手書店	37	4.9
図書館流通センター	464	61.2
その他	53	7.2
無回答	184	24.2
合計	758	100

公立図書館の中央館または中心館への吉井潤による調査（吉井潤『事例で学ぶ図書館情報資源概論』青弓社、2023年、138–139頁）より作成

ないパターン）も「割引」に含めるなら、8割弱の図書館が何らかの割引を受けていた。割引率最大の図書館では24～25％におよび、書店の平均的なマージン22％からするとこの時点で赤字だ（安形輝・池内淳・大谷康晴・大場博幸「公立図書館における図書購入の実態」2016年）。

つまり納入業者（主にはTRC）は取次を通さず出版社からの直販でマージンを確保し、さらにMARCその他をセット販売することで割引を実現し、入札に勝っていると思われる。

そして少なくない自治体が、TRCを公立図書館への中核的な納入事業者とし、「地元書店

からも買っていますよ」と言えるようにするためのアリバイづくりといってもいい程度の分量だけを地元の組合加盟書店に依頼している。

２０１６年の日書連「全国小売書店経営実態調査報告書」では「指定管理者となっているＴＲＣ対策のアイデアが知りたい」といった意見が複数寄せられている。

関係性が良好な自治体もあるが、図書館現場と行政のニーズを汲《く》み取り、成長・変化する図書館市場を積極的な投資によって制してきたＴＲＣと、敗北してきた町の本屋、そして、図書館のコスト削減を強いる行政と地元書店のあいだにも溝が横たわっている。

図書館の「貸出」は市場での「売上」にどれくらい影響があるのか

ところで書店史をあつかう本書にとっては脱線になるが、図書館の貸出は書店での売上にどのていど影響があるのか。これにはかなりの研究の積み重ねがある。だがそのほとんどは専門書や専門誌で行われ、一般にはその知見が広がっていない。ここで要点をまとめておこう。

本当に図書館はそんなに複本購入をしているのか。論争を受けて２００３年に日本書籍出版協会と日本図書館協会が共同で行った「公立図書館貸出実態調査」（全国公立図書館の４分の１にあたる４２７自治体６７９館回答）によると、１９９９年と２００２年に刊行されたベストセラー21作品と、芥川・直木賞の受賞作など計80作品について所蔵冊数や貸出件数を聞いたところ、複本は１図書館あたり平均でベストセラー作品が２・０１冊、直木賞受賞作が１・７３冊、芥川賞が1・20冊、その他の賞受賞作は1冊以下。作家たちがイメージするほど何冊も大量に買う図書館は少ない。

この問題の研究の最新成果といえる大場博幸『日本の公立図書館の所蔵』（樹村房、2024年）のまとめを借りれば、無料貸本屋論争を経て、図書館関係者のあいだで貸出重視への反省が起きてさらに複本は抑制された。

図書館所蔵と書籍市場との関係を実証的に論じた論文は、2000年代には主に図書館関係者によって、2010年代には計量経済学的手法を使ったものが書かれ、多くは「図書館の貸出による新刊市場へのマイナスの影響は〝観察できない〟」と結論している。

ただしこうした先行研究に批判的な大場は、新刊書籍に関しては平均値を基準とした場合、所蔵1冊につき0・06冊の売上部数の減少、貸出1冊につき0・08冊の売上部数の減少と推計している。一方、推定売上部数1万部以上の書籍の場合、所蔵が1冊増加すると月0・27冊、貸出1冊増加で月0・19冊の売上部数減少と算出した。つまり平均的な新刊書籍は図書館によるマイナスは小さいが、需要《じゅよう》の大きいタイトルは所蔵や貸出で大きくマイナスの影響を受ける、と大場は言う。なお1冊の本が平均して何回借りられたかを示す蔵書回転率は日本の公共図書館統計では2冊を切っている。仮に年2回借りられたとすると平均的な書籍なら同じ本が5冊図書館に入ってやっと市中書店の売上を1冊減らす程度の影響になる（［0・06×5］＋［0・08×2×5］＝1・1）。それなら図書館に積極的に買ってもらったほうがいい。一方、１万部以上の本だと貸出が多いほど食い合う。

　全国の公共図書館数は３３１０館（２０２３年、日本図書館協会発表）。そのすべてに１冊ずつ入るような大ベストセラーの場合、所蔵の影響だけで１ヶ月に８９４冊、年間１万７２８冊売上が減る。図書館の本の貸出期間は２週間程度だから３３１０冊が月２回、年24回フルで貸し出されつづけたとすれば貸出による影響は１年間で１万５０９４冊減。所蔵＋貸出の影響を足し合わせると年間約２・６万冊も減る（ただし図書館が買った分を差し引けば約２・３万冊）。

……と言いたいところだが、公共図書館のほぼ全館に所蔵されるレベルのベストセラーは東野圭吾クラス（著作が平均１００万部と言われる）のごく一握りの人たちの著作しか該当しない。

　ためしに私も自分が住んでいる千葉市の市立図書館で「10万部重版した」と話題の本の所蔵数を調べてみたが、それでも分館含め36あるうちの11館に１冊ずつの所蔵だった。東野圭吾に次ぐ売上だと思われる作家の名前を何人か調べてみてもほとんどが30冊未満。しばしば出版社の経営者が問題視する文庫小説の所蔵に関して言えば、人気作家でも４、５冊。

　仮に全国の公共図書館の約３分の１（１０００館）に入る人気の本なら年間７８００冊（図書館購入分を差し引くと６８００冊）、約10分の１（３００冊）なら２３４０冊（図書館購入分を差し引くと２０４０冊）の売上減少効果がある。ただし前者は年間２万４０００人、後者は年間７２００人が借りている。これは私の個人的な感覚になるが、10万部刷《す》った本が図書館に１０００冊所蔵されて７０００部分の売上を失ったとしても、そもそも稀有《けう》な売れ方をして十分儲かっているだろうと思うし、借りた人が年間2・4万人いれば著者の講演活動やメディア露出、小説なら映像化やマンガ化といった二次展開などの需要も発生して、経済的な損失はそれなりに相殺されるように思う。おそらくトップオブトップの売上の作家・書籍以外は「図書館の貸出は書店での売上に騒ぐほどの影響はない」と見たほうがいい。

書店と学校図書館・子どもの本

学校図書館、子どもの本と書店との関係はどうだったか。こちらも（TRCの前身のひとつである）学校図書サービスに売上が食われているという日書連の嘆きの記録が残ってはいるものの、公共図書館とはまた違った証言がある。

1950年には全国学校図書館協議会（SLA）が、1953年には学校図書館法ができた。1953年時点では公立小学校の学校図書館設備（設置）校はわずか7・6％（『日本雑誌協会史 第2部 戦中・戦後期』）。そこに学校図書館整備のために国庫負担金が2億、地方財政から2億、合計4億円で5年間の歳出があったことが刺激となり、児童図書販売の第一次黄金時代と呼ばれるほど、全国の学校出入りの書店は儲かった（四十年史編集委員会編『日本児童図書出版協会四十年史』日本児童図書出版協会、1993年）。

だが1957年の国会で学校図書館法による図書購入費のうち小中学校にあてられるはずの予算が打ち切られ、義務教育国庫負担金の中の「教材費」にふくめられてしまう。国から図書その他整備費として拠出された金額は１９５４年２・５６億円、１９５８年１２１３万円（戦後20年・日本の出版界編集委員会編『戦後20年・日本の出版界』日本出版販売弘報課、１９６５年）。「国が必要経費の半額を出すから小中高校は図書館を作り図書を充実させよ」という法律は数年で骨抜きになる。

日本児童図書出版協会（児童出協）と小売全連（のちの日書連）は学校図書館向けに加え、一般書店向けでも連携を持った。全連は１９６０年代から全国書店向けに「ことしの良書一〇〇選」を企画し、このラインナップには児童書もふくまれていたが、一般書にうもれていたことから、１９７５年にポプラ社と日書連が「子どもの本ベストセラー一〇〇選」を企画。３年後に「子どもの本ベストセラー一五〇選」になり、このころから「書店でも子どもの本が売れる」と認知されていく（『日本児童図書出版協会の六十年』日本児童図書出版協会、２０１５年）。逆に言えば１９７０年代中盤まで、10～20坪の手狭な一般書店では、児童書の存在感は大きくなかった。

たとえば「日販通信」１９６６年５月号掲載の那須辰造（実践女子大学教授・児童文学）「児童図書はもっと売れないものか」には、「ここ数年来、東京のデパートの書籍売り場では、児童図書をかなり優遇するようになったし、スペースが広くなったし、本のならべ方もだいぶん親切になった。（略）しかし一般の本屋では、特別の店をのぞけば、児童図書はまま子扱いである。というのは、児童図書はたいして売れないし、儲けがすくない」とある。

「子どもの本ベストセラー」はセット販売で毎年億単位の売上をもたらしたが、1980年代から1990年代には児童書冬の時代に突入し、ふたたび書店で子どもの本はお荷物扱いになる。

ところが町の本屋から学校図書館への販売に2000年代以降、注目が高まっていく。明るい話がなかった地域書店の外商業に2000年代以降、光を当てたのは学校図書館だ。

きっかけは1992年から実施された新学習指導要領に基づき、文部省（当時）が学校図書館を必要とする教育へと転換、学校図書館充実のための施策を実施し、「学校図書館図書標準」と「学校図書館図書整備新五か年計画」を策定したこと。5年間で学校図書館の図書を1・5倍程度増やす、というものだった（読書推進政策の変遷は拙著『いま、子どもの本が売れる理由』〈筑摩選書〉参照）。1993年を初年度として5年間で約500億円を地方交付税として交付する措置《そち》が取られ、以降、5年ごとにこの図書整備計画は更新されつづけていく。

「書店経営」誌では1997年に「朝の読書」に関する連載が始まるまでほとんど児童書に関する記事がないが、1990年代末から朝読、学校図書館、児童書特集が定番化していく。

朝の読書とは、学校で始業前の10分から15分間、生徒と教師がいっしょに全校一斉で、自分の選んだ好きな本を各クラスで読む試みだ。1980年代後半に千葉県の私立高校で始まり、当初10年ほどは実施校数がなかなか増えなかった。だが、1990年代末に児童・生徒が授業中に立ち歩く「学級崩壊」対策として心を静める効果が期待できると広まり、また、人気テレビドラマ『3年B組金八先生』であつかわれたことなどで知名度を上げた。その後、２０００年に行われたＯＥＣＤ加盟国の15歳を対象とした学習到達度調査ＰＩＳＡにおいて、読解リテラシーの順位・スコアで日本がフィンランドに負け、日本の子どもはＯＥＣＤ平均より本を読んでいないことがマスコミで取り上げられる。フィンランドの学校図書館活用が日本で参照され始め、２００１年制定の「子どもの読書活動の推進に関する法律」によって各自治体が読書推進計画を策定する必要が生じ、朝読を採択する小中高が劇的に増えた。

「書店経営」誌は１９９８年4月号では、児童書は少子化やニューメディア台頭などによりすべての本屋で売れる部門ではなくなっている、でもがんばって売り伸ばそう、と書いていた。それが２００2年4月号では「児童書が売れない時代は終わった！」と謳《うた》われ、『ハリー・ポッター』ブーム、朝の読書、子ども読書推進法、子ども読書年、ブックスタート等が背景で変わったと結論づけている。数年で状況が激変した。

さらに２００2年5月号を皮切りに、書店から教育委員会、首長、総務課、財政課などへの「学校図書館図書整備費」を地方交付税で措置してほしいという内容の請願書、要請文書のテンプレートをくりかえし紹介するようになる。「要請文書」は教育委員会、首長、総務課、財政課などにあてるもので、文部科学省の通知をふまえた要望書だと強調すべし、「請願書」は議会へあてて書くもので、1名以上の紹介議員が必要であることなどが書かれていた。

地方交付税交付金は用途が限定されていないため、学校図書館の図書費にあてるには自治体が予算化していなければならない。放っておくと土木工事予算などに取られてしまう。だから「行政、政治家にアプローチして予算を獲得《かくとく》しよう、予算が付けば地域書店から学校図書館への販売ができる」と取次が書店に働きかけていた（なお、この状況は今も変わっていない。事業者以外も役所への要望、地方議会への請願はできる。学校図書館の充実を望むなら、自分が住む自治体に予算を付けるよう運動すべきだ）。

2002年には中堅取次・大阪屋の協力で日書連が「日書連MARC」を開発、TRC MARCより低コストで学校図書館に提供できることをウリに対抗し始める。公立図書館への納本は後退戦だが、新規に予算のついた学校図書館は取られてたまるかと町の本屋は鼻息を荒くした。2015年6月15日の「全国書店新聞」では日書連MARCの導入校は全国4055館と書かれ、以降は同紙では「4000程度と推定される」的な書き方になる。小中高特別支援学校の合計約3・6万の学校図書館のうち1割強まで一時期はシェアをとった。一方、TRC MARCは2024年現在、小中学校で1万弱が採用し、学校図書館でも国内シェア最大だ。

日書連MARCは、TRC MARCと比べると子どもが思いついて入力するようなキーワードがタグとして十分に登録されておらず、「必要な情報に子どもがたどり着けない」と学校図書館現場から不満があがるようになった。1990年代末以降、児童・生徒の調べ学習、総合的学習、探究学習と主体的な学びが重視されるようになり、2020年代には一人一台ノートPCやタブレットが配付されるGIGAスクール構想も進展、学校司書はもちろん、場合によっては子ども自ら学校図書館の検索システムを利用するようになった。もっとも、書名はともかく件名（資料の主題を表すキーワード、タグ）で検索できる子どもは少数派だろうが、司書は子どもからどんな本を探しているのかを聞いて検索するから、ＭＡＲＣに子ども目線での件名の登録が幅広くなされており、適切な資料が引っかかるかどうかが重要だ。

また、学校図書館は地域の公立図書館と連携して学校図書館にない本を借り出すことがよく行われている。そのとき公立図書館と各学校で共通のＭＡＲＣのほうが検索がラクになる。

現在、ＴＲＣは学校図書館向けにはＭＡＲＣを無料提供し、その代わり学校図書館専用のウェブシステム「TOOLi-S」と本を買ってください、という売り方をしている。ＴＲＣ側の理屈としては、利用するＭＡＲＣの件数、年間購入冊数が学校図書館は少なく、利用対象者も児童・生徒に限られるが、広く利用してもらいたいためアカデミック価格で特別にＭＡＲＣを無料にしている、といったものだ。

これは「予算がない学校図書館に高値でＭＡＲＣを売りつけるな」といった批判が起こり、文字・活字文化推進機構、活字文化議員連盟の後押しを受けて２０１０年代に無償提供に向けて本格的に動き出した国立国会図書館によるＪＡＰＡＮ／ＭＡＲＣが対抗馬として浮上してきたことを踏まえての戦略だと思われる。活字文化議員連盟「公共図書館プロジェクト」は、２０１０年１月に書誌データの一元化を掲げた「一国一書誌情報」政策を打ち出し、「国会図書館が作る書誌が『主』で、民間ＭＡＲＣはそれを補《おぎな》うための『オプション』」として、図書納入業者による「3点セットの入札」（指定管理者、MARC、図書納入）は「地域の書店と図書館の妨げ」「読書環境の保持の脅威《きょうい》」と表現、名指しはしないものの実質的にはTRCを批判・牽制《けんせい》した（「新文化」2019年8月22日）。TRCは「TRC MARCは高い」「その自治体に税金を納めてきた地場の本屋を追い出しただけで、地域に貢献していない」といった批判、悪評を緩和《かんわ》する必要があった。もっとも、国会図書館のMARCは本が出版社から国会図書館に納本されたあと作り始めるため、MARCができるまでに本の発売日から1ヶ月ほどかかる。これは新刊が発売される前から図書館が発注できるようにしているTRC MARCを使ったシステムと比べると、無料なだけで図書館現場の実務には適しておらず、それほど広がらなかった。

MARCの価格も重要だが、学校司書が実質的にひとりで（場合によっては複数校兼務で）まわすことが求められがちな学校図書館では、司書が携《たずさ》わる各種作業の効率化も重要だ。その点、TRCは発注、装備、納品、検収をワンストップで提供するので手間がはぶけ、検索システムやMARCの利便性も高いことから、まとめてTRC頼みになりやすい。

ただ、学校図書館をTRCにとられても、それでも国の読書推進政策は町の本屋に販売機会をもたらした。「書店経営」2006年3月号では朝読実施校の中高生に読む本の入手先を聞

「朝の読書」実施校、読む本の入手先の割合（%）

入手先	中学校	高校
書店で購入	70	71
家にある本	16	-
友達から借りる	8	10
学校図書館	1	6
公共図書館	4	3

トーハン「書店経営」2006年3月号、17頁より作成

いているが、「書店で購入」が圧倒的に最多の7割を占める。また、朝読向けのセット販売も児童書出版社を中心にさかんに展開された。

独禁法に代表される競争政策、大店法に代表される流通／まちづくり政策と並び、学校図書館法・公立図書館を扱う教育政策も書店業に影響を与えてきた。

書店と図書館、TRCの「対立」という偽の問題

２０２４年、書店減少が政治問題化して「書店・図書館等関係者における対話の場」がもたれ、文部科学省が「図書館・書店等連携実践事例集」を公表するなど、書店と図書館が連携すべき、との外側からの声が高まっている。たとえば２０２０年には出版社団体・出版梓会が図書館での本の販売を提案して以降、ＴＲＣは前向きだ（「新文化」２０２４年3月14日）。

だが書店と公共図書館、日図協、ＴＲＣとの関係がこじれてきた地域もある。２０１０年代初頭にも、東京都書店商業組合が「日比谷図書文化館の書籍販売コーナーは民業圧迫」と批判している（「全国書店新聞」２０１２年3月12日）。

ただ、町の本屋とＴＲＣの対立は、偽の対立だ。

本をとにかく安くする方向に流れてきた出版社や国の競争政策、本に関わる仕事を安く見積もって予算を付けない反知性主義的な価値観（「本をたくさん読むことや勉強ができることよりコミュニケーション力が大事」といった経済界や政治の世界で根強くある考え）、社会構造によって、

本に関わる人間同士が、まずしさゆえに憎み合うよう仕向けられてきた面がある。

日本は先進国の中でも大学・大学院進学率が低く、民間企業への就職活動において大学の成績や修士号・博士号保有者かどうかは軽視される（とくに文系の場合）。「現場の経験」「地頭」を重視し、体系的な専門知を軽んじ、専門知にしかるべき報酬《ほうしゅう》が支払われるべきという考えがうすい。そんな国で、公立図書館が専門書を積極的に蔵書することに市民や政治家、行政からの理解を得られるはずもない。図書館に対する最大の評価指標は利用登録者数、来館者数、貸出冊数で、アーカイブや社会教育施設としての充実度といった定性的な評価より優先されやすい。よく借りられる見込みが立つ、人気作家の小説などに予算がかたよるのは避《さ》けがたい。

本好きや出版業界人は、公立図書館が自治体の直営から指定管理者になってから「司書資格も本の知識もないスタッフがレファレンスを担当している」「選書がひどい」と批判する。しかし「開館日を増やし、開館時間を長くしてほしい」といった市民の要望に応えるには、直営では予算が足りないから指定管理者制度を使って競争入札にし、買い叩いて実現しているのだ。

自治体の予算が少ないのが問題の根幹である。文部科学省「地方教育費調査」で地方教育費の推移を見ると、社会教育費は１９９０年代中盤には約2・8兆円あったが２０１０年代なかば以降はほぼ半減し、1・5兆円程度しかない。少子化が進む学校教育費は１９９６年に15兆円強、近年でも13～14兆円台で、子どもよりも大人の方が人口が多いにもかかわらず、減少幅（実額）が社会教育費とほとんど変わらない。もっとも、１９８０年代から１９９０年代は「ハ

地方教育費の推移

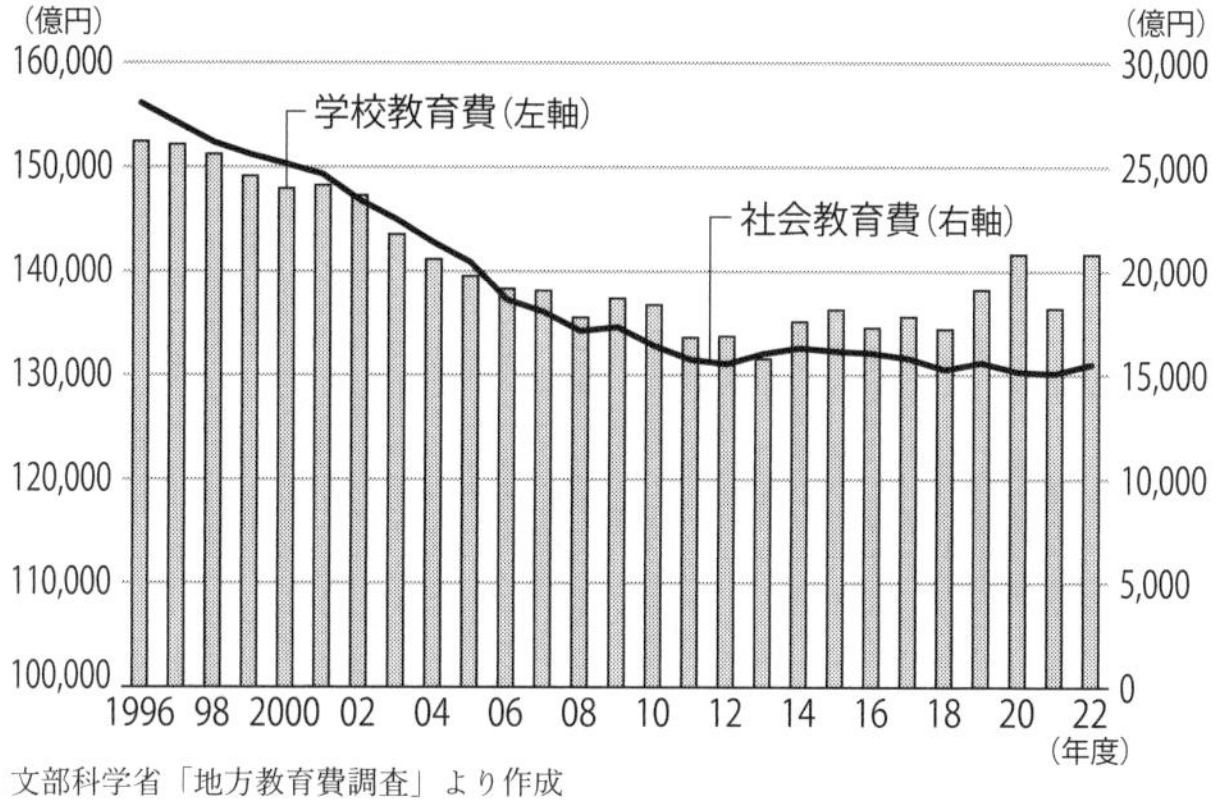

文部科学省「地方教育費調査」より作成

コモノ行政」がさかんだった時期で、公立図書館も博物館や文化会館、体育施設などと並んでハコ（公共施設）として作られた。ところが１９９０年代末以降、ハコモノ行政は下火になり、新しく土地・建物を積極的に取得しなくなった。これが社会教育費の減り幅の多くを占める（これはこれで問題で、今や多くの図書館で老朽《ろうきゅう》化が進んでいるが、建て替えや補修は不十分だ）。ただし人件費と資料費が減っていないわけではない。１館あたりの予算で見れば大幅に減少している。「地方教育費調査」と日本図書館協会『日本の図書館　統計と名簿』各年を元に公共図書館１館あたりの人件費と資料費を算出すると、いずれも１９９０年代後半までは上昇を続けているが、以降は減少し、２０１０年代以降はほぼ横ばい。人件費は最盛期の約６割、資料費は５割強に減った。人件費や資料費に予算が付かないから、知識や熟練度の高い

公共図書館1館あたり年間人件費と資料費（支出）

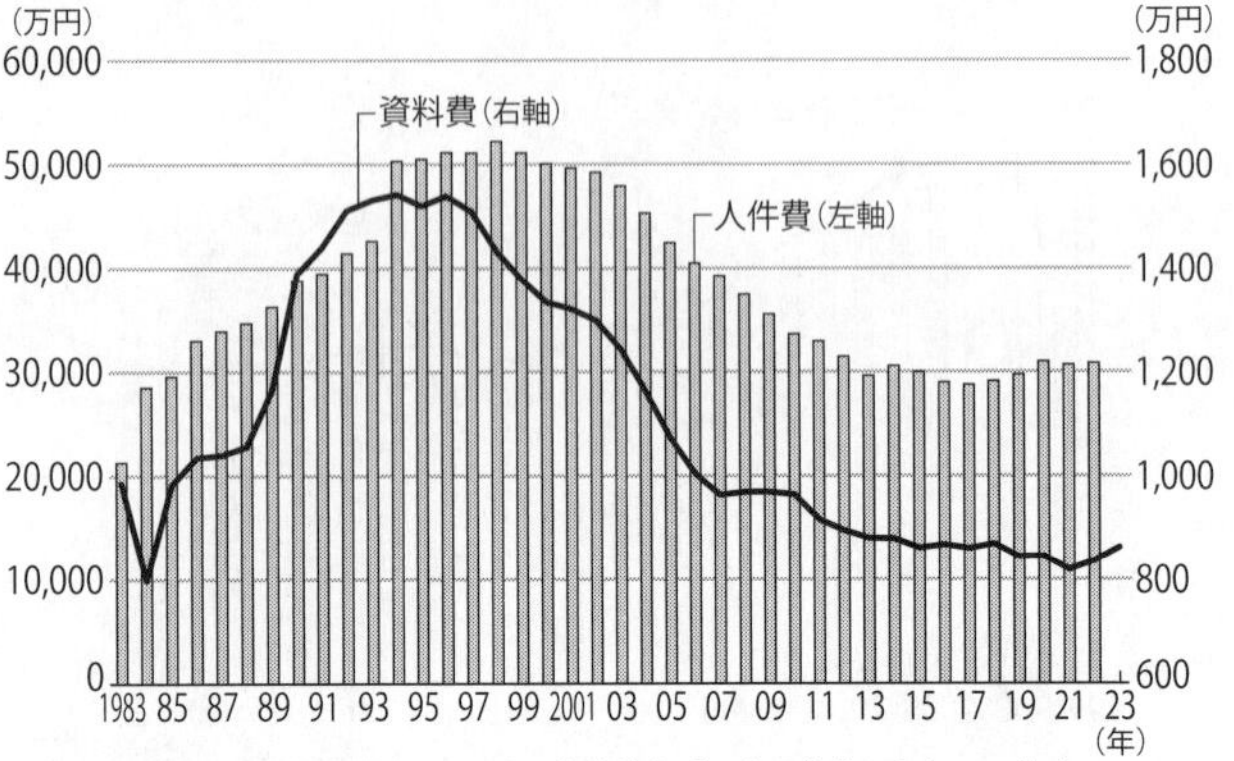

文部科学省「地方教育費調査」、日本図書館協会『日本図書館』各年より作成

スタッフを適正な報酬で安定的に雇用できない。本屋には割引販売を求め、蔵書の充実もむずかしい。図書館は市民からの要求の度合いも、地方の教育や産業活性化、市民生活に果たす重要度も低いと政治・行政に思われているから、予算が付かない。

書店、コンビニ、図書館など、本に関わる小売業、接客業では非正規雇用で法定最低賃金すれすれ、世間の平均時給よりも低い報酬の場合が少なくない。印刷や製本、本の輸送現場も給与は高くないことが多い。書店や図書館を「知のインフラ」などと形容するわりに、知識人も政治家も市民も、その労働環境改善にほとんど声をあげず、国や自治体への予算獲得運動もさほど展開してこなかった。本は安く、利幅も薄いから、大手出版社や一部の人気作家などを除けば本関係の仕事の従事者の多くは儲からない。自治体は予算をいかに削ってコスパよく運営するかを考え、図書館現場を疲弊させてきた。書店も図書館も作家も、お金がないから心の余裕をもてず、生活がかかったレベルで客を奪い合いしていると認識させられるから、時に互いに憎悪の対象になってきた。

だが図書館予算が潤沢だったなら、装備費用は自治体が負担し、本は割引なしで地元書店から買い、MARCその他の部分はTRCが請け負う、といった幸福な分業もありえただろう（実際、これに近いWIN-WINな関係の自治体もある）。

そして図書館の売上をアテにせずとも、また、近所に巨大な図書館があっても成り立つビジネスモデルだったなら、町の本屋が図書館やTRCをうらむこともなかったのである。

第十章まとめ

◆戦後の公立図書館は、GHQ（のCIE）が民主主義の基盤として公民館とともに図書館を重視したことで、開架、無料貸出、レファレンスサービスなど戦前とは異なる新しい図書館像が示された。だが日本が独立を回復すると豊富な予算は打ち切られ、財政が十分ではない地方自治体によってきびしい予算制約を強いられる——それが常態化してきた。少ない図書館予算を使って、地元の書店組合に本の発注を出すも、図書館からすると「通常ルート」による納本は不確実性が高く、届くのはおそい。また、蔵書を管理する上で必要となる書誌データを出版業界が統一して作る気配もないなど、不満が溜まった。書店からすると、多くの自治体で本の割引や装備費用の負担を求められ、図書館との取引は旨味が少ない。そこに図書館流通センター（TRC）が1979年に登場する。MARC（デジタル化した書誌データ）、従来の書店注文よりも迅速で確実な納品ができる利便性の高い発注システム、装備費用負担を武器に、経済成長とともに増える公立図書館需要を吸収、町の本屋に代わって図書館への出版物流の中心に躍り出る。

◆日書連はTRCに対抗するべく、装備費用の無料負担は「景品は取引額の10％まで許容する」とした景表法に違反する過大な「景品付き販売だ」と論陣を張り、国会議員に陳情した。これを受けて公取が「本」「MARC」「装備」のセット（抱き合わせ）販売は問題があると示し、以降、TRCはセット販売価格と個別販売した場合の価格を両方表示するようになる。政治問題化によって多くの自治体で「図書館の本は地元書店からも買う」ようになったが、実際には物流は本の調達から図書館への納入まですべてTRCが担い、「TRCが町の本屋に販売した本を、本屋が図書館に販売した」という体裁にしたり、ほとぼりがさめるとすべてTRCへの注文になったり、ごく一部だけ町の本屋から買ったりしている。予算を可能な限り削りたいと考えている自治体が望む金額では、町の本屋は、図書館が望む「本」「MARC」「装備」を用意できない。

コラム10

「送料無料」と景表法規制

日書連が本の割引販売および「割引類似行為」とされる景品・くじ等に対して強固な反対運動を展開してきたことは、第十章で見てきた通りだ。

たとえば1975年に福岡県の書店組合が学校の教職員に対して組合独自の図書券（5％引きで買えるもの）を発行したが、日書連は「再販違反だ」と批判してやめさせた（「新文化」1975年3月13日）。

またオンラインショッピングと言えば「送料無料」といううたい文句が一般化しているが、この表現は「景表法上、問題」として「送料無料」施策を取りやめさせる動きも1987年にあった。当時、ヤマトのブックサービス（くわしくは次章）登場に対抗して紀伊國屋書店「クイックサービス」など大手書店の参入も相次ぎ、宅配を同一県内400円、県外500円、全国800円程度で配送する事業が乱立した。これらの事業者が「1・5万〜2万円以上のお買い上げで宅配無料」と謳っていたのに対して、出版物小売業公正取引協議会（小売公取協。日書連の影響が強い団体）が①事業者の送料負担は「景品類」として公正競争規約の制限を受ける②したがって宅配サービスを実施して事業者が配送料を負担する場合、その価格が取引価格の2％を超えないように、とクギを刺した。――ネット書店に関してはこの話は盛り上がらず、Amazonをはじめ、事業者側の自《じ》粛《しゅく》もなかった（その後、公正競争規約は公取との交渉の末に改定され、２００２年５月から景品類の提供は取引価格の７％まで）。

なお、２０２４年に熊本県書店商業組合が１０００円で１３００円分のものが買えるプレミアム付図書券を発行したときには「定価販売を崩すな」と阻止する運動は起こっていない（法的に「起こせなくなった」からだが）。

このように「値引き」「割引」「再販契約違反」「景表法違反」等々と、かつては激烈に書店団体から反対された施策やキャンペーンが今は当たり前になっている。

つまりかつての感覚で言えば、今の出版業界はもはや「定価販売」ではない。

出版業界団体は「著作物再販制を守り、定価販売を守る（守ってきた）」とずっと言ってきたが、公取によるたびたびの再販見直しのなかで、ゴールポストは当初よりもはるか後方にズラされてきたのだ。

第十一章　ネット書店

国内事業者によるオンライン書店（2000年頃まではバーチャル書店、仮想書店とも呼ばれた）は、1989年、パソコン通信上に紀伊國屋書店が出店したころからあった。国内インターネット書店は1993年に始まる（パソコン通信は主に専用回線を使用した、限られたネットワーク内でのデータ交換。インターネットは世界中のネットワークを相互接続したもの）。Amazonの日本進出はネット書店では最後発組の2000年で、「うまくいくはずがない」と言われていた。初期のネット書店の興亡も、早くも忘れられている。

書誌データベースと在庫情報の一体化につまずく国内ネット書店

先陣を切ってインターネット洋書販売を始めたのは、当時全国に約300店舗《てんぽ》を展開していた家電量販店「ダイイチ」（現・エディオン）。1993年12月からサービスを開始し、1995年時点で年間3〜4万冊の注文があった（「日刊工業新聞」1997年2月6日）。

1995年1月には図書館流通センター（TRC）が和書を取りあつかった日本初の本格的

なネット書店を始める。TRCはカタログ「週刊新刊全点案内」をサイト上でも公開して毎週800〜1000点の新刊情報を提供、サービス開始時点で2・5万冊のデータベースを整え、1990年以降に出た新刊はタイトルか著者名から検索できた。「書誌情報と在庫情報を一致させる単品管理システム」を構築してきたTRCだからこそ、いち早くネット書店に参入できたのだ（これは大学図書館向け書誌データベースを商売にしていた紀伊國屋書店も同様）。

　オンライン書店初期にはどの会社も書誌が貧弱で「出版されているのにデータベース上は存在しない本」「データに不備があって検索でヒットしない本」が無数にあった。データベースに自ら登録する習慣がない出版社も多く、業界統一フォーマットもなかった。各事業者が取次からデータを借り受け、別々に独自の方式で入力していた。また、今のネット書店ではタイトルや著者名をいい加減に入力しても近い書名や作家名の本が並ぶが、当時あいまい検索は開発途上で、一字一句正確に入力しないと検索できなかった。さらに書誌と在庫が一体化しておらず、「注文してしばらく経って『品切れ』と連絡が来る」問題も頻発。在庫情報が一体化している場合でも、データ更新が「即時」ではなく月1回とか「1日1回、夜」に実施され、既に売れて在庫切れの本でもしばらく「在庫アリ」表示になるお粗末さだった。

　オンライン書店の多くは書籍の商品供給を取次各社に求めたが、ポイントは1冊ずつの単品発注への対応と迅速で確実な商品調達だった。日本の出版流通は中央から地方に数百万部規模の週刊誌などを一斉に配送し、そのついでに新刊書籍を載《の》せるしくみで、（書籍物流は赤字ゆえに）書店からの数冊単位の注文にきめ細かに応える書籍の単品管理システム構築ができなかった。図書館業界はこれを解決するべくＴＲＣを立ち上げる。だが、図書館は出版市場のなかでもニッチで、出版社や取次は「自分たちの問題」とは捉えなかった。ネット書店も雑誌や新刊需要《じゅよう》と比べ「儲《もう》からない客注の話」と軽く見られていた。

ＴＲＣは１９９５年暮れには丸善と組んで主に大学、学術機関の研究者向けに「インターネットショッピングサービス」も立ち上げ、書店店頭には置いていないような学術書・専門書、洋書や丸善の出版物を当初中心とし、順次他社のものも増やしていく。利用料はかからず、送料は３８０円（「朝日新聞」１９９６年9月8日朝刊）。ネット書店台頭期、ＴＲＣは個人向け販売にも舵《かじ》を切っていた。物流拠点は埼玉県新座市にある７００坪（約２３１０平方メートル）の倉庫で、常時約３０００タイトル、25万冊の本が並んだ（「朝日新聞」１９９７年7月13日）。ただしそれまでほぼ図書館専業だったＴＲＣは知名度がなく、認知度を高めるために１９９７年夏にネット書店からの注文の配送料は1回７０００円未満の場合は３００円、７０００円以上は無料とした（「沖縄タイムス」１９９８年5月20日）。

１９９６年になると、出版関連のサイトが約２００と急増。小学館、岩波書店、トーハン「本の探検隊」などもインターネット上の画面で検索し、電話やＦＡＸで注文できるようになる。この時点ではネットは「閲覧」だけで、「注文」はできないサイトが多かった。

同年、紀伊國屋書店BookWebが開店。初年度は年商7億円、１９９９年には年商約15億円、会員数10万人。和書150万件（当初130万件）、洋書200万件の書誌データベースから検索、または新刊書の表紙やデータを見られる「仮想書棚」から本を注文するしくみで、送料は480円。当時、全国56店を展開していた紀伊國屋書店は大型店で約40万点、新宿本店と新宿南店は計200万冊の在庫を持ち、注文を受けると店舗在庫から発送センターに集めて発送。注文のうち75%は在庫の中にあり、残りは取次に注文を出した。1998年時点では注文した商品が最短4日間で届いた。BookWebは入会に会費1500円が必要で、会員以外はサイトを閲覧できなかった（「日刊工業新聞」1998年12月18日）。柴野京子が『書棚と平台』で指摘しているが、BookWebにかぎらず、1980年代以来の日本の書誌検索システムは、価値ある情報のアクセスに対して課金し、利用者を囲い込むという発想で作られ、黎明期のネット書店の多くはこの考えを引きずっていた。一方アメリカのインターネット企業は、登録・整理された情報はオープンアクセスにし、検索機能を用意して客を呼び込む発想でビジネスを展開。その典型が検索サイトのYahoo!であり、あるいはAmazonだ。Amazon上陸までは紀伊國屋が国内ネット書店トップだった。

1997年にはネット販売が本格化し、日本書籍出版協会（書協）はサイト上に「日本書籍総目録」収載の約50万点が検索できる「books」を開設、入手可能な本が一覧できるようになった。ただし更新頻度《ひんど》は在庫情報を含め「月次」という鈍重さだった（1998年時点）。

1997年7月から、小学館がネット販売を開始。サイトから欲しい本（ただし雑誌とコミックは対象外）をえらんで全国９０００書店のいずれかに４〜５日で届くのを待つか、自宅配送の場合は代金を書店か宅配業者に着払いで支払った（「毎日新聞」１９９７年７月15日朝刊）。

１９９９年までに、出版社がサイト経由で読者に直販する動きが増えていく。

また１９９９年、日本通運と書店チェーン大手・文教堂の関連会社ジェイブックが運営するネット書店「ｊｂｏｏｋ」が始まる。書籍や音楽ＣＤなど１２０万点以上の商品を扱い、日通は最大のハブターミナル・東京中央ターミナル内に専用の流通センターを設置、発送業務と売れ筋商品の確保・保管も行った。書店店頭在庫からピッキングしていては業務が複雑になり、コスト高になる。だから顧客《こきゃく》注文に即応する保管（在庫）機能を大手物流会社が行った。これは日本では初のケースだ（「日刊工業新聞」１９９９年７月20日）。日通はこの経験を初期のアマゾンジャパンとの物流センターでの協業に活かしたと思われる。ｊｂｏｏｋは当時最安水準の配送料全国一律３２０円と最短翌日配送を打ち出し、とにかく早く欲しい顧客向けにはさらに１冊ごと２８０円の速達料金を設定。「数日中に入荷予定」「流通センターに入りました」と、注文品の出荷状況をサイト上で確認できる機能も設け、イライラさせない工夫もした（「日経コンピュータ」１９９９年９月13日号）。当時の日本のネット書店では画期的で、すぐ模倣《もほう》された。なおｊｂｏｏｋは２０１４年７月に終了、honto に統合される。

当初は専門書のネット注文を細々と受け付けていただけの取次トーハンも、セブンイレブン、ソフトバンク、Yahoo! JAPAN と合弁会社を作り、イー・ショッピング・ブックス（eS-

Books）のサイトで受注してセブンイレブンで商品を受け渡しする新事業を開始。リアル書店では客注が店頭に届くまで早くて1～2週間かかったため、トーハンは書店から「本屋を差し置いてコンビニには2日で届けるのか」と批判され、その後サイト「本の探検隊」で注文を受け、顧客の最寄りの書店に配達するサービスを始める（2000年11月に「e-hon」となる）。ほかにも別会社として、単品で書店の客注に応える「ブックライナー」も始め、在庫がある本は基本的に即日出荷体制となった。開始当初は出版社が2％の販促費（バックマージン）を負担、書店は出荷正味を定価の85％から三段階の設定とし、さらに読者から1冊あたり50円の手数料を徴収《ちょうしゅう》する痛み分けのビジネスモデルを採用した（木下修・星野渉・吉田克己『オンライン書店の可能性を探る』日本エディタースクール出版部、2001年）。

日販も約150万の書誌データベースを読者が自由に検索できるサービス「本やタウン」を開始。2000年から読者注文を受け付け、取引先書店参加型通販サイトとして大手書店の在庫商品と連携して販売、受取先は全国1000の書店とした（『日販60年のあゆみ』2010年）。全商品を少数在庫して単品注文に応える「web-Book センター」も同年6月から稼働《かどう》、2001年には日販・日販コンピュータテクノロジイ（現・日販テクシード）・楽天の共同出資による楽天ブックスがサイトをオープン。

中堅取次では大阪屋が「本の問屋さん」、栗田出版販売が「Book-Site」を始めたが、トーハン、日販も含め取次会社のサイトでは書籍の受取先を書店とするものが多かった。既存書店への配慮もあったし、家庭への個別配達は高コストだった。消費者には書店受取は送料がかからないものの、自宅に届かないぶん面倒で、好まれなかった。

2000年にはドイツのメディアコングロマリット、ベルテルスマンの日本法人「BOL」が角川書店（現KADOKAWA）などと提携して「BOL.com」を開始。ベルテルスマンは当時タイム・ワーナー、ディズニーに次ぐ世界第3位のメディアグループで、1998年には出版大手ランダムハウスを買収、Amazon に次ぐネット書店バーンズアンドノーブル・コムに50％出資していた。BOLは配送料150円、最短2日で届くとアピールした。

同年、TRCと日本経済新聞社、オフィス用品販売のアスクル、富士通、電通などが出資して合弁会社「ブックワン」が設立され、販売サイト「bk1」（ビーケーワン）を開設（のち会社名もbk1）。bk1はアスクルが配送、富士通はシステム構築などで協力する連合軍だ（のちに丸善も資本参加）。bk1は自社とTRC、大手取次5社の在庫260万冊を利用できると謳《うた》い、著名な文芸編集者の安原顕をはじめ230人のナビゲーターによる書評1万を用意した。

これはアメリカで Amazon のライバルだったバーンズ＆ノーブル（B&N）が採った施策と似ている。B&Nもサイトに著名人や作家を招いた。対する初期の Amazon も雑誌の書評の再録や著者インタビュー掲載をしたが、それより効果的だったのは一般ユーザーが商品評価とコメントを書くカスタマーレビューを業界で初めて導入したことだ。遠慮がなく、時に間違いも書かれるカスタマーレビューは出版社や作家から反発を受けるも、ユーザーからは支持を集

日書連加盟書店の使用電子機器（%）

	1999年	2006年
ファクシミリ	93.0	93.2
ハンディターミナル	40.8	35.1
POSレジ	30.3	34.4
パソコン	47.8	71.8
コピー機	-	66.6
その他	-	3.3
無回答	-	3.2

『全国小売書店経営実態調査報告書』2000年・2006年より作成

める。レビューが付くかどうかで商品の購入率に大差が付くことはAmazon関連の複数の本で指摘されている（たとえば松本晃一『アマゾンの秘密』ダイヤモンド社、２００５年）。

　ブックワン社長にはＴＲＣ代表の石井昭が就任。また本の形態や小説、実用書などの分け方にこだわらず、客の関心の導線を考えた「文脈棚」を始めた「往来堂書店」初代店長の安藤哲也をコーディネーターとして引き抜き、リアル書店のようなにぎわいを提供しようとした（安藤は翌２００２年３月に退社）。マニアックな「本好き」向けサイトがｂｋ１、「普通の人」が入りやすい間口の広さを意識したのがAmazonだった——と、日本法人立ち上げに関わった松本晃一は『アマゾンの秘密』で指摘する。

　１９９９年には日書連も公式サイトを立ち上げ、東京都書店商業組合青年部が自前で取次業務を行う「ＴＳ流通協同組合」（１３１店加盟）を設立、専用回線を用いていたＢＩＲＤネットを２０００年にはインターネット対応させた新ＢＩＲＤネットとしてスタート、小学館から日書連に廉価《れんか》提供されたＰＣ３０００台を組合加盟店に提供した。ＴＳ組合は客注に対して書店、出版社、流通（配送）業者を結ぶことで納期１週間以内をめざし、出版社からの仕入れマージンを取次と同じ定価70％とすることで書店価格との差額（７〜８％分）を配送費にあてるしくみだ（「エコノミスト」２０００年1月25日号）。しかし高齢《こうれい》化が進む町の本屋は「ＴＳ流通協同組合の最大の課題は書店のＰＣ操作」「書店側のパソコン習得にかかっている」と書かれるレベルだった（「文化通信」２０００年8月28日）。２０００年の日書連調査ではＰＯＳレジ導入書店は30・３％、パソコンありが47・８％。ＴＳ組合は２０１８年に解散する。

上陸前の業界の見通しは「Amazonは日本ではうまくいかない」

国内ネット書店関係者からは「本の値段が安い上に書店マージンはあまりに低く、ネットショッピングでのクレジットカード決済の手数料は８％以上、送料も４００～５００円しか取れない。これで高額なシステム投資をカバーするのはムリ。オンライン書店は収益性が悪すぎる」と言われていた。本が安く、書店の粗利《あらり》が低いことが、ここでも負の影響をもたらした。

もっともAmazonもアメリカ本国では２００１年まで赤字がつづいており、「Amazonは米国では大胆な割引販売で伸ばしているが、日本は定価販売。上陸したところで恐るるに足らず」などと語る出版業界人も少なくなかった。

ヤマト運輸が出版取次の栗田出版販売と共同出資で設立した株式会社ブックサービスの木村傑社長（当時）がその典型的な論者だ（「日刊工業新聞」１９９９年3月2日）。ブックサービスは１９８６年に設立、翌年から電話、ＦＡＸ、ハガキによる注文を受け書籍の通販・宅配を行う。過疎地の役場と契約しての一括受注、無料配達も行った。１９９６年に中堅取次の栗田からデータベース提供を受けて独自サイトを開設。会員制ではなく無料でアクセスできた。顧客がネットやFAX、電話などで注文すると、同社は取次を通さず出版社に直接即日注文して協力書店か出版社にピッキングに向かい、各社の倉庫をまわって商品をセンターに集め、4~7日前後で届けた（1990年代末にはベストセラーは翌日宅配を実現）。1998年度にはネット注文が全取引の22%を占め、186万冊を売った（「毎日新聞」1999年6月15日朝刊）。創業当初は「書店をスキップする直販だ」と日書連から批判されたが、1999年12月には書店向け宅配「本やさん直行便」も開始、出荷正味85%、注文の最低数は単行本最低10冊、文庫20冊だが客注が早く届くため、2000年代初頭には書店から支持を集めた。

1998年にブックサービスはAmazon創業者ジェフ・ベゾスから買収を持ちかけられ、断っている。その後2007年に栗田出版販売がブックサービスの出資比率を90%に引き上げて経営権を取得、2016年には楽天ブックスに統合された。

1998年にはAmazonの日本進出の情報は業界内で広まり、同年にはアメリカのAmazon.com上に日本語ページが開設され、日本語で洋書を注文できた。本格上陸を前に国内各社が次々にオンラインサービスを立ち上げ、また従来のサイト、システムをアップデートしていく。

Amazonの日本進出から3年で勝負は決した

上陸当初のAmazonは、取引先とした取次が中堅の大阪屋であり（2001年2月に中堅の日教販とも取引開始)、物流システム構築に時間がかかったことで「在庫は貧弱」と形容される。書誌データベースも初期にはコスト削減のため既製品を用い、適当にキーワード登録するベンダーに外注したため、「車」で検索すると『ハリー・ポッター』がトップ表示されるような不具合が発生し、自前で作り直した(『アマゾンの秘密』)。

Amazonがユーザーを集めた起爆剤は「送料無料」だ。ネット書店の粗利は20%未満と言われ、1500円の本を2冊売っても粗利は400〜500円。400円程度かかる配送料を無料にすれば赤字になる。それでもAmazonとBOLは「送料無料」で会員数の大幅増を狙った(「日経ビジネス」2000年11月27日号)。ある書店は「宅配業者に払う送料は売上の1割。無料にしたら赤字。150円でもムリ」と語っていた。送料無料による顧客獲得《かくとく》効果はどの事業者も知っていたが、注文が増えるほど現金流出が激しくなる。

Amazonも無条件で「送料無料」だったわけではない。2000年の日本進出時には買い上げ金額1500円未満の場合は送料300円を徴収しており、買い上げ金額や期間が限定された施策だった。年会費3900円を払うと何度でも送料無料で基本的に翌日お届けになるAmazonプライムは、アメリカでは2005年、日本では2007年に始まる。

とはいえ、Amazonはなぜ送料無料が(恒常的でないにしても)実現できたのか。キャッシュ・コンバージョン・サイクル(CCC。現金循環《じゅんかん》期間)が大幅なマイナスだったからだ。ロバート・スペクター『アマゾン・ドット・コム』(日経BP社、2000年)の記述によれば、アメリカでAmazonは書籍が入荷から平均18日後には売れ、その2日後にはクレジット会社から入金がある。一方、サプライヤー（仕入先の出版社や卸）への支払は53日後で、CCCがマイナス33日間。つまり財務会計（帳簿《ちょうぼ》）上は「赤字」でも、会社から現金が出て行く速度よりも、入ってくる速度が上回っている。このようなCCCであれば、手元現金（実際に使えるお金）はふくれていく。そして現金がなくならないかぎり、会社はつぶれない。「現金が入ってくる量×速度」が「現金が出ていく量×速度」に追いつかれて資金が尽きる前に事業の黒字化を達成するか、新たに資金調達ができれば帳尻は合う。１９９０年代中盤から米国を中心にウェブサイトを運営する企業の株式が投機の対象となった「ドットコムバブル」は２０００年春にはじけ、Amazonも株式市場からの資金調達がむずかしくなった。しかし赤字で株安のAmazonが耐えられたのは、このマイナスのCCCの構造があった上で、徹底《てってい》してコストを切りつめたからだ。２００１年第４四半期決算でAmazonは黒字転換して株式市場からの評価を急上昇させ資金調達を果たし、積極的な投資に打って出ていく。

対して日本のほかの書店では同様のCCC実現は困難で、小規模な書店業者は株式や銀行からの資金調達はできず、日本市場に上場している大規模書店や取次がバブル崩壊後の市況で「ドットコム企業」扱いを受けてAmazon並みの資金調達をするのは不可能だった。

Amazonは在庫があれば「注文から24時間以内配送」という配送スピード業界一も実現する。取次の大阪屋はバックアップ的に使うだけで、基本的には注文を受けると大量の在庫を保管する自社の物流センターからピッキングして配送した。千葉県市川市に構えた物流センターは約1万6000平方メートル以上。先に紹介したTRCの倉庫は1997年時点で約23100平方メートル、Amazonの6分の1以下だ。Amazonは2005年秋には同地に6万2300平方メートル（東京ドーム1・3個分）の自社専用倉庫を新設、今では国内20箇所以上にフルフィルメント・センターと呼ぶ物流拠点と、デリバリーステーションと呼ぶ最終物流拠点を50箇所以上持つと言われる。2016年10月11日にはアマゾンジャパンの書籍在庫は日販の王子流通センターとweb-Bookセンターの在庫650万点をうわまわり、書籍の購買者は年間1000万人を超えたと発表（「文化通信」2016年10月17日）。ここまで在庫を自前で抱え、物流機能を有した小売書店は、かつて存在しなかった。

Amazonはコンピュータ管理を用いた効率的な物流を構築していたアメリカ最大の小売チェーン・ウォルマートなどから幹部を次々に引き抜き、最先端の配送システムを作り上げる（リチャード・ブラント『ワンクリック』日経BP社、2012年）。その手法が日本に持ち込まれた。

bk1やBOLは取次と倉庫を共有していたが、取次の書籍の物流速度は遅《おそ》く、在庫を持たずに注文を受けてから書店や出版社にピッキングに行くヤマトのブックサービスも、自社倉庫から即時配送できるAmazonと比べると時間がかかった。

Amazonが迅速な配達と送料無料を実現するために物流センターの従業員を酷使し、徹底した作業時間管理を行っていることは横田増生『アマゾン・ドット・コムの光と影』（情報センター出版局、2005年）や『潜入ルポ アマゾン帝国の闇』（小学館新書、2022年）にくわしい。また、倉庫から物品を運ぶ宅配業者を日通、佐川急便、ヤマト運輸と乗り換《か》えながら買い叩き、受注した企業の決算と労働環境を悪化させてきた点は横田の『仁義なき宅配』（小学館、2015年）にくわしい。だが従業員や取引先を消耗させてまで効率化を徹底し、コストを削り、複雑な節税テクニックを駆使して現金の流出を最小化し、浮いた資金を顧客の利便性を高める投資に回してきたから、国内事業者よりも強い。

Amazonは2001年10月には60万ユーザー、リピーター率75％となり、ゲームとPCソフト販売を開始して複合化を進める（「日経ネットビジネス」2001年10月25日号）。2002年7月には過去12ヶ月以内に買い物をした会員は1000万人を突破。

上陸から3年で勝負は決した。Amazonの日本での2003年の売上は500億円超（うち書籍は200億円）と見られる一方、eS-Booksやブックサービス、楽天ブックスは50億〜60億円程度と言われていた（『アマゾン・ドット・コムの光と影』）。2003年2月には日販がAmazonと取引を開始し、同年秋に日販は楽天との資本提携を解消。2006年にはネット書店の売上の半分以上がAmazonだと噂される（「毎日新聞」2006年3月20日夕刊）。紀伊國屋書店のAmazonに対する発言の変遷を見てみよう。

「アマゾンに食われて売り上げが減ったということは絶対ありません」「アマゾンの規模でも

赤字が累積し、もう黒字転換の余地はない。（中略）ブックウエブは紀伊國屋だからできるのであって、単品管理ができてますから、棚からすぐ探し出せます。単品管理ができる倉庫をこれから持とうというのが、そもそもの間違いなんです」（佐野眞一『だれが「本」を殺すのか』プレジデント社、２００１年）

「今は国内56店舗ですが、70店が理想。そうしないとアマゾンに対抗できません」。（中略）「打倒アマゾン？　そんなつもりはありません。ネット書店とは客層が異なりますから」（「毎日新聞」２００６年3月22日夕刊）

「公平なルールのうえで戦うべきだ。アマゾンでは書籍以外の購入で得たポイントで書籍も買える。電子書籍は海外から配信されていたので、昨年までは消費税の対象外で８％の内外価格差があった。悔しいけれどアマゾンに押されている。業界は対応を考える必要がある」（「週刊東洋経済」２０１６年３月５日号）

Amazon は２００７年にはユーザー数６００万人を突破、業績は非公表だが、家電その他との複合化もあって売上高１２００億円（うち書籍以外が３割）と推定され、紀伊國屋書店をうわまわると報じられた（「週刊東洋経済」２００７年９月29日号）。

Amazon圧勝となった２０００年代中盤以降、国内ネット書店は撤退《てったい》や合従連衡《がっしょうれんこう》が進む。

たとえばｂｋ１は、２００１年８月に撤退したＢＯＬから事業譲渡を受けるも、システム投資などがかさんで債務超過に陥《おちい》り、２００６年にＴＲＣに吸収合併された。問題は債務超過自体ではなく「Amazonに勝つには長期の巨大投資が必要だ」と訴《うった》え資金調達し、Amazonをつぶすまで張り続けられなかったことだ。隣国・韓国にはAmazonが進出できず、中国には進出したが撤退。日本はそれができなかった。２００７年には大日本印刷（ＤＮＰ）がＴＲＣと業務・資本提携。ＤＮＰは２００８年に丸善、２００９年にジュンク堂書店、２０１０年に文教堂グループホールディングスを連結子会社化し、同年ＤＮＰ主導で丸善とＴＲＣを経営統合してＣＨＩグループとした。２０１２年にはＤＮＰグループとＮＴＴドコモの合弁会社トゥ・ディファクト運営のオンライン書店兼電子書籍販売サイトhontoに吸収されてｂｋ１は消滅。hontoも２０２４年３月をもって本の通販事業を終了してトーハンのe-honに連携するかたちとなり、並行して丸善ジュンク堂書店ネットストアが同年７月に開設された。

Amazonは何を達成したのか

書籍流通の問題点を解決するものとしてネット書店を捉えた論考に木下修「オンライン書店は書籍流通に何をもたらしたか」（『オンライン書店の可能性を探る』２００１年所収）がある。

木下は、適正な流通マージン率にし、返品抑止システムをつくって高返品率から脱し、適品・適量・適時の流通取引システムにして書籍だけで利益が出る構造にすべき、と提言した。
1．高機能の注文対応型の書籍流通システム
2．大型の書籍ディストリビューションセンター（書籍流通センター）の設立
3．書籍の正味引き下げ（特に注文品・買切品の正味引き下げ）
が必要だ、と。Amazonはこれらを実現している。ただしその理由は「お金のある外資だから」だけではない。2000年前後のAmazonは新興勢力であって「大書店」ではなかった。2000年代初頭のアマゾンジャパンにはプロモーション予算がほぼなく、ライバル視されたBOLがテレビCMを大量投下したのとは対照的だった（『アマゾンの秘密』）。しかしBOLはサイトが重いなど使い勝手の悪さでユーザー獲得に苦戦し、2001年に撤退。

当時のAmazonは、ネット書店として勝つために必要なことだけに集中投資し、勝った。木下の整理に沿ってAmazonが成し遂げたことを掘《ほ》り下げてみていきたい。

まずは「1．高機能の注文対応型の書籍流通システム」からだ。

Amazonも書誌データと在庫情報を一致させ、随時《ずいじ》更新するシステム構築に苦労したことは『アマゾン・ドット・コム』などにくわしい。だが同社は発注して「注文可能」と言った場合にその実際の配送結果を比べて「この会社の情報は○%の確率で信頼できる」といった分析を積み重ねて「24時間以内に発送」「2〜3日以内に発送」というステータス表示の精度を高めた。なぜ日本の取次にこうしたシステム開発ができなかったのか。カネの問題だけではない。

経営学者の伊丹敬之が指摘するように、コンピュータサイエンスに関連する大学の学士、修士、博士人材の供給量が日米では10倍違う状態が１９８０年代から30年間つづいた（今もつづく）という国力の差がある（伊丹敬之『漂流する日本企業』東洋経済新報社、２０２３年）。経済学や経営学の修士・博士人材も日本は先進国で最低だ。だからできなかった。

圧倒的な販売力を示したAmazonは、仕入先のひとつとしていた大阪屋のデータベースに出版社が本の情報を登録しないと販売できないようにした。出版社が積極的にデータを登録するようになるのは、ここからだ。「発売前から予約期間を長く取り、それに基づいて配本部数を決めれば返品は少なくなる」という書店や図書館からの提言を取次や出版社は無視してきたが、Amazonが成果を出し、出版社にもそれを求めると手のひらを返す。

その後、日本出版インフラセンター（ＪＰＯ）の「近刊情報センター」（２０１１年設立、２０１４年暮れに出版情報登録センター［ＪＰＲＯ］に改組、２０１８年に書協と書誌データベースを一元化）が、出版社自ら刊行前の書誌情報を登録し、そのデータを取次から書店に提供することで、Amazon以外でも予約販売や事前注文が可能になり、普及していった（『書店の未来を創造する』）。ただ新刊書籍のＪＰＲＯ登録率は２０１６年でも6割強、２０１９年でも7割程度であり、9割を超えたのは２０２０年以降である。

日本の書籍物流の課題解決に必要な「2．大型の書籍ディストリビューションセンターの設立」はどうか。Amazon は大規模かつ効率的な物流センターを構築・拡大しつづけている。

一方、「コラム９　共同倉庫構想の挫折史」で書いたように、出版業界では出版社・取次・書店横断の共同倉庫、巨大物流センター構想は何度も浮かんでは消えてきた。Amazon 上陸ともっとも近い１９９０年代から２０００年代初頭にもジャパンブックセンター（通称「須坂構想」）が発足し、空中分解した。須坂構想の中心人物だった平安堂・平野稔は、協業したトーハン、書協のリーダーシップの欠如、出版業界人の当事者意識の希薄《きはく》さ、各社が「読者のため」より自社の目先の勘定《かんじょう》を優先する姿勢から頓挫《とんざ》したと語る。１９７７年の通産省による共同倉庫システム構想の報告書に書かれた「費用負担の主体が不明確」「出版業界にはこうしたプロジェクトを率先して実行するリーダーがいない」状況は四半世紀後も変わらなかった。

ｂｋ１を立ち上げた石井昭もまた、ｂｋ１はＴＲＣと日経グループ、富士通などが寄り集まってできたために統一感のあるシステム構築ができず、それが苦戦の最大要因だと語っていた（『アマゾン・ドット・コムの光と影』）。Amazon のように創業者のワンマン経営で動く巨大な一企業ならば実現できたことも、思惑がそれぞれ異なる各社協業では不可能だった。

書籍流通の課題解決手段「３．書籍の正味引き下げ（特に注文品・買切品の正味引き下げ）」も、Amazon は実現している。Amazon は２０１７年から出版社との直接取引を増やしていく。「e託」と呼ばれる Amazon と出版社の直接取引では、出版社の正味（掛け率、卸値）は60～67

%とされる（参加した時期などによって異なる。基本は60%。また、出版社によってはAmazonへの納品送料無料特典があるなど、個別に条件が違うようだ）。

大手出版社の取次に対する出し正味は70〜72%、後発の新興出版社の正味は新刊委託では65〜67%とされている。しかし実際には取次は、大手出版社に対しては本を納入した翌月には売掛金を支払っている一方で、新興出版社からはさらに5%の「歩戻し」（返品率が高かった場合に備えての委託販売手数料）を取っていて実質的な正味は60〜62%、売掛は本の納入から7ヶ月後に70〜80%支払っている（20〜30%程度は書店からの返品に備えて保留）。

Amazonの直取引は、掛け率は新興・中小版元からすれば取次とほぼ変わらない60%、一方、月末締め・翌々月払いで入金は早い。キャッシュフロー的には悪くない（「週刊東洋経済」2016年3月5日号）。しかもAmazonの返品率は一般書店と比べてかなり低い。Amazonは取次の中小版元に対する取引条件を知った上で、ギリギリ呑《の》めるラインを提示したのではないかと思われる。くわえて、出版社はAmazonとの直接取引を選んでいないとAmazonでカート落ち（品切れ）した際に本の搬入《はんにゅう》に時間がかかるため、今では規模の大小を問わず多くの出版社がAmazonと多少なりとも直接取引をしている。

戦後の書店団体が「適正利潤獲得運動」で目標としてきたのは正味75掛《がけ》、つまり書店マージン25%、日販が2010年代以降に書店に提示してきたマージンは（低返品率等の条件付きで）30%で、これらの目標が多くの書店で実現されているとは言いがたい。だがAmazonは直接取引によって書店マージン40％を実現した。取次の代わりに自ら物流も担い、取次としての取り分7〜10％も取っていると考えても、多くの書店人がうらやむ数字である。

ポイント割引をめぐる攻防

しかし小売書店が取次や出版社に取引条件改善を突きつけるのはAmazonの専売特許ではない。１９７０年代までは小売全連／日書連も積極的に行ってきた。公取の介入によって個別企業での交渉しか許されなくなった１９７９年以降は停滞《ていたい》したが、Amazonはまさに個別の小売企業が強大な力を持つことで取引条件を変えさせた。「再販契約は個々の事業者間で行うもので、業界団体同士での交渉は違法」「再販契約の弾力的な運用を通じて、事業者間の自由で公正な競争を求める」「ある書店が実施したキャンペーンに対して同業者が中止を求めるのは独禁法違反」など、公取が出版業界に示してきたスタンスの上に、Amazonは立っている。１９７０年代末の橋口発言以来の公取の精神を体現する事業者がAmazonだ、とすら言える。

２００１年に公取は書籍・雑誌を含む著作物6品目の再販適用除外を「当面の間は存置させる」としたが、同時に公取は「弾力的運用」を各事業者に求め、実質的に定価販売や横並びの契約条件を崩して市場に競争を導入させた。

Amazon上陸前には「日本は定価販売だからAmazonが割引を武器に戦うことはできない」などと出版業界人は語っていた。しかし実際にはAmazonは買い物した金額に対するポイント還元サービスを通じた実質的な値引きを（時折、大胆に）実施して顧客を惹きつけている。出版業界の目算はここでも外れた。

1990年代から2000年代にかけて出版業界で問題になり、Amazonも当事者となったのがポイントサービスだ。それ以前の1980年代から、（アナログの）スタンプカード等を用いたサービス、キャンペーンに制限をかけるため、書店団体は公正競争規約を策定しようとしていた。オンラインショッピングのポイントサービスは、スタンプカードをデジタル化したようなものと言っていい。

公取は1996年4月に景品規制の見直しを発表し、以降、それまでは景品だとみなしていたサービス行為の多くが「値引き」にあたるとされるようになる。

1999年12月28日、公取は「再販契約はポイントサービスを制限しない」との考えを示す。このとき書店のみならず、メーカーである出版社もまた、共同（事業者団体や複数企業の協調）ではもちろん、個別にでも、特定の書店にポイントカードをやめるよう求めることは、再販維持のための正当な行為とは評価されない、とした。また、出版4団体（書協、雑協、取協、日書連）で構成される「再販売価格維持契約委員会」は「出版再販研究委員会」に改称し、再販契約書の第7条「契約違反の事実の認定および違反に関する措置《そち》に関して意見に相違がある場合には、再販売価格維持契約委員会に助言を求めることができる」の規定を無効とし、委員会は個々の契約内容には立ち入ることができない、とした（「新文化」2000年1月17日号）。

簡単に言えば、ポイントサービスが再販契約を守っているか言えるかについては再販契約をした当事者同士で話し合いなさい、個別の事業者同士の契約に第三者が介入するのは許さない、と。これに書店は衝撃を受けたが、２０００年時点では「出版社の反応は概して鈍い」と業界紙「新文化」で報道されている（２０００年4月13日号）。さらに２００１年、公取は、

①ポイントサービスは「値引き」に該当する（つまり、割引券などと同様に景品表示法および公正競争規約では制限できない）

②しかし、再販契約の適用除外を定めた独禁法第23条ではそもそも「ただし、一般消費者の利益を不当に害することとなる場合は…この限りでない」としている。ポイントによる値引きは消費者利益に資するものであって、通常の値引きとは異なる

③したがって出版社がこれを制限することは問題だ

――と日書連に文書で回答する（「全国書店新聞」２００１年2月2日）。

出版業界（とくに書店団体）はもともと「景品やくじ、スタンプカード等のポイントサービスが『値引き』なのであれば、定価販売を守らせる再販契約で制限できる」という考えだった。これに対して公取は１９７５年から１９９０年代なかば頃までは「そのような『割引類似行為』は、『値引き』ではなくて『景品』だから再販契約で制限できない。独占禁止法ではなくて、景品表示法上の問題」と言っていた。

そこで書店団体は「『値引き』ではなく『景品』ならば、景表法にのっとって出版物小売業

（書店業界）独自の公正競争規約を定めて制限する」とさらに対抗しようと動いてきた。

ところが１９９０年代後半以降の公取は「ポイントサービスは『値引き』だが、しかし再販契約では制限できない」とスタンスを変えた。むろん公正競争規約でも制限できない。

これで書店団体のポイントサービス阻止のロジックは崩され、対抗しようがなくなる。

この「ポイントサービスは値引きなのか、景品なのか（独禁法の問題なのか、景表法の問題なのか）」「『値引き』だとして、どこまで許容されるのか」「反対したい場合に、誰がどこまでの行動を取るのは許されるのか」という議論は、その複雑さゆえに、今に至るまでなかなか理解されていない。そのため、公取は何度も同じことを言わされている。

２００１年2月21日に日書連が公取・取引部取引企画課の山田務課長と懇談した際に「ポイントサービスをしている書店に出版社が指導するのは、違法ではないが、消費者利益の観点から望ましくない」と回答を得ているが、その後も２００２年初頭には講談社と小学館が「ポイントカードは再販契約に抵触する」と出版再販研究委員会・新年懇親会で文書にてそれぞれ発表し、実施書店からは「今更言われても」と困惑を招いた（「新文化」２００１年3月15日、２００２年2月7日）。さらに２００２年暮れには小学館など出版社各社が、ヤマダ電機の5％還元のポイントカードを問題視して、送品辞退も検討すると表明。１９９０年代以降、全国的に拡大した家電量販店が本を扱うようになり、本を買ってもポイントが付き、ポイントを使って本も安く買えたからだ。トーハン、日販も中止を求めた（「全国書店新聞」２００２年12月1日、

12月21日)。こうした動きに対し、2004年暮れに公取は「ポイントカード中止を求める運動は独禁法上問題を生ずる」『取次がイニシアチブをとってやめさせる』といった見解を出すのは消費者利益を不当に害するもので、問題」と改めて回答(同2004年12月11日)。

2005年に入ると、1月18日には「累積ポイントの利用は図書券と同じようなもので制限できない」「クレジット会社のポイントサービスは『書店が値引きした』とはいえないのでやはり制限できない」とも言っている。さらに同年2月の公取と日書連の対話では、

①日書連が出版社を訪問してポイントサービス禁止を訴えるのは独禁法8条で禁止されている「共同行為」に抵触のおそれがある

②出版社が共同してポイントサービス中止を働きかけることは第3条、8条で問題になる。個別に行う場合でも他社のポイントサービスは制限できない

などと言われている(同2005年2月21日)。

こうした流れのなかで、日書連が2005年2月17日の定例理事会において、それまでは公取と対決姿勢を取り、出版社にポイントカード阻止を求めていたことから方針を大きく転換し、ポイントサービスを受けいれると表明、2006年以降は出版物小売公取協議会もポイントサービスを容認するものに公正競争規約を改正する。この背景には、公取が独禁法違反で日書連への立ち入り検査を示唆《しさ》しており、最悪の場合は排除命令が下され、日書連解散もありえたからだと書協の菊池明郎委員長(当時)が述べている(「新文化」2005年2月24日、3月17日)。

Amazonが問題の俎上《そじょう》にあがるのはここからだ。2006年にAmazonは1回5000円以上購入した客に対して購入代金から500円割引するキャンペーンを実施したが、「Amazon全体で顧客に利益を還元するプログラム」であって「再販違反には当たらない」と発言。さらに2009年、Amazonは早稲田大学と契約し、同大学の学生、校友（卒業生）、教職員を対象に、アマゾンギフト券を使用すれば3％、早稲田カードというクレジットカードを使うと8％の割引価格で書籍購入できるサービスを発表（「全国書店新聞」2009年3月1日）。さらに同年、Amazonはソフトバンクと組んで書籍の10％割引販売「ホワイト学割」も始めた。

取引価格の1〜2％程度のポイント還元は「もはややむなし」となった出版業界だったが、8％、10％となると再販契約違反だ、と問題視する声があがる。2009年12月9日開催の出版流通改善協議会では小学館の社長でもある相賀昌宏委員長が「ポイントカードで実質値引きする行為には反対していく」とあいさつした。

だが公取は、ポイントサービスが「再販契約の当事者間の合意の範囲内」かどうかの判断は個別の「当事者の意思の問題」であり、再版契約を書店（この場合はAmazon）が守っていないと出版社が考えるなら商品供給を止めるなり、損害賠償請求の訴えを起こすことができる、と示すに留まっている。公取として具体的に介入はしないが、「ポイントサービスやキャンペーンがイヤならAmazonに卸《おろ》すのをやめるか民事訴訟で戦え。ただしポイントサービス自体への反対運動は、第三者はもちろん当事者にも許容しない」という態度を貫いている。

この見解を踏まえ、２０１４年に大学生協が実施した書籍購入時10％ポイント還元サービス「Amazon Student プログラム」に対して出版協の緑風出版、晩成書房、水声社が取次を通して自社出版物を除外するよう要請したがAmazonが応じなかったため、３社が出荷停止した。

ほかのほとんどの出版社はAmazonのポイントによる実質的な値引きに文句をこぼしはしても、取引を停止していない。Amazonが巨大な取引相手になり、その売上を失うほうがきつい状態になったからだ。たとえば２００７年時点で小学館は書籍の約12％がすでにAmazonからの売上だった（「新文化」２００７年10月11日）。

書店が望み、試みてきた姿を推し進めた事業体としてのAmazon

Amazonは、たんなる「ネット書店」ではない。在庫を抱え、自社で物流機能も持つことで客注を高速化すること、本のカタログ情報を充実させて予約期間を長く取って事前注文を重視し、発売日に届けることは、ＴＲＣなどが追い求めてきたものだった。

「Amazonに直取引、正味60％で卸しては商売にならない」と出版社が思うなら、定価を上げて自社の利幅を確保するほかない。本の価格上昇も、町の本屋が長年望んできたことだ。

顧客宅まで配送料無料で商品を届け、購買履歴から個別最適化したレコメンドを行うのも、１９６０年代までは町の本屋が果たしていた機能だった。

書籍中心、一般的には需要が少ない専門書や学術書などを幅広く取り扱う、他店ではなかなか置いていない本を個性的に取りそろえた店づくりもまた、少なくない本屋の店主が望み、しかし、経営が成り立たないがゆえにあきらめるか妥協してきた。

過去の販売実績を踏まえて増売し、返品率を下げるよう効率化をはかっていくのも、書店がスリップ管理によって行い、また、POSシステム、VANに望んでいたことだった。

Amazonは2000年代には、売れない商品でも在庫を持っておくことで販売チャンスが生まれ、収益拡大が可能になる「ロングテール」(クリス・アンダーソン)のビジネスモデルだと語られたが、実際には2009年時点で在庫回転率は年間18～20回程度と一般書店の平均4～6回転よりはるかに効率的で、返品率は出版業界全体では書籍も雑誌も30～40%のところをAmazonは既刊3%、新刊でも20%を実現した(「新文化」2019年2月7日)。自社が持つ過去のデータから需要を予測して過度の発注を抑制し、在庫が減って欠品が近くなると自動発注するAmazonのしくみは、セブンイレブンのPOSに対抗しようと息巻いていたときの書店人が夢想していたものに近い(「日経ビジネス」2009年10月26日号)。一方で2016年の「全国小売書店経営実態調査報告書」では「自店にまったく必要のない新刊配本はすべてストップしてもらいたいが取次は不可能だと言う。出版社単位ですべて止めるなら可能。まだそんな配本システムなの?」と町の本屋が取次への不満を漏らしている。

時流の変化に合わせて多種多様な商材を複合化して客単価を上げ、経営効率を高めることもまた、利幅の薄い書店業者はつねに追求してきた。

Amazon は2002年から Amazon マーケットプレイスを導入し、古本の取り扱いも始めた。ただし Amazon 自体が古本屋となるのではなく、第三者である出品者が値付けをして販売するかたちで、Amazon は在庫も持たず発送もせずに手数料を取ることで、新刊を売るよりも高い粗利率でマケプレを運用している。新刊と古本を両方扱う業態は遡れば日本にもあり、両方を扱うことで販売機会の喪失（新刊は高いから買わない／買えない、など）、他店への客の流出を防げる点も、かつての兼業事業者は知っていた。リアル書店も、1990年に創業されて全国に広がった古本チェーン（発売日から比較的日の浅く、状態の良い古本を中心に扱うことから「新古書店」と呼ばれた）「ブックオフ」に対抗するとの名目で、2000年代に一部の新刊書店が古本を兼業するようになり、2010年代以降にできた独立系書店でも両方やっているケースがあるが、全面的には広がっていない。いまだ古本兼業だと出版社にうとまれる、つまり新刊の仕入れへの悪影響が懸念《けねん》されることが一因だろう。Amazon はこの点でも例外あつかいだ。

国内の取次や書店業者も、ネット書店業に果敢に挑んだ。だが Amazon はどの国内事業者よりも長期視点に立って先行投資をし、巨額の赤字を掘りつづけながら顧客が望む出版流通を築き、顧客基盤《きばん》ができあがると、出版社や物流会社から有利な取引条件を勝ち取っていった。

筆者は Amazon を称賛したいわけではない。しかし Amazon 登場以前に長い間出版流通上の問題だと語られてきたことをこの企業が自力で解決し、公取が望んできた「弾力化」を実現したのは間違いない。そしてそれができない町の本屋を、追い込んでいることも。

第十一章まとめ

◆1990年代までにスタンド、売店、コンビニに主力商品である雑誌を奪われてきた町の本屋は、2000年代に入ると雑誌市場の急落に見舞われ、同時に書籍の売上をAmazonに代表されるネット書店に食われていった。日本の出版業界は「雑誌と書籍の一体型流通」かつ雑誌依存であったために、書籍だけで採算が取れるビジネスモデル、書籍の単品管理とその前提となる膨大《ぼうだい》な書誌データベースの構築は後回しにされてきた。ところが「雑誌と書籍の分離型流通」の国アメリカからやってきたAmazonは、日本の出版物流では収益的に不可能と考えられてきた個人宅への迅速かつ無料（または安価）の配達や、客が予約した本をほぼ確実に入荷して発売日に届けることを実現した。一方で、日本企業は大手書店も取次も個別では対抗できず、巨大物流センターを出版業界共同で運用する構想も戦後何度も浮上したがすべて頓挫した。

◆Amazonは出版社との直販サービス「e託」では正味60%（Amazonのマージン40%）がベースと言われる。出版社は「その条件では採算が取れない」と考えるなら定価を上げるしかない。取次や書店が「書籍だけで採算が取れる」出版流通の実現には低正味と高単価（価格）が前提となるが、Amazonはそれを促している（とはいえ書店マージン40%は欧米では特別高いわけではない）。

◆1990年代後半以降、公取は「ポイントサービスは『値引き』だが、消費者利益になるものであり、定価販売を定める再販契約で禁止することは望ましくない」「契約違反だと判断できるのはメーカーたる個別の出版社だけで、出版社や取次、書店が団体および個別にであっても他社の取引に対して介入するのは独禁法上、問題がある」と見解を示す。一方、本以外も扱うEC事業者が5%、8%、10%といった還元率のポイントを本にも適用する。出版社からの抗議によって出版物への高還元率の適用を控えた事業者もいるが、Amazonは様子を見つつも実行しつづけ、大半の出版社はそれでもAmazonと取引を継続している。そもそもマージンが低い町の本屋がポイントサービスを導入するのは現実的ではなく、事実上の価格競争においても町の本屋は劣位にある。

コラム11

2020年代の「指定配本」の増加

見計らいを中心としてきた取次の配本システムだが、2020年代に入ると書店の希望を踏まえて出版社が配本先の書店を決めて新刊を送る「指定配本」の比率が急速に高まり、トーハンでは新刊配本の80％以上に達した（「文化通信」2023年12月5日）。

これは取次自ら「パターン配本は機能しない」と認めたようなものだ。専門書の出版社などは元からしっかり売ってくれる店と特約店契約を交わし、原則事前注文の指定配本しか取らないなどの施策をやっている。

問題は、自前で単品管理してこなかった出版社には、指定配本に適切に対応できるシステムがなかったことだ。「指定配本」の名のもとに、書店から注文が来ると満数出荷して大返品を食らい、次から一気に配本を減らす「勘と経験」への逆戻りか、あるいは出版社独自のパターン配本に変わっただけだ。しかも指定配本の比率を高めても返品率が必ずしも下がらず、結局、取次が書店への配本数に介入している。出版社主導の指定配本も、大手出版社から刊行される人気の新刊は「実績が足りない」との理由で中小書店に入荷されにくい状況は劇的には変わっていない。

近年取次は「ＡＩ利用で効率化する」と言っているが、はたしてどうだろうか。

終章

本書では、第一章と第二章で書店業の基本構造とそこに至るまでの歴史をさかのぼり、書店にきびしい条件を課してきた日本の出版産業のすがたを描いた。今や忘れられ、あまり語られなくなった書店のありようとして第三章と第七章、第八章では「闘争する本屋」、第五章では配達員ひとりで月に延べ600〜1200世帯配達していた「店の外に売りに行く本屋」、第九章では「小書店をつぶす大書店」、第十一章では「Amazon 以前／以後の国内ネット書店」を描いた。第四章では著作物再販が文化政策として導入されたという神話を解体し、第六章では兼業書店は今に始まったわけではなく時代とともに「掛け算」の相手を変えてきただけであることを示した。第十章ではTRCと町の本屋の暗闘を描いた。

また、メディアや出版業界で常套句《じょうとうく》になってきたことの誤りを指摘し、

「出版市場が縮小《しゅくしょう》しはじめる前から町の本屋は減りはじめている」

「『委託取引が基本』と言われるが、実態としては『返品条件付販売』であり、書店の資金繰りが悪化しやすい取引条件になっている」

「『再販制だから安価に本の全国流通ができる』と『再販制が町の中小書店を守る』は両立不可能である。出版社の都合で運用される限り、再販契約は書店保護策としては機能しない」「成立当初の再販契約書の基準からいえば、もはやいまは本も『定価販売』ではない」などを示してきた。

書店業の構造を決める4つのファクター

さらに内容を「構造」と「時系列」から整理しよう。

「構造」に関しては、本書の「まえがき」で示した、書店業の経営を左右する「垂直的な取引関係」「兼業商品・外商」「小売間競争」「法規制」の4要素からまとめたい。

1.出版業界の垂直的な取引関係

1－1.出版社との関係

独占禁止法が改正された1953年以降、本の定価販売を可能にする再販売価格維持契約の存在により、出版社が本の価格の決定権を持つようになる。しかし出版社は、消費者の離反と公取の介入への懸念《けねん》、出版社同士の競争への意識により、値上げに慎重だ。日本の書店は雑誌と書籍を同じ店で扱うため、書籍は雑誌と比べて割高に見えがちでもあった。結果、出版ラインナップは安価な商品の薄利多売に傾斜《けいしゃ》した。そして出版社は、経費上昇に苦しむ書店からの

「定価アップ」「マージンアップ」要求をほぼ受けいれてこなかった。

出版社は定価販売であることを前提に、平均的な消化率（刷《す》り部数から返品を引いた実売の割合）でギリギリ利益が出る程度の値付けにしがちだ。売上＝販売部数×定価だが、定価を上げるより部数を伸ばす方に思考が傾きがちという特徴が戦前から根強くある。だから出版社は1冊あたりの利幅（実入りの金額）が薄い。それゆえ、書店からマージンアップを要求されても消極的な対応になる。

1980年代頃から出版社が安価で部数の多い商品を増やすと、輸送物量（刊行点数、部数）増大により取次の物流コストがはねあがる。また、書店のスペース増加の速度より早く出版物の物量を増やしたために、書店は本を置ききれず、読者は本を買い切れず返品率が増加。それがまわりまわって書籍の商品寿命を縮め、取次は売場面積の大きい書店への傾斜配本が強まり、町の中小書店の仕入能力は低下した。

1990年代後半から雑誌市場が凋落《ちょうらく》し、取次や書店が書籍単体でも十分な売上が立つ状態が必要になっても、書籍の定価上昇幅は低いままだ。また、出版社は、週次・月次で発刊される定期刊行物雑誌の習慣的な購買とCD・DVDレンタルの貸出・返却による読者の来店回数の多さを前提に書籍を「見計らいで撒《ま》き、店頭で認知させる」手法を前提にしていた。ところが雑誌とレンタルの時代が終わって来店回数が減少し、発売前の事前プロモーションと予約の重要性が増した今なお、書籍一冊一冊に十分な広告宣伝費が組み込まれていない原価計算と、

書籍の出版点数と出回り部数

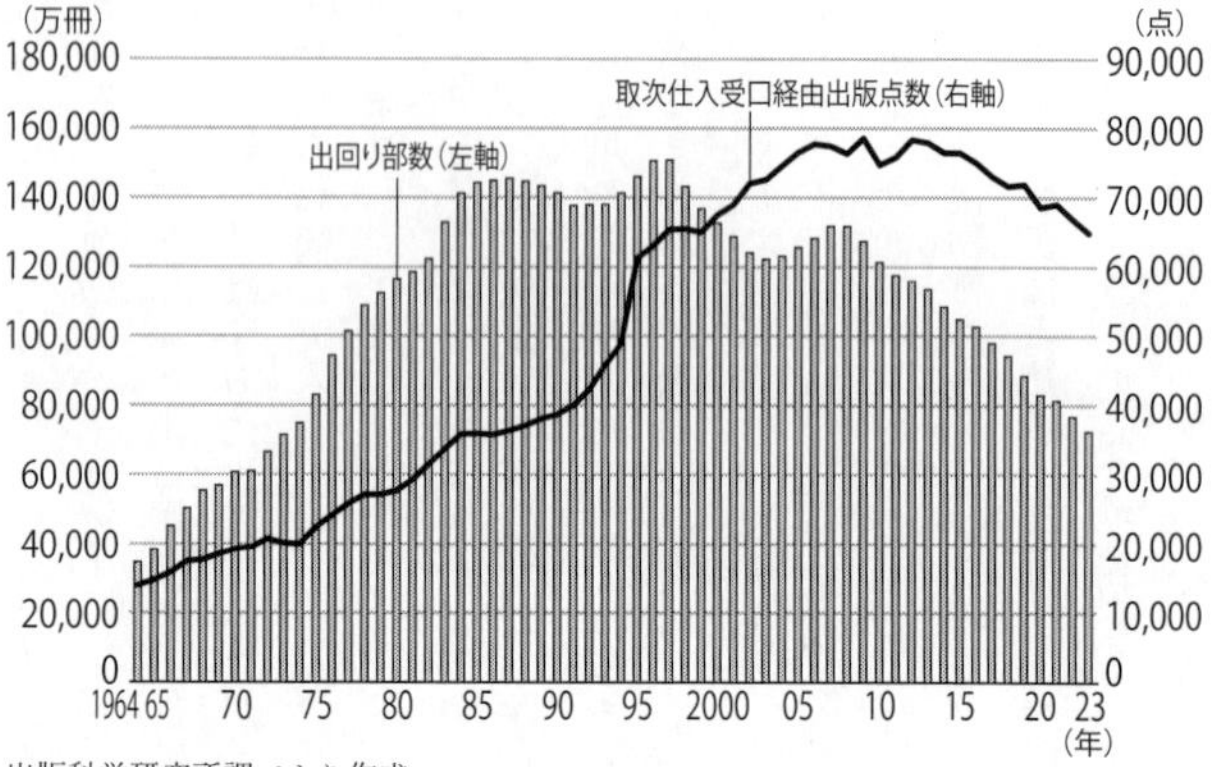

出版科学研究所調べより作成

十分な宣伝期間を取らない体制になっている（宣伝予算を捻出《ねんしゅつ》できるような定価設定になっていない）。結果、書籍の返品率はいまだ32〜33％前後と下げ幅は限定的だ。

２０２３年の書籍の出回り（新刊・重版・注文品の流通総量）は７億２４４９万部で、これは１９７３、７４年と同程度だが、出版点数は６万４９０５で、１９７３年には２万１３３８と３分の１以下だった。２０００年代以降は雑誌の落ち込みを書籍で補《おぎな》おうと刊行点数が増えたが、書店への来店回数が減ったのに点数だけ増やしても逆効果だった。１９９０年代後半以降、２０００年代を通じて書籍の返品率は過去最悪の40％前後で推移する。２０１０年代に取次が返品率改善のために送品抑制を始めたあとも、書籍の刊行点数が減るペースはゆるやかだ。だが算数で考えるなら、刊行点数を抑えて定価を上げ、「とりあえず作って撤けば人目に入る」という発想から脱却して一点一点の宣伝に力を入れる方向に舵を切るべきだ。再販契約と「書籍と雑誌の一体型流通」が、「本が安い」「書店マージンが低い」「とりあえず作って撒く」構造を作り出し、それらがもたらす悪循環《じゅんかん》に出版業界は陥《おちい》ってきた。

また、対「町の本屋」の観点から言えば、出版社は「たくさん売れれば良い」。「その本を誰が売るか」は多くの場合、問題にしない。よく売ってくれる店と優先的に取引をする。スタンドや売店、コンビニによる雑誌の発売日協定違反などに対して書店団体から介入を求められても、出版社は腰《こし》が重かった。本の「値引き」を可能にするポイントサービスに「再販契約違反だ」と言えるのは出版社だけだが、出荷停止のような行動を起こす企業は少ない。

1–2. 取次との関係

紙の出版ビジネスでは、戦後長く本の価格の決定権は出版社が、書店の仕入の主導権および入出金の決済時期（キャッシュフロー）は大手取次が握ってきた。柴野京子が指摘するように、日本の出版産業は、その多くが小資本である書店と出版社を、ごく少数の大資本である取次が媒介する「砂時計」型の構造になっている（「HAB no. 2 本と流通」エイチアンドエスカンパニー、2015年）。つまり大手取次は中小の書店や出版社に対して優越的な地位にあった。

取次は小書店が膨大《ぼうだい》にあるより、中・大規模な書店が要所要所にあるような状態のほうが「書籍」の配送効率は良い。ゆえに大書店を優遇し、小書店の声は相対的に軽視され続けた。

取次の収益は少品種大量生産の「雑誌」に依存し、多品種少量生産の書籍部門は赤字だった。したがってほぼ雑誌しか扱わないスタンドやコンビニは、一店一店の規模は小さいが雑誌全体の物量が膨大だった時期には取次にとって経営効率が良く、町の書店より重視した。

（ところが商業施設内書店は「搬入《はんにゅう》時間指定」や、モール内の店舗《てんぽ》までの納品を配送業者に要請するため一軒あたりの配送に時間がかかる。片手で持てる量しか雑誌の納品がなくても、コンビニ各店は深夜から早朝にかけての厳格な「店着時間指定」を求める。これらによってムダのない配送スケジュール構築がむずかしくなっている。もはや取次にとって「コンビニチェーンや大型書店なら効率が良い」も必ずしも成り立たない〔「新文化」2024年11月7日〕）

1990年代後半から雑誌の需要《じゅよう》が大幅に減少して収益が悪化すると、取次は書店への請求（売掛金回収）をきびしくし、入金率100％でなければ即時送品停止するようになった。売上減と取次への支払い厳格化がかさなり、小書店は次々倒れていく。

雑誌の力が衰《おとろ》えた書店は、書籍と兼業商品が頼みの綱となる。

だが、書籍物流が赤字ゆえに、取次は書籍の客注品対応や単品管理できる物流システム、その前提となる書誌と在庫情報を一体化させたデータベースの構築などは後手後手だった。そこに2000年代にアマゾンジャパンが参入、個人宅への即日発送や書籍のほぼ確実な事前予約販売を可能にした。一方で取次が同様の機能を取引書店に提供するにはあまりに時間がかかり、町の本屋は「書籍を目的買い」する客までAmazonに取られた。

戦前に日配がつくりあげた「取次主導型＋雑誌と書籍の一体型物流システム」は欧米的な書籍単体で出版社・取次・書店いずれも採算が取れるビジネスモデルの構築・普及を困難にし、雑誌衰退後には負の面が残った。

2. 兼業商品・外商

本は安価なうえに、戦後すぐの書店の粗利率《あらり》は15％、そのあと上がったといってもマージン22％前後で、小売業の中でも長くワーストトップクラスの低粗利率だ。結果、書店は、有望な兼業商品を必要としてきた。１９７０年代までは学校で使う楽器類やスポーツ用品、文具や雑貨、大人向けではタバコなどが定番だった。１９８０年代に台頭してきた郊外型書店では、レコード・ビデオ（のちにＣＤ・ＤＶＤ）のレンタルや販売が大成功し、粗利が4割に達する「書店経営革命」（能勢仁）が起こる。その後も中古ゲーム販売などが注目を集めるが、２０１０年代に入るとSpotifyやNetflixにＣＤ・ＤＶＤレンタルは取って代わられ、複合型書店の多くが苦境に陥る。近年の独立系書店でも兼業の重要性は説かれ、多くの店が雑貨、文具、飲食、イベントと兼業しているものの、高利益率、高単価な兼業商品が近年は少ない。

また、かつては町の本屋が売場のせまさを補い、顧客《こきゃく》との関係を深める手段として外商（外売）がさかんだった。しかし全集・事典のセット販売ブーム終了と人件費高騰、法規制厳格化によって個人向け外商はペイしなくなり、売り先は学校や官庁、図書館などへの大量販売に絞《しぼ》られていく。だが学校や官庁などは再販契約の対象外で値引きが求められ、図書館はMARCと装備と仕入の便利さを武器にするTRCに取られ、外商もアテにしづらくなっていく。

3. 小売間競争

戦前には書店組合の協約で新規出店時の距離制限や近隣書店の合意、あるいは安売り合戦によるつぶしあいを防ぐための定価販売を定めていた。しかし戦後は独占禁止法が制定され、「統制」的なカルテル、共同行為は封じられていく。書店同士でも出店競争が発生し、同じ商《しょう》圏《けん》内での客の取り合いが起こる。鉄道会社や不動産会社、建設会社等によるスタンドや売店・書店の設立、流通大手によるスーパー、ショッピングセンター、コンビニエンス・ストア、ショッピングモール出店とそこでの出版物の取り扱い、図書館への販売を専業にほぼ特化した図書館流通センター（TRC）、本の通販・宅配を手がけるクロネコヤマト系列のブックサービスといった異業種参入を書店組合が止めることはできなかった。

1990年代にネット書店が登場、2000年代に入るとAmazonがトップに立つ。出版社や取次は、本がより多く売れ、より多く置ける書店を優遇する。販売量と店頭在庫量を決めるのはリアル書店では立地と売場面積、営業時間の長さや開店時間の早さ、ネット書店では品揃え、配送速度、送料、割引率。町の中小書店がこうした点で勝つのは困難だ。

書店団体は戦前の統制組合が前身だったことから、新興勢力をつぶして横並びでやれば生き残れると思ってきたフシがある。また、意欲的に取り組もうにも町の本屋には価格、仕入、決済の主導権がなく、利益率も低いため、新たに何かに投資する十分な資金を持ちえなかった。

4. 法規制

国の競争政策にもとづき制定・運用される独占禁止法・景品表示法、百貨店法・大店法・まちづくり三法と、公正取引委員会による実際の条文解釈や事業者との折衝は、「垂直的な取引関係」と「小売間競争」に絶大な影響を及ぼしてきた。

1979年には出版業界各団体に対して事業者団体間の交渉の禁止を改めて通告し、個々の事業者同士が交渉・契約せよと示したことで、中小書店が集まる書店団体の影響力は落ち、トーハン、日販を頂点に寡占《かせん》状態にある取次の交渉力が強くなった。

また、オイルショック後には「出版物はほかの商品よりもインフレ率が圧倒的に低い」という前提を無視し、医学書等の値上げに関して公取が出版社の値付けへ介入を行ったことで、出版社は値上げをますます控え、書店は客単価の伸び悩みに苦しんだ。

新規参入してきたスタンドやコンビニ、TRC、ネット書店に書店団体がどんな対抗手段を持ちうるかも、独禁法と公取に左右される。何度かの公取からの指導、回答により、書店団体は今では特定の小売企業に対してほとんど何もできない。

また、1990年代末以降、公取はポイントサービスによる実質的な値引きを容認し、市場全体のパイが縮みゆくなかで、ポイントサービスを実施できる体力のある大型書店、大手ネット書店に有利な状態が生まれた。

「業界一律の条件設定」「業界団体同士の団交」「他の事業者の施策や取引条件への干渉」が封じられた1981年時点で書店団体および中小書店は競争と淘汰《とうた》が起こる見通しと覚悟を持つべきだった。定価販売は表向き守られたことになっているが、かつては「割引」「再販契約違反」とされた多くの手法がいまでは可能だ。価格以外の条件でも正味、仕入をはじめ巨大資本がより有利になっており、書店団体がそれを止めることはもうできない。

「再販見直し」論議は1970年代後半のときも1980年代末から2000年代にかけてのときも、出版業界は実質的には公取との闘争に敗北したと見た方がいい。横並びで生きのこりをはかることはできず、個別各社による交渉と競争が導入され、景品や値引き規制も緩和《かんわ》されたのに「再販を守った」という贋金《にせがね》をつかまされて溜飲《りゅういん》を下げてしまった。

出版社—取次—書店間の「垂直的な取引関係」で中小書店は劣位にある。また、中小書店が寄り集まる事業者団体での行動・交渉を「法規制」によって奪われた。そして本業たる雑誌と書籍の店売のきびしさを補ってきた「兼業商品・外商」はうまみがうすれた。こうして、より有利な取引条件の大手資本の書店・小売店との「小売間競争」に敗れ、1990年代後半に市場が縮小し始める以前から、町の本屋は消えてきた。

「雑誌と書籍の一体型流通」「取次寡占」「再販契約」のなかで1990年代まで出版市場は成長してきたが、この3つがいまや変革の阻害《そがい》要因だ。中小書店の生きのこりには「書籍単体でも儲《もう》かる」「仕入と資金繰りでの主導権を握る」「客単価の設定も自ら行う」が必要だからだ。

町の本屋が「なぜつぶれてきたのか」はこう短くまとめられる。しかし筆者は、弱いはずの町の本屋がかつてはどうして経営が成り立ってきたのか、そしてそこから「いかにしてつぶれてきたのか」を描きたかったのである。

時代によるうつりかわり

「垂直的な取引関係」「兼業商品」「小売間競争」「法規制」の4要素は、時代によってそれぞれに変わっている。今度は時代ごとの変化を整理してみよう。

・明治〜昭和初期（戦前）

明治時代初期は書店が本を仕入れる際には出版社からの買切・現金取引が主流だったが、1908年に大学館が委託販売制度を開始し、1909年には実業之日本社が雑誌「婦人世界」で委託販売と返品制を導入。定価販売実施は1919年に結成された初の全国組織である全国書籍商組合による実施決議が重要なものとされるが、「この日を境に完全に切り替わった」わけではなく、これ以前も以後も一進一退で進行した。1923年に講談社が『大正大震災大火災』で雑誌の流通網に書籍を載《の》せて「雑誌と書籍の一体型流通」への道をきりひらき、同じく講談社が雑誌「キング」創刊時に委託販売制を本格採用し、これらが業界の標準となっていく。講談社は従来書籍にはあまり見られなかった委託販売・返品の無制限な自由化も認めた。

1940年には帝国政府が従来の取次事業者をすべて廃業《はいぎょう》させ、雑誌と書籍を合わせて流通させる日本出版配給株式会社（日配）を設立する。

・1940年代〜1950年代　業界の基本構造の成立

1949年に日配が解散して戦後取次に「雑誌と書籍の一体型流通」「見計らい配本による仕入」と中小書店に対する優位な取引関係を引き継ぎ、出版社・取次・書店の業態別団体が誕生する（のちに「出版4団体」と呼ばれる書協、雑協、取協、日書連になる）。1947年の独禁法制定により組合のカルテルは無効になり、1953年の独禁法改正によって出版社が指定した本の定価販売が合法化された再販契約が成立、1950年代後半には定価販売が確立していく。これらによって出版業界の「垂直的な取引関係」——書店が仕入の多くと決済を取次に握られ、商品の価格とマージンの決定権を出版社に握られる、異様な業態としての「町の本屋」の基本構造が形成される。

定価販売の原則化により、1950年代初頭に行われた「地方定価1割増」のような、本の定価やマージンが上がらず、費用ばかりが上がるなかで書店が生き残るため「高く売る」ことは不可能になる。だから1950年代にはすでに文具やタバコ等との兼業は一般的だった。

・1960年代　闘争と外商の時代

高度経済成長期であったにもかかわらず本の定価上昇は渋《しぶ》く、書店は人件費上昇を売価にうわのせできないがゆえに人手不足や収益性の低さに悩まされた。1967年の調査では町の本屋は「平均」で実質的に赤字経営だった（赤字でもつぶれなかったのは、書店からの入金率が低くても当時は取次が送品を止めなかったからにすぎない）。

書店団体である小売全連（1972年に日書連に改組）は運賃・荷《に》造《づくり》費負担の撤廃運動やマージンアップ要求など、さまざまな闘争を展開し、わずかずつ条件を改善していく。

全集・事典のセット販売の全盛期で外商専門会社が設立され、また、町の本屋からは個人宅への雑誌や書籍の配送が配達員ひとりあたり、月に延べ600世帯が最低ラインとされるほど当たり前に行われていた、外商のさかんな時期だった。だが全集販売に対する過大報奨《ほうしょう》が公取に自《じ》粛《しゅく》を求められ、書店の低い粗利をおぎなうおいしいリベートは不可能になり、リベートをやめたぶん書店マージンが上げられたわけでもなかった。

・1970年代　インフレ、団体交渉最後の時代

多店舗化・大型化、チェーン店化が徐々に進行し、異業種からの書店参入も増える。

町の本屋が外売専門会社、スタンド、鉄道弘済会《こうさいかい》、チェーン書店やショッピングセンター内書店の台頭に対抗でき、出版社や取次と取引条件が改善できたのは「法規制」がゆるく、団交や実力行使が可能だったからだ。だが１９７２年のブック戦争（書店が協調して特定出版社の出版物不買によって条件闘争をした、独禁法違反の共同行為）や医学書値上げ問題、教科書の再販契約書問題の元が出版業界の再販契約書にあることで公取に介入される。

１９７９年には「書店団体と出版社団体、取次団体等の業界団体同士の交渉はカルテル、独占禁止法が禁止している『共同行為』に抵触するおそれがある」と示すなど、１９８０年代初頭までに公取が示した見解によって日書連の活動は大きく制限され、契約条件については個別の企業間での交渉が改めて求められるようになった。

日書連加盟書店の雑誌対書籍の売上の割合 (%)

	1967年	1982年	1991年	1999年	2006年	2016年
書籍６割以上	40.5	24.3	23.9	21.7	20.7	27.5
書籍５：雑誌５	12.4	8.9	7.9	8.8	7.1	11.6
雑誌６割以上	45.1	63.9	57.0	66.9	65.6	55.7
不明	2.0	-	-	-	-	-
無回答	-	2.9	11.2	2.7	6.6	5.1

「全国小売書店実態調査報告書」1967年、「全国小売書店取引経営実態調査報告書」1983年、「全国書店新聞」1991年９月26日・10月３日、「全国小売書店経営実態調査報告書」2000年・2006年・2016年より作成

雑誌は定期的な来店動機を作り出すこと、取次自体が雑誌中心の事業構造であることもあって入荷部数が確保しやすいこともあり、多くの中小書店が雑誌販売に依存してきた。１９７２年には書籍と雑誌の売上が逆転し、「雑高書低」時代に突入する。

一方で、本の価格上昇よりも激しい人件費の高騰によって個人向け外商はじりじりと厳《きび》しく

なっていく。「個宅に届けに行く」（外売）のはむずかしくなったが、「客が来るのを待つ」（店売）になっても雑誌需要自体が増えていたからどうにかなったと言える。

・1980年代〜1990年代　郊外型複合書店、コンビニ、TRC台頭

出版市場は最盛期に向かってパイが増え続けていたが、このころから町の本屋の減少・入れ替わりがはじまり、本格化していく。

生命線である雑誌売上の争奪をめぐって、1950年代末から1970年代にかけて町の本屋はスタンドや駅の売店と激しく争い、1980年代には台頭してきたコンビニエンス・ストアと衝突《しょうとつ》した。1974年にセブンイレブン1号店が開店して以降、コンビニの雑誌売上は急成長し、1982年には前年比97％増を記録した。

1973年制定の「大規模小売店舗法（大店法）」は都市部での新規大型店舗の設置に制限をかけたものの、同法ではコンビニや郊外の中・大規模書店の台頭は防げなかった。コンビニは店の「規模」が小さいがゆえに、郊外の店舗は「立地」の点で法規制の対象外だった。

1992年にはセブンイレブンの出版物売上が1000億円を突破して紀伊國屋書店を抜いて業界トップの規模となり、1995年時点でCVS（コンビニエンス・ストア）ルートは出版業界全売上の20％、雑誌売上の33％を占める。

郊外型複合書店が台頭し、ビデオ販売・レンタル、CD、ゲームなどとの複合化が進み、町

の本屋も追随《ついずい》して兼業・複合化・郊外進出（移転）によって生き延びた店がある。「書店は立地勝負」であることは変わらなかったが、モータリゼーション（自動車の普及）と郊外の開発によって「良い立地」の前提は変わり、地方では駅前、市街地は空洞化する。

また、経済成長による地方自治体の文教予算、社会教育費の増大、地場の土建業者と政治家との利害の一致を背景とするハコモノ行政の隆盛により、全国各地に公立図書館が新設され、1館あたりの資料費もかつてよりマシになる。ところが図書館への納入業者は町の本屋から、1979年に設立された図書館流通センター（TRC）へと移行していく。TRCは装備の無償提供とMARC、迅速で調達確度が高い納本を武器に入札に勝つ。町の本屋は「装備無料は景表法違反」として法律で対抗するが、書誌データと在庫情報を一体化させた利便性と安さを前に、多くの図書館、自治体がTRCへと流れていく。

団体交渉が禁じられた町の本屋は、垂直的な取引関係、小売間競争のいずれでも対抗や条件改善の交渉手段を持ちえなかった。結果、大量につぶれ始める。

・2000年代　メガ書店とネット書店、雑誌の減速、再販骨抜き化

1990年代末から雑誌市場が衰退し、同時に書籍の売上も取られていく。低マージンで利益の出ない状態の続く町の本屋は自前でEC（ネット書店）化への投資はできず、Amazonより出来の悪い書籍物流システムを抱える取次とともに沈んでいく。

書誌情報の制作と事業者間の共有、書誌データと紐付いた効率的な物流システムの構築は書店の命運を左右してきた致命的に重要な点だが、地味で複雑な話ゆえに、出版業界人以外からはほとんどスルーされてきたポイントである。

「日本でうまくいくはずがない」と見られていたAmazonは、送料無料サービス、TRC以上に書誌データベースと在庫情報を一体化させて書籍の単品管理を実現した物流システムの構築などにより、わずか3年で国内事業者に圧倒的な差を付けた。2007年には推定売上1200億円（うち7割が出版物と目される）で、本の販売において国内トップとなったとみられる。

また、大型店舗の出店を規制する法律が1990年代以降改正されて都市部でも大型店の開設が容易になり、全国的にチェーン店舗の書店が広がる。書店の総面積が増加する一方で町の本屋は次々つぶれて店舗数の減少が進む二極化が進行した。

大書店のほうが今も相対的に生き残っているのは、取引条件が小書店よりよく、売れ筋の本が入荷しやすいからだけでなく、もともと雑誌の売上比率が低く、雑誌と比べると売上の下げ幅がゆるやかな書籍の比率が高かったからでもある。

2000年代以降、書店でコミック売場の次に児童書売場が大きいことはめずらしくなくなったが、児童書がお荷物とされた時代も長かった。それが転換した背景には教育政策の変化がある。朝読向け書籍市場活性化と学校図書館予算増額は町の本屋にも恵みをもたらした。

・2010年代　複合型書店・メガ書店衰退と独立系書店への注目

２０１０年代にはスマートフォンやストリーミングサービスの普及でレンタル事業が終焉に向かい、複合型書店の粗利率が低下して撤退《てったい》が加速する。また、２０１０年代以降は町の本屋から書籍の売上を奪ってきたメガ書店が、市場のパイ全体がちぢんだことで高額な家賃など固定費に耐えきれなくなって閉店し始める。一方で小資本、個人・家族経営の新興「独立系書店」でカフェ併設《へいせつ》型や雑貨、イベントとの組み合わせが注目される。

「書籍が読まれなくなったから町の本屋が減った」のではなく、雑誌が売れなくなり、外商とおいしい兼業商品が減ったことで「雑誌とレンタルに依存してきた書店が次々につぶれてきた」。雑誌市場は最盛期の１９９６年と比べると２０２３年の推定販売金額は83％減、もはや2割以下の規模だが、書籍市場は50％とまだマシと言える。だから書籍中心で、飲食やイベント・雑貨など急にすたれる可能性が低い兼業商材と組み合わせ、ひとりまたは少人数経営にして固定費を切り詰めた独立系書店はまだ相対的に成り立つ。

町の本屋から雑誌売上を奪って成長したコンビニも、雑誌市場の縮小とともに出版物の売上は急減、しかしそうなってから本を扱っていることを猛《もう》アピールする。だが効果はなく、かつて出版市場全体の2割を占めていたＣＶＳ（コンビニエンス・ストア）ルートは、今や全体の７％弱。コンビニの総売上高に占める出版物の売上比率は全盛期には10％程度、２０２３年度には０・７％（日販『出版物販売額の実態２０２４』２０２３年）。

インターネット出版物販売額

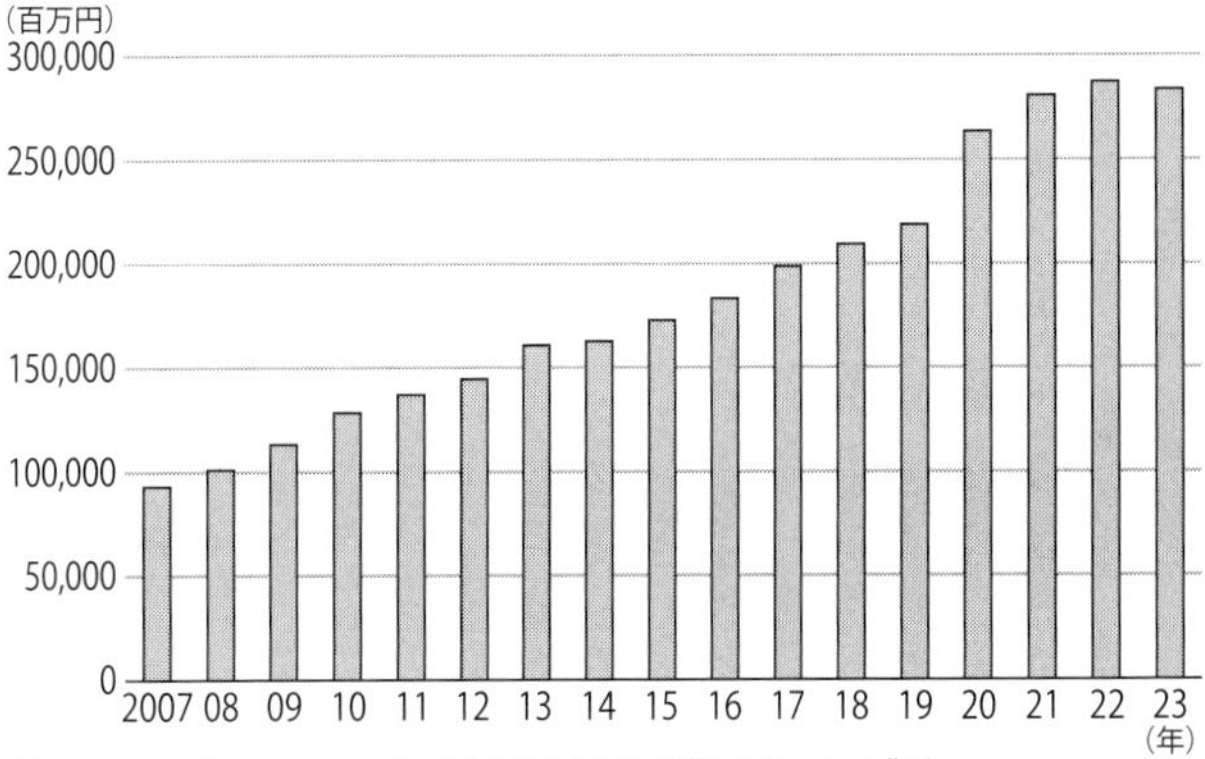

日販ストアソリューション課『出版物販売額の実態 2023』より作成

　販売ルート別の出版物販売額が右肩上がりなのはAmazonを含む「インターネット」ルート（ネット書店）だけだったが、それもついに２０２３年には前年比98・7％と減少した。

　リアル書店は減り続ける。一般社団法人「日本出版インフラセンター」（ＪＰＯ）発表では２０２４年11月時点で７８１３店と、この10年間で４０００店近く減少（売場のある店舗数）。ただし、大手取次と口座をもたず、ＪＰＯ未登録の書店（いわゆる独立系書店が多くを占めると目される）が、合同会社未来読書研究所調査では２０２４年８月31日現在で１０４９店。

『出版物販売額の実態』を元にするなら、紙の出版市場全体でネット書店が占める割合は２０２０年代に入っても20％程度。リアル書店が法律で保護され、元気だと言われているフランスでも、出版統計では２割はネット書店。この点では日仏で

販売ルート別出版物販売額

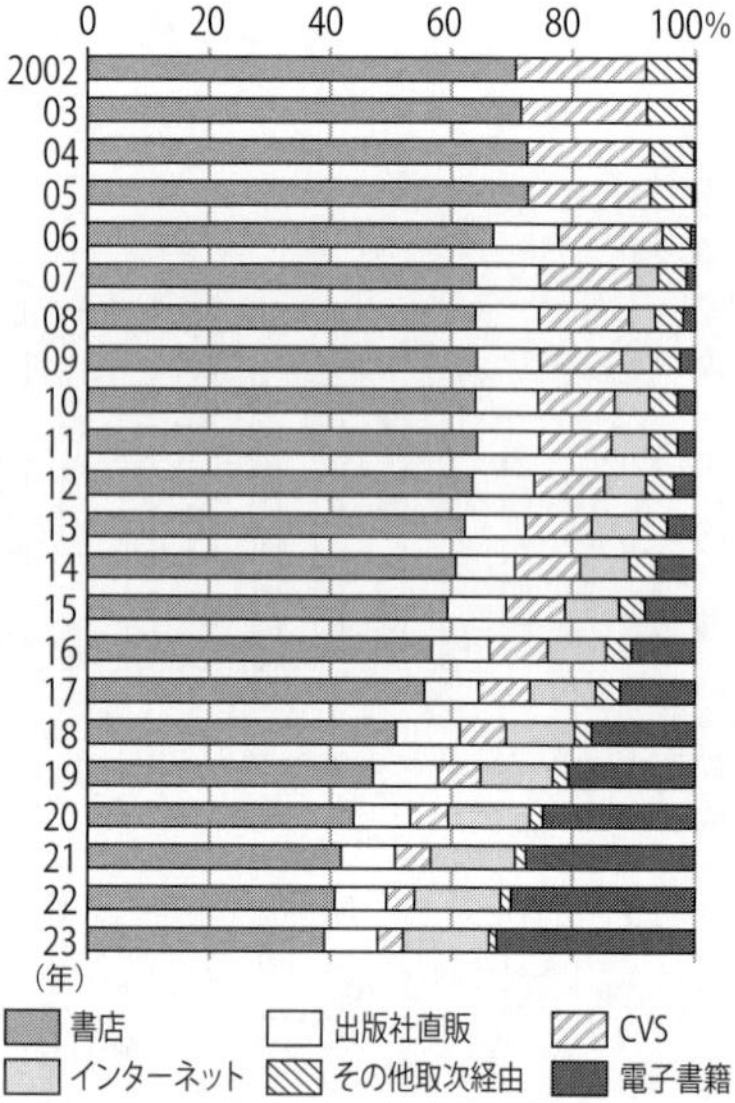

日販ストアソリューション課『出版物販売額の実態2024』、インプレス総合研究所『電子書籍ビジネス調査報告書2024』より作成

状況は変わらない。つまり日本の書店業の課題はネット書店の存在自体というより、それをとりまく制度や施策の側にある。

日本では取次を利用した取引である「書店」ルートと、出版社と書店等の直接取引である「出版社直販」を合わせた主にリアル書店での販売が全体の70%である。

直販の雄が、書店の注文に対して希望冊数を満数出荷、書店マージン30%、宅配便で迅速納品する「トランスビュー方式」だ。参加出版社数は２０５、取引書店数は４３００店舗（全書店の約半数）。トランスビューの取引代行業で販売された書籍の売上は２０２３年に６・５億円、大手取次に口座をもたない書店が全売上の13%を占める（「新文化」２０２４年10月24日）。

電子書籍を入れたら？　電子雑誌やマンガアプリ等での課金を含む電子書籍の推定販売金額はインプレス総合研究所が「電子書籍ビジネス調査報告書」で毎年発表している。こちらの２

023年度の6449億円を加えて計算し直すと、2023年時点で書店（取次経由＋出版社直販）が紙＋電子の出版市場全体のおよそ半分、ネット書店は14％、電子書籍が32％。「紙」が7割弱、「デジタル」が3割強とも言えるし、「リアル」（書店、直販、CVS、その他）が半分、「ネット」（ネット書店＋電子書籍）が半分とも言える。いずれにしろ「紙の本や書店はネットに呑《の》まれた」かのような認識は誤りだ。5～7割はリアル書店が出版市場を支えている。そして他国の動向を見る限り、日本でも電子書籍の伸びは早晩止まる。

不易と流行

今もなお、何も変わっていない。ある面ではそう言える。

2016年に書店有志の働きかけで「書店経営の懇談」として始まり、2017年「全国の書店経営者を支える議員連盟」として発足、2022年「街の本屋さんを元気にして、日本の文化を守る議員連盟」に改称して145人に増えた自民党の議員連盟の活動により、2024年6月には政府が閣議決定した「経済財政運営と改革の基本方針（骨太の方針）」に、書籍を含む文字・活字文化の振興や書店の活性化を図ることが盛り込まれた。

書店は議連に対し、公共図書館の複本を原則禁止とした上で図書館は地元書店から書籍を（装備費用を負担させずに）仕入れるよう推奨すること、取次が書店の規模により配本数を決める「ランク配本」によって中小書店が人気の本を入荷できない現状を変えることなどを訴《うった》え、ネット書店の送料無料配送などによる実質的な値引き販売について実態調査を求めた（「読売新聞」２０２３年5月25日朝刊）。いったい何年前から、何度同じ話をしているのか。

書店が政治家に近づくことに批判的な声もあるが、中小事業者は取引条件改善に向けた団体交渉も、ほかの事業者がしている施策をやめさせる行動も個人や個別の法人としてもできない。お願いしても法的に問題がなく、効果がありそうな相手はもはや政治家くらいしかいない。

経済産業省は大臣直属の「書店振興プロジェクトチーム」を２０２４年3月に設置して書店関係者らと車座ヒアリングを開き、カフェを併設して魅力的な読書空間を作るなど優れた事例を共有し、要望を探る、とした（「読売新聞」２０２４年3月13日朝刊）。

公取も出版業界への聞き取りに及んでいると報じられている。公取は「図書館への納本時に小売に装備費用を負担させるのは、本体と別々に価格を提示すれば問題《けいい》なし」「ポイント付与による値引きは問題なし」などとしてきた。そんな機関が歴史的経緯や解釈を無視して、消費者に不利益になる手のひら返しをできるのか。これまでの競争政策においては、本屋にかぎらず「欧米先進国と比べて零細《れいさい》小売の数が異様に多く、小売店舗密度が高すぎる。流通が近代化されていない」と問題視されていた（『再販制と日本型流通システム』）。だから規制緩和によって大型店に集約されるよう国が誘導してきた。だが、いざ減ったら政治家が「町の本屋がなくなるのは問題だ」と言い出し、公取も駆り出された。方針転換してもいいのだが、過去との一貫性が枷《かせ》になって書店業界が期待するほどの政策は「できない」のではないか。

国策書店振興にあたり、先行する韓国やフランスの書店振興政策を参考にすべきとの意見がある。しかしそもそも戦後日本はフランスなどとは異なり、文化政策を産業政策や競争政策より上位に置いたり同列に扱ったりしたためしがない（少なくとも出版に対しては）。フランスでは文化省主導、日本は経産省主導の書店振興であり、省庁としての評価軸が異なる点は出版業界側も認識しながらロビイングする必要がある。

図書館はどうか。日本図書館協会の統計では、公立図書館全体の図書購入費は過去20年間余りで約25％減少。公共図書館＋小中高大等図書館への出版物の販売額は２０２３年に６７６億円で、紙の本の売上全体の３％。リアル書店の売上の10分の１以下、教科書販売の半分だ。市民や役所、政治家による図書館と司書の軽視や経費削減要求は、ＧＨＱが撤退して図書館予算が枯渇《こかつ》した１９５０年代以来、本質的には変わっていない。

２０２４年７月23日には取協（日本出版取次協会）が説明会「出版配送の現況と課題　日本の物流を取り巻く環境変化」を開いた。国土交通省の方針に沿って、運送会社はそれまでの約２倍強となる運賃改定を取次に示し、トラック運送業者の労働条件の改善、ドライバー不足解消に向けて「構造的価格転嫁《てんか》の実現」を求めている。取次業で最大のコストは運賃だが、値上がりはその後もやまず、２０１１年比では２０２５年以降はその運賃が４倍になる見通しだ。だが再販契約ゆえに取次も書店も価格転嫁が不可能。このままでは出版配送が「ハードクラッシュ」する、言い換《か》えれば取次が全滅すると出版社に訴えた。

1989年に取協が同様の要請を出版社団体に行った際には、公取から、独禁法で禁止している「事業者団体同士の交渉」のおそれがあると注意を受けたため、何をどこまでして大丈夫なのか事前に公取に確認してから説明会を開いた。

そこでも「輸配送コストその他の費用上昇よりも出版物の定価上昇はゆるやかだ」と出版社に訴え定価上昇や運賃負担を求めるという、戦後ずっとくりかえしてきたことが反復された。約70年間、価格の決定権を出版社にゆだねてきたが、取次と書店の言い分が通ったことは少ない。再販契約は書店保護には十分機能してこず、今後、出版社が運用を改めることも期待できない。であれば、頼らない道を確立するか、国が介入して「割引は禁じ、定価以上での販売は許容する」ような強力な法でも作らないかぎり、取次が出版流通の収益を改善し、書店が生き残れる利幅を自ら設定するのは不可能だろう。

2025年現在、書店に対する公的支援として、成功事例をまとめた売上振興策を経産省などが資料として公表している。経産省が「保護」政策ではなく「産業振興」策を示すのは当然だ。だが、売上に効く施策として挙げられているものは、ほかの店が実行できるか、できたとして効果があるかが、客層・客数やその書店の人員、立地、店舗面積などに左右される。

むしろ国の支援としては経費に対する施策の方が確実に効く。

日販「書店経営指標」各年から売上を100とした場合の経費の割合の推移を見ると、費用の上昇率が大きく、また、経費全体のなかでもインパクトが大きいのは人件費、地代家賃、支

売上を100とした場合の経費の割合

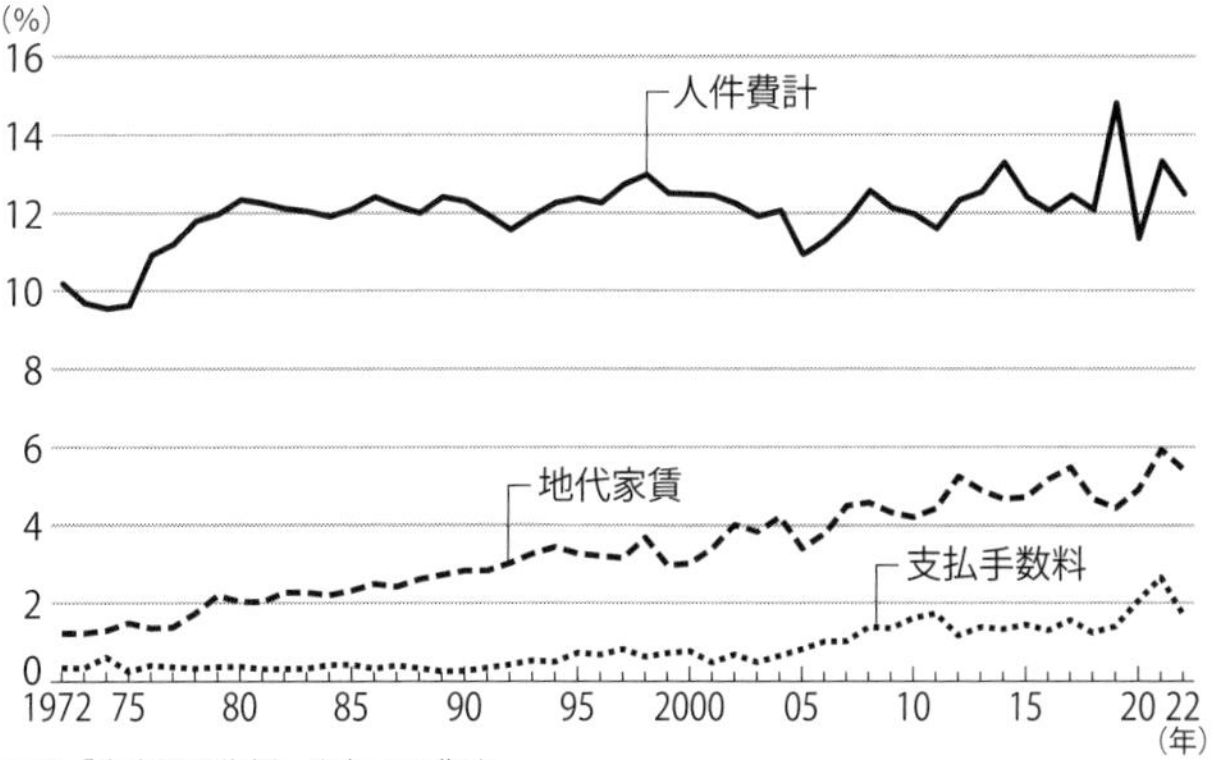

日販「書店経営指標」各年より作成

払手数料（クレジットカードなどの支払手数料やＰＯＳシステムの利用料）である。日販「書店経営指標」は２０２３年度調査を収録した２０２４年版から支払手数料の公表をやめたため２０２２年の１・７％以降の数値は不明だが、２０２３年には書店での現金決済率は62・６％、決済手数料は電子マネーは２・０〜２・５％が最多、クレジットカードは２・５〜３・０％が最多になっている。人件費は２０２３年は平均11・６％、地代家賃は７・６％。

一定規模以下の売上、資本金の書店にはこれらの費用に補助を出すか、消費税を免除《めんじょ》するなりして利益率を上昇させる、農業や林業のように設備投資への助成金なり直接的に交付金を支払うほうが、書店経営の持続に効き、小書店が各地にある状況をつくれるだろう。もっとも、どんな政策・施策であれすべての事業者を救うことはできないし、そうすべきでもない。

あたらしい動きはある。

出版業界誌・業界紙では１９５０年代から１９６０年代までは話題の中心は「外売」、１９７０年代は「スタンド、キヨスクの早売り」「多店舗化・大型化」、１９８０年代は「コンビニ対策」「複合型書店」「郊外型書店」である。大店法が改正されてチェーン店による大規模店が相次いだ１９９０年代から２０００年代は「多店舗化・大型化」となり、２０１０年代はカフェなどとの兼業に注目が集まる再びの「複合型」（ただし「複合型」の「独立系書店」）になる。

２０２０年代には本屋の棚を有料で貸す「シェア型書店」、２０１８年に登場した文喫《ぶんきつ》などの「ラウンジ／シェアオフィス型」が話題になっている。いずれも「場所貸し」つまり「書店のスペース（空間）を時間で区切って販売（貸出）する」業態と本屋との兼業だ。

「書店と図書館の連携」も話題だ。ＪＰＩＣ（出版文化産業振興財団）、中小出版社でつくる業界団体「版元ドットコム」、図書館蔵書検索サイト運営の「カーリル」による「書店在庫情報プロジェクト」の実証実験が２０２４年６月に始まった。公共図書館の蔵書検索システム（ＯＰＡＣ）とも連携し、利用者の現在地から半径約5キロ以内にある新刊書店の在庫状況を把握できるようにし、公共図書館の貸出待機者の地域書店への誘導も考えているという（「朝日新聞」２０２４年7月22日朝刊）。

これらをどのように歴史的に位置づけ、書店経営史上どう評価すべきかを決めるのは時期尚早だ。「まだ小さな動きだから意味がない」とする人もいれば、「大きさに関係なくおもしろい」と感じる人もいるだろう。スタンドや雑誌の自動販売機、外商専門会社のように時代のあだ花として消えゆくものなのか、日本に長く根付くのか、それもまだ、わからない。

あとがき

本屋は死なない、終わらない、消えないと語る人たちはたくさんいる。

本書は希望を描くつもりはない。かといって先がないとも思っていない。いまが絶望的なら、戦後、町の本屋はずっとそうだった。

仮に日本の出版産業がうまく変われずハードクラッシュしても、また誰かが違うしくみを作り出す。寡占《かせん》取次がなく、定価販売ではない国、それでも市場が堅調な国はいくらでもある。すべての書店、出版業界人を救うシステムはどこにもないし作りようもないが、どんな制度やビジネスモデルであっても、人類は文章を読み、書き、売り、買うことをやめない。

＊

出版業界や図書館業界の少なからぬ人たちから煙たがられそうな話も含むこの企画を平凡社が引き受けてくれたことには、大変感謝している（本が出る前から「介入」もあったが……）。担当編集者の安藤さんには国立国会図書館での資料集めや作図など、さまざまな点で協力いただいた。

本書では町の本屋、チェーン書店、TRC、図書館行政・現場、取次、出版社、公取等々の立場から公刊された情報を元に、各々の理屈を汲《く》んで書いたつもりだ。もっとも歴史記述の常として、弘済会《こうさいかい》の資料には町の本屋との衝突の話がほぼ出てこないから小売全連／日書連側の資料に拠るしかなかったなど、残っていないものは参照しようがなかった。出版業界でオモテに出ない話があるのは筆者も知っている。そんななかでは本屋、書店組合がもっとも身も蓋《ふた》もない記録を残していたため、参照の比重が大きくなったことは否定しない。オモテに出ない情報は第三者には存在しないのと同然で、後世には歴史上「なかった」のと同じになる。また、本書は文献ベースで「全体の傾向」を示したが、個々の実態は多様だ。当事者が「(うちは)違う」と思った点があれば証言するか、資料を公開してもらえるとありがたい。

筆者は書店や取次、図書館勤務経験がなく、現場の実務に明るくない。歴史研究が本職でもない。そのため柴野京子・上智大学文学部教授、田口幹人さん(合同会社未来読書研究所)、宮澤優子さん(伊勢市教育委員会事務局教育メディア課主幹)、竹田信弥さん(双子のライオン堂)、どむかさん、マー・スコット氏(チューリッヒ大学)ほか何人かの方に草稿(の一部)を読んでいただき、コメントしていただいた。むろん事実確認を含め本書の文責は筆者にあり、協力くださった方々が本書の主張に必ずしも賛同しているわけではない。

なおマンガ喫茶《きっさ》やブックオフなどは「新刊書店経営史」自体の話ではなく、それに影響を及ぼしたと言われる勢力の話だから、本書では省いた。小田光雄『ブックオフと出版業界』(論創社、2008年）をはじめ、それらを追った著作はすでにある。また、書店の売場のディスプレイや棚の配置の変遷、万引き問題などは筆者の関心外のため触れていない。ほかにもページ数や筆者の興味の関係から扱えていないことは無数にあるが、別の書き手に譲《ゆず》りたい。

この本では書店経営、出版産業の課題の本質を焦点化するとともに、「忘れられた」書店の姿を描いてきた。失われた書店の姿を描くことは、いまはまだ存在しない書店の姿をつくりだすことにつながると思うからだ。いまある書店の姿は、200年もない近代日本の歴史のなかでも、ごく偏《かたよ》ったものにすぎない。書店業の背骨は戦後なかなか変わらなかったが、それでも業態や扱う商材、店の雰囲気は移り変わり、それなりに多様だった。今も変化と拡散のただなかにある。過去を眺めれば、今後を柔軟に考えられるだろう。

本書は学生や出版業界の新入社員・若手にも読んでもらいたいと考え、40代以上なら説明不要な用語や時代背景等もなるべく解説した。大学の講義やゼミ、出版社や書店の研修などで使ってもらえたらありがたい。

書きながら、筆者が通っていた、今はなき書店のことを何度も思い出した。小中学生のころによく行った、かねさん、平成堂、太陽堂、平安堂むつ中央店。母校・青森高校の目の前にあったBOOKSきのやも、もうない。5年住んだ京王線つつじヶ丘駅前の書原も好きだった。なくなっても、忘れない。

参考文献

本文中（図版キャプション含む）に記載のある文献は割愛した。

まえがき

Publishers Weekly, “Following a Successful 2023, B&N Aims to Open 50 Stores in 2024”, 2024.1.10
The Conversation, “Magazines were supposed to die in the digital age. Why haven’t they?”, 2024.1.9
Syndicat national de l’édition, “Les Chiffres de l’édition 2023–2024”, 2024
Associazione Italiana Editori, “36 anni dopo. Il mercato del libro in Italia oggi”, 2024

第1章

「日販通信」1955年4月1日、日本出版販売
出版年鑑編集部編『出版年鑑』1957年版、出版ニュース社

コラム1

出版科学研究所編『出版指標年報』各年
日本図書館協会編『日本の図書館　統計と名簿』2023年
飯田一史『「若者の読書離れ」というウソ』平凡社新書、2023年

第二章

「文化通信」２００１年7月23日、文化通信社
日本書籍出版協会研修事業委員会編『出版営業入門 第4版（新入社員のためのテキスト）』日本書籍出版協会、２０２１年
出版年鑑編集部編『出版年鑑』１９７１年版、出版ニュース社
松信泰輔編『ブック戦争の記録』有隣堂、１９７７年
「新文化」１９８２年6月24日、２０１８年2月1日、新文化通信社
日書連書店経営実態調査特別委員会編「全国小売書店経営実態調査報告書別冊 書店経営者 生の声」日本書店商業組合連合会、２００６年
日書連指導教育委員会編「全国小売書店経営実態調査報告書」日本書店商業組合連合会、２０１６年
日本出版物小売業組合全国連合会編「全国小売書店実態調査報告書 １９６６年9月実施」１９６７年
日本出版物小売業組合全国連合会編「全国小売書店実態調査報告書 第2回」１９７０年
日本出版物小売業組合全国連合会編「全国小売書店実態調査報告書 第3回」１９７２年
流通問題改善委員会編「全国小売書店取引経営実態調査報告書」日本書店組合連合会、１９８３年
日本書店商業組合連合会編「全国小売書店経営実態調査報告書」２０００年
日書連書店経営実態調査特別委員会編「全国小売書店経営実態調査報告書」日本書店商業組合連合会、２００６年
出版科学研究所編『出版指標年報２０２４』２０２４年
日本出版取次協会編『日本出版取次協会二十年史』１９７２年

「日販通信」1952年6月下旬号
本の学校編『書店の未来を創造する　本の学校・出版産業シンポジウム2011記録集』出版メディアパル、2012年
日本出版販売株式会社社史編集事務局編『日販70年のあゆみ』日本出版販売、2020年
須長文夫・相田良雄・柴田信『出版販売の実際』日本エディタースクール出版部、1978年

第三章

「書店経営」1993年1月号、トーハン
日本出版物小売業組合全国連合会編「全国小売書店実態調査報告書」第1回、第3回
「全国書店新聞」1966年7月1日、1972年6月20日、1991年9月26日、10月3日、日本書店商業組合連合会
橋本求『日本出版販売史』講談社、1964年
清水英夫・金平聖之助・小林一博『書店』教育社、1977年
三十年史委員会編『大阪府書店協同組合三十年史』大阪府書店協同組合、1980年
日書連五十五年史刊行委員会編『日書連五十五年史』日本書店商業組合連合会、2001年
東販十年史編纂委員会編『東販十年史』東京出版販売、1959年
日本出版物小売業組合全国連合会編『小売全連二十年史　日本出版物小売業組合全国連合会の歩み』1966年
長谷川古『再販売価格維持制度』商事法務研究会、1969年

流通問題改善委員会編「全国小売書店取引経営実態調査報告書」日本書店組合連合会、１９８３年
日本書店商業組合連合会「全国小売書店経営実態調査報告書」２０００年
「日販通信」１９５９年3月5日号
東京都書店商業組合編『東京組合四十年史』１９８２年

コラム3

「全国小売書店経営実態調査報告書」２００６年、２０１６年

第四章

「公正取引情報」１９９５年8月7日号、１９９８年1月19日号、競争問題研究所
日本雑誌協会十年史編集委員会編『日本雑誌協会十年史』日本雑誌協会、１９６７年
日本出版取次協会編『日本出版取次協会三十年史』日本出版取次協会、１９８２年
「文化通信」１９５４年9月6日
「全国書店新聞」１９６７年12月15日
小林一博『出版の割賦販売』出版開発社、１９７７年
鈴木敏夫『出版──好不況下興亡の一世紀 新訂増補版』出版ニュース社、１９７２年
日本書店商業組合連合会『日書連五十五年史』２００１年
日販「書店経営指標」各年
「全国小売書店実態調査報告書」第1回～第3回

新文化通信社編『書籍正味問題のすべて』『続・書籍正味問題のすべて』新文化通信社、１９７２年
トーハン　中期経営計画「REBORN（2019-2023）」２０１９年
「新文化」１９９６年8月1日
「ジュリスト」No.1086、１９９６年3月15日、有斐閣

コラム4

日本書籍出版協会出版経理委員会編『出版税務会計の要点　２０２４年（令和6年）』日本書籍出版協会

第五章

「書店経営」１９５７年3月号、7月号、10月号、12月号、１９６９年8月号
「日販通信」１９６７年5月15日
「全国書店新聞」１９６６年11月1日、１９６７年10月15日
「全国小売書店実態調査報告書」第1回
出版年鑑編集部編『出版年鑑』１９７１年版、１９７６年版、出版ニュース社

コラム5

佐野眞一『だれが「本」を殺すのか』プレジデント社、２００1年
日本出版物小売業組合全国連合会編「全国小売書店実態調査報告書　１９６６年9月実施」１９６７年

第六章

日本出版物小売業組合全国連合会編「全国小売書店実態調査報告書」第1回、第3回、第4回（第4回は『日書連三十年史』所収）

日本書店商業組合連合会指導教育・組織強化合同委員会編「全国小売書店取引経営実態調査報告書」日本商業組合連合会、1991年

「書店経営」1959年1月号、1992年10月号、1997年10月号、2007年1月号

「全国書店新聞」1967年5月15日

西田善行「「東京都市圏」の縁をなぞる　国道十六号線と沿線地域の歴史と現状」、塚田修一・西田善行編著『国道16号線スタディーズ　二〇〇〇年代の郊外とロードサイドを読む』青弓社、2018年

『書店新風会三十年史』書店新風会、1988年

日本書店商業組合連合会『日書連五十五年史』2001年

齋藤一郎『本屋なしではいられない』遊友出版、2001年

第七章

『50年史』編集委員会編『日本雑誌協会　日本書籍出版協会　50年史』社団法人日本雑誌協会・社団法人日本書籍出版協会、2007年

村上信明『出版流通図鑑』新文化通信社、1988年

「全国書店新聞」1970年6月15日、1973年2月15日、5月1日

コラム7
日本出版販売株式会社社史編集事務局編『日販70年のあゆみ』日本出版販売、２０２０年

第八章
平木恭一『最新コンビニ業界の動向とカラクリがよ〜くわかる本』秀和システム、２０２０年
「書店経営」１９７２年１月号
「全国書店新聞」１９７６年６月15日、６月25日、１９８０年３月25日
「エコノミスト」２０１４年８月19日号、毎日新聞出版
「読売新聞」２０１７年８月１日朝刊
「新文化」２０２３年12月21日

コラム8
「全国書店新聞」１９７６年２月２日
日本出版取次協会「書籍の適正流通を目指して」１９９０年

第九章
「全国小売書店実態調査報告書」第１回〜第４回
「全国小売書店取引経営実態調査報告書」１９８３年
「全国小売書店取引経営実態調査報告書」１９９１年

日本出版物小売業組合全国連合会編『小売全連二十年史　日本出版物小売業組合全国連合会の歩み』１９６６年
出版年鑑編集部編『出版年鑑』１９６５年版、１９８０年版、１９８５年版、出版ニュース社
日書連四十年史編集委員会編『日書連四十年史』日本書店組合連合会、１９８６年
「全国書店新聞」１９６７年5月15日
「書店経営」１９７０年3月号、8月号、１９７１年2月号、5月号、１９８０年10月号
日本書店商業組合連合会「書店経営白書」１９９２年
日本書店商業組合連合会「消費者の書籍・雑誌の購買に関する意識調査」１９９６年
「読売新聞」２００４年10月15日夕刊、２０１５年7月29日朝刊

第十章

「日販通信」１９６６年5月号
「全国書店新聞」１９６７年8月15日、１９８８年7月20日、２０１５年6月15日
日本出版物小売業組合全国連合会編『小売全連二十年史　日本出版物小売業組合全国連合会の歩み』１９６６年
日本出版取次協会『日本出版取次協会三十年史』１９８２年
『ず・ぼん9』ポット出版、２００４年
「全国小売書店経営実態調査報告書」２０１６年
本の学校編『書店と読書環境の未来図　本の学校・出版産業シンポジウム２０１４への提言（２０１３記

録集)』出版メディアパル、2014年
「文藝春秋」2000年12月号、文藝春秋
安形輝・池内淳・大谷康晴・大場博幸「公立図書館における図書購入の実態」、日本図書館情報学会研究大会事務局編「日本図書館情報学会研究大会発表論文集」第64号、日本図書館情報学会、2016年
日本雑誌協会史編集委員会編『日本雑誌協会史 第2部 戦中・戦後期』日本雑誌協会、1969年
「書店経営」2000年4月号
飯田一史『いま、子どもの本が売れる理由』筑摩選書、2020年
活字文化議員連盟 公共図書館プロジェクト「公共図書館の将来——「新しい公共」の実現をめざす——(答申)」公益財団法人 文字・活字文化推進機構、2019年
文部科学省「地方教育費調査」各年
「全国小売書店実態調査報告書」第1回
「全国小売書店取引経営実態調査報告書」1991年
「全国小売書店経営実態調査報告書」2006年

第十一章

高津淳『明けても暮れても本屋のホンネ』街と暮らし社、1999年
「朝日新聞」1999年6月15日朝刊
柴野京子『書棚と平台』弘文堂、2009年
「全国小売書店経営実態調査報告書別冊 書店経営者 生の声」2006年

日本出版販売株式会社社史編集事務局 編『日販60年のあゆみ：出版流通変革のリーダーとして：1949–2009』日本出版販売、２０１０年
「全国小売書店経営実態調査報告書」２０１６年
「日経ビジネス」２０００年11月27日号、日経ＢＰ
横田増生『潜入ルポ amazon 帝国』小学館、２０１９年
「日経ネットビジネス」２００１年10月25日号、日経ＢＰ
石橋毅史『まっ直ぐに本を売る』苦楽堂、２０１６年
「週刊東洋経済」２００７年９月29日号、東洋経済新報社
「全国書店新聞」２００９年７月１日、12月21日
「公正取引」２０００年２月号、公正取引協会
「日販通信」１９６５年１月号
本の学校編『書店の未来を創造する　本の学校・出版産業シンポジウム２０１１記録集』出版メディアパル、２０１２年
「新文化」１９９９年１月28日、４月１日、２０００年４月13日、２００２年５月30日
『平安堂八十年の歩み』平安堂、２００７年

終章

出版科学研究所編『出版指標年報』各年
「新文化」２０２４年10月24日

「全国小売書店実態調査報告書」第1回
「全国小売書店取引経営実態調査報告書」1991年
日本出版インフラセンター公式サイト
「読売新聞」2023年5月25日朝刊
日本出版取次協会「出版配送の現況と課題　日本の物流を取り巻く環境変化」2024年
「朝日新聞」2024年7月22日朝刊

【著者】
飯田一史（いいだ いちし）
1982年青森県生まれ。中央大学法学部法律学科卒業。グロービス経営大学院大学経営研究科経営専攻修了（MBA）。出版社にてカルチャー誌や小説の編集に携わったのち独立。マーケティング的視点と批評的観点からウェブカルチャー、出版産業、子どもの本、マンガ等について取材、調査、執筆。JPIC読書アドバイザー養成講座講師、電子出版制作・流通協議会「電流協アワード」選考委員。著書に『いま、子どもの本が売れる理由』（筑摩書房）、『マンガ雑誌は死んだ。で、どうなるの？』『ウェブ小説30年史』（以上、星海社新書）、『「若者の読書離れ」というウソ』（平凡社新書）、『電子書籍ビジネス調査報告書2024』（共著、インプレス総合研究所）など。

平凡社新書１０７９

町の本屋はいかにしてつぶれてきたか
知られざる戦後書店抗争史

発行日——2025年4月15日　初版第1刷
　　　　　2025年7月6日　初版第4刷

著者———飯田一史

発行者——下中順平

発行所——株式会社平凡社
〒101-0051　東京都千代田区神田神保町3-29
電話　（03）3230-6573［営業］
ホームページ　https://www.heibonsha.co.jp/

印刷・製本—シナノ書籍印刷株式会社

装幀———菊地信義

ISBN978-4-582-86079-5